정재서 교수의

이야기
동양 신화

2

정재서 교수의
이야기 동양 신화 2

2004년 9월 13일 초판 1쇄 발행
2008년 3월 10일 초판 4쇄 발행

지은이 | 정재서
펴낸이 | 윤정희
펴낸곳 | (주) 황금부엉이

주소 | 서울 마포구 서교동 353-4 첨단빌딩 9층
전화 | 02-338-9151
팩스 | 02-338-9155
인터넷 홈페이지 | www.goldenowl.co.kr
출판등록 | 2002년 10월 30일 제 10-2494호

편집 | 허남희, 이홍림, 고호장, 김희진
디자인 | 이미지컴
전략마케팅 | 신용천, 이원일
제   작 | 구본철

ⓒ정재서 2004
ISBN 89-90729-20-3 03150

정재서 교수의

이야기
동양 신화
2

황금**부엉이**

●●● 차례

■ 이야기를 시작하며

동양 신화의 힘을 찾아서 »»»» 10

제1부 | 시조 탄생 신화와 민족의 성립

1. 새가 떨어뜨린 알을 먹고 처녀가 낳은 아이
－시조 탄생 신화와 민족의 성립 1 »»»»21

2. 신비한 개 반호
공주와 결혼하여 여러 족속을 낳다
－시조 탄생 신화와 민족의 성립 2 »»»»33

제2부 | 문명의 창시자들

3. 불로 어둠을 물리친 이야기
－문명의 창시자들 1 : 수인씨, 염제, 잠신 등 »»»»51

4. 태초의 발명가, 문명의 신들
－문명의 창시자들 2 : 요, 유소씨, 창힐 등 »»»»65

제3부 | 자연계의 신들

5. 비와 바람과 구름,
그리고 천체에 관한 상상들
－자연계의 신들 1 : 희화, 풍백, 발 등 »»»»83

6. 산과 바다를 다스리는
　산신과 수신에 대한 상상
　　－사연계의 신들 2 : 무라, 하백, 복비 »»»»103

7. 사람의 수명을 관리하고
　귀신을 혼내주는 여러 신들
　　－인간의 삶·죽음과 관련된 신들 : 북두성·남두성·태산부군
　　신도·울루 이야기 »»»»119

제4부 | 먼 곳의 이상한 나라, 괴상한 사람들

8. 태양과 달리기 시합을 한 거인 이야기
　　－먼 곳의 이상한 나라, 괴상한 사람들 1 :
　　과보족, 용백국, 방풍씨 »»»»139

9. 난쟁이, 긴 팔, 긴 다리 사람들이 사는 나라
　　－먼 곳의 이상한 나라, 괴상한 사람들 2 :
　　소인국, 장비국, 관흉국 »»»»149

10. 날개 달린 사람, 인어, 여자들만 사는 나라
　　－먼 곳의 이상한 나라, 괴상한 사람들 3 :
　　우민국, 저인국, 여자국 »»»»165

11. 털북숭이, 그림자 없는 사람, 군자들이 사는 나라
　　－먼 곳의 이상한 나라, 괴상한 사람들 4 :
　　모민국, 수마국, 군자국 »»»»179

제5부 | 신기하고 별난 사물들의 세계

12. 새, 고대인의 특효약이거나
    길흉화복을 암시하거나
    ─신기하고 별난 사물들의 세계 1 »»»»193

13. 아무리 베어 먹어도
    다시 자라는 소의 엉덩이 살
    ─신기하고 별난 사물들의 세계 2 »»»»211

14. 머리 하나에 몸이 열 개거나
    개처럼 짖는 물고기
    ─신기하고 별난 사물들의 세계 3 »»»»225

15. 근심을 없애주는 과일과 하늘 사다리 나무,
    그리고 영혼을 지켜주는 돌
    ─신기하고 별난 사물들의 세계 4 »»»»241

제6부 | 낙원과 지하세계

16. 서방의 낙원 곤륜산과
    동방의 낙원 삼신산
    ─신들의 낙원을 찾으러 떠나서 돌아오지 않는 원정대 »»»»255

17. 동양의 대표적 낙원, 무릉도원

   −그 외의 낙원들 : 물질의 낙원과 정신의 낙원 »»»»275

18. 지옥 혹은 죽은 자들의 세계

   −중심에서 밀려난 패배자들 :

   어둡고 암울한 지하세계의 주인 후토와 과보 »»»»287

■ 이야기를 마치며

잊혀졌던 우리 문화의 자산, 동양 신화 »»»»297

부록 »»»»301

   ■ 신들의 계보

   ■ 중국지도

   ■ 찾아보기

●●●● | 제1권 차례 |

제1부 | 하늘과 땅이 열리고 사람이 생기고

1. 눈도 입도 없는 기이한 새가
   춤추고 노래하며 날아올랐다
   − 세상의 시작은 혼돈으로부터

2. 1만 8천 년 동안의 잠에서 깨어난 거인 이야기
   − 천지개벽, 반고의 죽음과 그 화려한 재탄생

3. 홍수 속에 살아남은 남매, 인류의 어버이 되어
   − 인류 창조, 인류 시조 이야기

제2부 | 창조와 치유, 죽음과 사랑을 주관하는 여신들

4. 흙을 빚어 인간과 만물을 만들고,
   오색 돌멩이로 하늘 구멍을 메우고
   − 창조와 치유의 여신, 여와

5. 마음속의 아름다운 여신을 찾아서
   − 죽음과 생명의 여신, 서왕모

6. 구름이 되고 비가 되어 사랑을 그리워하네
   − 사랑의 여신들, 무산신녀와 직녀

제3부 | 천상과 지상을 지배한 큰 신들

7. 황제, 지상의 낙원 곤륜산에 살며
   천상천하를 호령하다
   − 신들의 임금, 황제 이야기

8. 소 머리, 사람 몸을 한 신이
   인류에게 농업을 가르쳐주다
   − 남방의 큰 신, 염제 신농 이야기

9. 수렵 시대의 큰 신 태호, 팔괘를 만들다
   − 동방 · 서방 · 북방의 신들, 태호 · 소호 · 전욱

제4부 | 전쟁과 모험 그리고 영웅들

10. 죽을 수는 있어도 굴복은 없다
　　－불굴의 영웅 치우와 황제의 전쟁 신화

11. 염제의 이름을 위하여 싸운 투혼의 후예들
　　－신들의 전쟁 연대기, 황제 · 전욱 VS 치우 · 형천 · 공공

12. 열 개의 태양을 쏘아 떨어뜨리다
　　－천하 명궁 예의 영웅 신화,
　　그 모험과 비극의 일대기

13. 말 달리자, 세상 속으로 모험을 떠나자
　　－영혼을 찾아 떠난 주목왕의 여행과 사랑

제5부 | 성군과 폭군의 시대

14. 초가집에 삼베옷 입고 푸성귀국을 먹는 임금
　　－성군 요의 태평성대

15. 만고의 효자, 인간 승리의 모범이 되다
　　－성군 순의 고난과 영광의 일대기

16. 하늘의 흙을 훔쳐 물길을 막고,
　　물길을 터서 물을 다스리다
　　－곤과 우의 치수

17. 7년 가뭄에 자신을 제물로 바친
　　임금이 살해되었다?
　　－폭군 걸과 성군 탕

18. 술로 채운 연못과 고기 열매 매단 숲에서
　　향락에 젖어 살다
　　－폭군 주와 성군 주문왕

19. 퉁방울눈의 누에치기가 세운 나라
　　－촉을 세운 잠총과 두우 그리고 별령

20. 빈 낚싯대로 세상을 낚다
　　－건국 영웅의 조력자들, 이윤과 강태공

■이야기를 시작하며

동양 신화의 힘을 찾아서

요즈음 신화가 붐이다. 서양에서는 신화뿐만 아니라 신화의 맥을 이은 마법 이야기, 요정 이야기, 기사 이야기도 대유행이다. 톨킨의 『반지의 제왕』과 조앤 롤링의 『해리 포터』 시리즈가 한차례 독서 시장과 영화계를 휩쓸고 지나가더니 최근에는 아더왕 전설과 같은 켈트 신화 계통의 이야기로 옮겨 갔다.

동양에서도 나름대로 이러한 종류의 이야기들이 대중들의 흥미를 자아내고 있다. 중국에서는 옛날의 무협소설이 판타지의 형식으로 부활한 지 오래이다. 젊은 협객이 무공 비급을 익혀 부모님의 원수를 갚고 사악한 세력을 물리쳐 무림에, 혹은 나라에 평화를 가져온다는 줄거리는 무협 소설에서 전형적인 것이다. 가령 『사조영웅전射雕英雄傳』에서 주인공 곽정郭靖은 최고의 무공을 터득한 후 아버지의 원수를 갚고 이민족의 압제에서 벗어나고자 노력하고, 『의천도룡기倚天屠龍記』에서 주인공 장무기張無忌 역시 억울하게 죽은 아버지의 원한을 딛고 절세의 무공을 연마한 끝에 무림 제일의 고수가 된다.

이러한 이야기들의 패턴은 어느 한순간 하늘에서 뚝 떨어진 것이 아니다. 만약 그렇다면 우리는 그 이야기들로부터 거부반응을 일으킬는지도 모른다. 오히려 우리가 틀에 박힌 이야기 줄거리를 흥미진진하게 받아들이는 이유는 무엇일까? 우리는 그러한 이야기 내용과 형식을 태어나기 전부터 알고 있다. 무협소설의 테마와 모티프, 그리고 구조는 신화라는 아주 오래된 이야기에서 비롯하여 변주되었기 때문이다. 협객 곽정

과 장무기의 파란만장한 인생
역정은 신화에서 영웅이 숱한
모험을 하고 귀환하여 임금이
된다는 이야기를 닮아 있다.

일본에서도 전통적인 요괴
이야기들을 바탕으로 애니메이
션 명작들이 만들어진 바 있다.
가령 〈센과 치히로의 행방불
명〉에 나오는 이상한 요괴들은

협객 장무기로 분한 이연걸. 영화 〈의천도룡기〉에서.

에마키〔繪卷〕라고 하는 옛날 그림에서 힌트를 얻은 것인데 그것들은 중
국의 오래된 신화 책인 『산해경山海經』의 괴물 그림에서 유래한 것이다.

요컨대 오늘날 유행하고 있는 판타지나 무협소설, 요괴담 등 이 모든
황당한 이야기들의 원조는 바로 신화인 것이다.

그런데 첨단 과학의 이 시대에 왜 신화가 붐인가? 여기에 대해서는 여
러 가지 설명이 있을 수 있겠으나 가장 근본적인 이유를 쉬운 비유로 말
해 보자. 가령 언젠가 가본 적이 있는 인사동 어느 골목의 맛 좋은 찻집
을 몇 년 만에 찾고자 했더니 영 나타나지를 않는다. 골목과 찻집들은 비
슷비슷하고 계속 숨바꼭질을
해야 할 형편이다. 이때 우리
가 반사적으로 취하는 행동은
무엇일까? 그것은 처음 출발했
던 인사동 골목 어귀로 다시
돌아가는 일이다. 그렇다! 우
리는 길을 잃었을 때 처음의
출발점으로 되돌아가 다시 기
억을 더듬어 길을 찾아간다.

센과 요괴 가오나시. 애니메이션 〈센과 치히로의 행방불명〉에서.

바로 이것이다. 오늘 우리가 자신도 모르게 신화에 빠져드는 이유는.

첨단 과학의 발전은 인간의 정체성을 점점 애매모호하게 만들고 있다. 로봇, 사이보그의 출현은 인간이 기계에 의해 대체될지 모른다는 우려감을 낳고, 유전공학은 복제인간을 양산할 위험성을 항상 안고 있으며, 우리는 컴퓨터 가상현실 속의 나와 실제 현실속의 나 둘 중 누가 더 리얼한지 판단하기 어려울 때가 있다.

최근의 SF 영화는 이러한 상황을 잘 보여준다. 가령 영화 〈바이센테니얼 맨〉에서 인간을 닮은 로봇 앤드류는 자신이 좋아했던 주인집 딸의 손녀 포샤와 다시 사랑에 빠져 마침내 결혼하게 된다. 또한 영화 〈매트릭스〉에서 주인공 네오는 아바타를 가상현실 속에 파견하여 인간 세계를 지배하는 인공지능 컴퓨터와 투쟁한다.

도대체 이 시대에 인간이란 무엇인가? 인간은 과연 언제까지 인간다울 수 있을 것인가? 인간 정체성에 대한 이러한 위기감은 길을 잃었을 때 처음의 출발점으로 되돌아가듯이 우리로 하여금 반사적으로 신화를 숙고하게 한다. 왜냐하면 신화는 인간의 가장 원초적이고도 본질적인 모습을 간직한 이야기이기 때문이다. 즉 우리는 정체성이 흔들릴 때 신화를 통해 처음부터 인간의 본질을 다시 생각해 보고 혼미한 현재의 삶

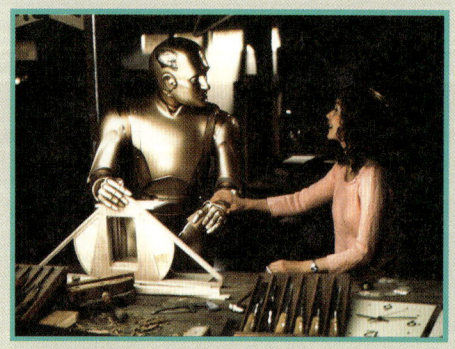

로봇 앤드류와 그의 연인 포샤
영화 〈바이센테니얼맨〉에서.

가상현실 속에서 분투하는 네오
영화 〈매트릭스〉에서.

에 대해 바람직한 지표를 세울 수 있다. 저명한 비교신화학자 조셉 캠벨은 바로 이러한 의미에서 일찍이 '신화의 힘'을 역설하였던 것이다.

스핑크스의 수수께끼에 대답하는 오이디푸스
귀스타브 모로의 〈오이디푸스와 스핑크스〉.

뿐만 아니다. 신화가 인간의 가장 원초적이고도 본질적인 모습을 간직한 이야기라는 것은 결국 신화야말로 현대 문화의 원천이라는 말과 마찬가지이다. 얼마 전 미국의 한 과학 잡지에서는 재미있는 조사 결과를 발표한 적이 있었다. 그것은 최근의 과학 발명품들의 대부분이 수십 년 전의 공상과학소설에서 나온 기발한 아이디어들과 일치한다는 사실이었다. 공상과학소설과 신화적 상상력과는 밀접한 관련성이 있다. 여기에서 신화의 중요한 기능을 한 가지 더 생각해 볼 수 있다. 즉 신화가 무궁무진한 상상력과 문화의 원천이라고 할 때 거꾸로 우리는 신화를 통해 오늘의 문화를 읽을 수 있는 힘을 갖게 되는 것이다. 우리는 이것 또한 '신화의 힘'이라 말할 수 있다.

일반적으로 서양 문화의 주요 원천은 그리스 로마 신화이고, 동양 문화의 경우 그것은 동양 신화라고 말할 수 있을 것이다. 그러나 서양 문화를 읽어내는 그리스 로마 신화의 힘에 대해서는 잘 알려져 있지만 동양 문화를 읽어낼 수 있는 동양 신화의 힘에 대해서 우리는 잘 모르고 있다. 오히려 우리는 그동안 그리스 로마 신화의 힘으로 동양 문화까지 읽어온 것이 아닌가 생각될 정도이다. 예컨대 아버지를 죽이고 어머니와 결혼한 오이디푸스의 신화에서 착안된 이론 즉 오이디푸스 콤플렉스로 우리는 얼마나 많이 우리의 문화를 읽어왔던가? 하지만 동양의 문화는 우선 그것을 낳은 동양의 신화로서 읽어내야 한다는 것이 타당하고 자연스러운 생각이 아닐까? 그리고 나서 해석의 다양성을 위해

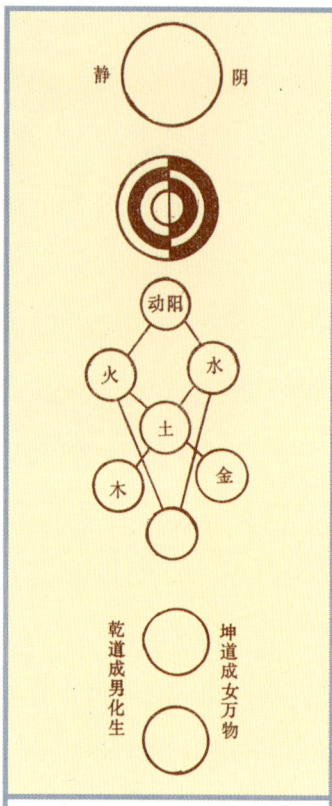

둥근 원이 태극인데 검은 부분이 음기이고 흰 부분이 양기이다. 북송北宋 주돈이周敦頤의 〈태극도太極圖〉.

호수 속의 섬
경주 안압지.

그리스 로마 신화로도 읽어볼 필요가 있을 것이다. 우리는 그동안 너무나도 당연한 이 순서를 무시해왔다.

이제 동양 신화를 통해 동양 문화를 이해하는 길로 들어서 보자. 가령 우리는 혼돈 속에서 무거운 기운이 가라앉아 땅이 되고 가벼운 기운은 위로 올라가 하늘이 되었다는 창조 신화로부터 우주의 근원인 태극에서 음과 양의 두 가지 기운이 갈라져 하늘과 땅이 된다는 태극과 음양의 동양 철학이 생겨났음을 알게 된다.

동쪽 먼 바다 한 가운데에 불사의 신선들이 사는 세 개의 섬, 즉 삼신산 三神山이 있다는 신화를 알면 왜 경주 안압지에 세 개의 섬이 있으며 왜 옛날 사람들은 정원의 연못에 꼭 섬을 만들어 두었는지 알게 된다. 정원은 우주이자 세계이며 연못의 섬은 낙원을 상징한다. 옛날 사람들은 정원을 거닐며 자신들이 우주의 중심이자 낙원에 있다고 상상했다. 그곳은 단순한 휴식 공간이 아니다. 근원적인 힘이 솟아오르는 신화적 공간이다.

서쪽 먼 변방에 산다는 기굉국奇肱國

사람들은 외팔에 암수한몸인 괴상한 인종이다. 그러나 이 사람들은 특별한 재능이 있다. 손재주가 뛰어나 비거飛車 곧 날아다니는 수레를 만들기도 했다. 이 기굉국 사람들의 이미지로 오늘의 설치미술가 이불의 작품을 한번 읽어보면 어떨까? 그녀의 작품 〈사이보그〉는 외팔과 외다리의 기괴한 합성인간이다. 기굉국 사람들 역시 외팔이다. 그리고 암수한몸인 그들은 기계의 무성적無性的, 중성적 특징을 지녔다. 그런데 옛날 사람들은 인간의 기술을 100퍼센트 신뢰하지 않았다. 그래서 뛰어난 장인은 대개 기형이나 불구의 몸으로 묘사되었다. 우리는 그리스 로마 신화에서의 대장장이 신 헤파이스토스가 절름발이인 것을 알고 있다. 이불은 기형적인 모습을 한 사이보그를 통해 기술문명의 불완전성을 표현하려 했다. 이러한 취지는 멀리 신화에서 솜씨 좋은 외팔이 기굉국 사람들의 이미지와 잇닿아 있다.

아울러 우리는 일본 애니메이션 〈포켓몬〉의 여러 캐릭터도 동양 신화에 원형을 두고 있음을 알 수 있다. 가령 꼬리 아홉 개 달린 여우인 구미호로부터

외팔이 기굉국 사람
청淸 왕불의 『산해경존』에서.

외팔과 외다리의 기형 사이보그
이불의 작품 〈사이보그 W2〉.

나인테일
애니메이션 〈포켓몬〉에서.

'나인테일' 이, 머리 셋 달린 새인 창부로부터 '두트리오' 가 착상되었음을 짐작할 수 있다.

끝으로 한 가지 예를 더 들기로 하자. 바람의 신인 풍백風伯은 비렴飛廉으로 불리기도 한다. 이 신은 새의 머리를 하거나 사슴의 몸을 한 동물의 형태로 출현하는데 고구려 무용총 벽화에서 날개 달린 사슴의 몸으로 나타난다. 왜 고구려 고분 벽화에 이 신이 나타날까? 중국의 학자들은 주변국에 자기네 것과 비슷한 것이 있으면 일단 중국의 영향이라고 주장하는 경향이 있다. 그러나 결과는 정반대이다. 비렴이라는 신의 이름은 우리 말 '바람' 의 옛말에서 왔다. 다시 말해 바람의 신 비렴은 원래 우리 민족의 신이고 그것을 오히려 중국에서 받아들인 것이다. 따라서 이 신이 고구려 고분 벽화에 출현하는 것은 지극히 자연스러운 현상이다. 우리는 이처럼 신화 읽기를 통해 고구려 문화의

바람의 신 비렴
집안集安의 고구려 무용총 벽화에서.

독자성을 증명해볼 수도 있다.

삶의 지표를 얻든, 문화의 원천을 확인하든 동양 신화의 힘을 느끼는 일은 무척 중요하다. 우리는 사실 그동안 이 힘을 망각해 왔다. 동양 신화의 힘을 느끼는 일, 그것은 우리 안의 숨겨진 능력을 발견하는 일이고 과거의 앎을 새롭게 하는 일이다. 우리의 존재와 뿌리를 탐색하는 이 행복한 여행에 동참해 보는 것이 어떨까? 그리고 우리 내부에서 길어온 그 힘을 통해 다시 동양을, 세계를 바라보면, 이제 세상은 어제와 다른 얼굴을 우리에게 보여줄 것이다.

시조 탄생 신화와 민족의 성립

1
새가 떨어뜨린 알을 먹고
처녀가 낳은 아이

[시조 탄생 신화와 민족의 성립 1]

건국 영웅보다 앞선 종족의 시조

신화나 서사시에서 영웅은 대개 모험을 겪거나 재난을 물리치는 등의 역경을 이겨내고 임금이 된다. 또한 그들은 모험과 투쟁의 결과로서 종족의 지도자가 되어 나라를 세우기도 한다.

그러나 종족은 건국의 주인공인 영웅보다 먼저 존재했다. 따라서 종족의 시조는 영웅보다 또는 영웅이 세운 나라보다 더 먼저 존재했다. 이 점에서 시조 탄생의 신화는 건국 영웅에 관한 이야기보다 더 오래된 것일 수 있다.

시조들도 반신반인半神半人적 존재라는 점에서 넓은 의미의 영웅에 속한다고 하겠지만, 대체로 그들은 특정한 종족의 조상이 된다는 점에서 지역성을 띤 영웅이라 할 수 있다.

지금도 그렇지만 고대의 중국 대륙은 단일한 종족이 독점적으로 거주하던 공간이 아니었다. 수많은 종족들이 공존하면서 상호교류 속에서 오늘의 중국 문화를 일궈왔던 것이다. 따라서 중국 신화에는 여러 종족들의 기원에 관한 내용이 뒤섞인 채 전해 내려오고 있다.

흔히 한 종족의 기원에 관한 내용은 그 종족의 시조 탄생 신화에서 시작한다. 고대 중국 대륙에 거주했던 여러 종족 중에서 가장 활동적이었고 세력이 컸던 두 종족은 동방의 동이계東夷系 종족과 서방의 화하계華夏系 종족이다. 이 중 동이계 종족을 대표했던 은殷 민족과 화하계 종족을 대표했던 주周 민족의 시조 탄생 신화는 동양의 대표적인 시조 신화가 된다고 하겠다.

중국의 상고사를 연구하는 학자들은 중국 역사의 초기에 대륙에는 지역마다 다양한 문명들이 있었지만 발해만渤海灣 연안과 산동山東 지역, 황하黃河 중·하류에 걸쳐 형성되었던 동이계 종족의 정치, 문화적 세력이 가장 우세했던 것으로 추정하고 있다.

결국 이 문명권에서 화려한 청동기 문명을 꽃피웠던 고대 국가인 은 왕조가 성립되었는데 은 왕조를 건설했던 건국 영웅 탕湯의 활약에 대해 우리는 이미 살펴보았다. 그렇다면 은 왕조 성립 이전에 은 민족을 처음 낳았던 시조는 누구인가?

은의 시조 신화-설의 탄생

『사기史記』에는 다음과 같은 이야기가 전한다. 아득한 옛날 유용씨有娀氏라는 높은 신분의 사람이 있었다. 그에게는 세 명의 아름다운 딸이 있었다. 세 자매는 어느 날 모처럼 나들이를 갔다가 강가에 이르렀다. 맑은 강물을 보자 그녀들은 그만 옷을 훌훌 벗고 풍덩 뛰어들어 목욕을 하기 시작했다. 여자들끼리만 있으니 그만 대담해진 것일까? 세 처녀는 눈부신 알몸을 자랑하며 물장구도 치고 재잘거리기도 하고 있었다. 그때였다. 그들의 머리 위로 검은빛의 새, 곧 현조玄鳥 한 마리가 날아오더니 오색찬란한 알을 떨어뜨리고 가는 것이 아닌가?

"어머나, 예쁘기도 해라. 이게 뭐지?"

큰딸 간적簡狄이 그것을 주워 살펴보니 너무도 탐스럽고 먹음직스러웠다. 간적은 자신도 모르게 알을 한

궁중 처녀들의 그네 놀이
달빛이 흐드러진 밤에 궁중의 처녀들이 그네를 타고 있다. 처녀들만의 놀이에 끼어든 틈입자는 대개 영웅 남성이다. 청淸 진매陳枚의 《월만청유도책月漫淸遊圖冊(2)》.

번 입에 머금어보았다. 그 순간 미끄덩하고 알이 그만 목으로 넘어가버리고 말았다.

"어머!"

그날 이후 간적의 몸에는 변화가 생겼다. 임신이 된 것이다. 나날이 배가 불러오더니 간적은 마침내 처녀의 몸으로 아이를 낳고야 말았다.

그러나 『사기』보다 조금 이른 시기에 지어진 『여씨춘추』[1]에는 비슷하지만 다른 이야기가 전한다. 유융씨에게는 딸이 셋이 아니라 둘이 있었다고 한다. 두 딸은 모두 아름다웠고 하늘 높이 솟은 구층 집에서 살았다. 그녀들은 음식을 먹을 때 항상 좋은 음악을 연주하여 흥을 돋웠다. 이때 하늘의 천제가 그녀들의 아름다운 모습을 보고 제비를 보내 그녀

---

1. 『여씨춘추呂氏春秋』 진秦나라 때 여불위呂不韋가 편찬한 고대 중국의 역사, 사상에 관한 책. 총 26권으로 당시의 권력자였던 여불위가 문객 3천 명으로 하여금 편찬하게 하였다고 한다. 도가道家 사상을 기본으로 하면서 유가儒家, 병가兵家, 농가農家, 법가法家 등의 모든 학설을 망라하여 잡가雜家의 경향을 띠고 있다.

현조와 간적 자매
신성한 검은 새가 그녀들의 머리 위를 맴돌고 있다. 『열녀전列女傳』 삽화.

들을 살펴보게 하였다. 천제는 아마 그녀들에게 관심이 많았던 모양이다. 제비가 하늘에서 내려와 짹짹 울며 방 안을 맴돌았다.

"어머! 웬 제비일까? 귀엽기도 해라."

두 자매는 제비가 예뻐서 서로 잡으려고 하였다. 그러다가 마침내 제비를 잡아서 옥 광주리에 넣고 뚜껑을 덮어놓았다. 얼마 후 두 자매는 제비가 어떻게 되었나 궁금해서 광주리를 열어보았다. 그 순간 "퍼드득!" 하고 제비는 북쪽으로 날아가버리고 광주리에는 두 개의 알이 남아 있었다. 알은 무척 탐스럽게 반짝반짝 윤을 내고 있었다. 호기심 많은 큰딸 간적은 알을 손으로 집어 들었다.

알이 먹음직스러워서 간적은 자신도 모르게 입으로 가져갔다.

"언니! 안 돼!"

동생이 외쳤지만 미처 말릴 사이도 없이 알은 간적의 입으로 미끄러져 들어갔다. 그 후 간적에게 생긴 일은 앞서의 이야기와 같다. 이렇게 해서 탄생한 아이는 이름을 설契이라고 불렀는데 아주 총명하고 어질었다. 설은 장성하여 요堯 임금 때에 교육의 책임자인 사도司徒가 되었다가 훗날 상商 땅에 제후로 봉해져서 은 민족의 시조가 되었다. 그의 후손인 탕이 하夏를 정벌하고 난 뒤에 나라 이름을 상商으로 정하였는데 반경왕盤庚王[2] 때에 이르러 은殷 지방으로 천도를 하면서 은이라고

은 민족의 시조 설
설 신화는 고구려 시조 주몽의 탄생신화와 비슷한 점이 많다. 『천지인귀신도감天地人鬼神圖鑑』에서.

도 부르게 되었다.

『시경詩經』에서는 이 일을 두고 다음과 같이 찬미하였다.

하늘이 신성한 새를 하계에 내려보내
은 민족을 일으키시니,
광대하도다. 그들의 영토여!

『시경』에 따르면 신성한 새, 곧 현조라든가 제비는 우연히 나타난 것이 아니고 천제天帝가 은 민족을 일으키기 위해 자신의 분신으로 파견한 것이다. 결국 이들 신화는 은 민족이 천상의 아버지와 지상의 어머니가 결합해서 낳은 신성한 혈통임을 천명하고 있는 것이다.

이들 신화가 함축하고 있는 의미는 크게 두 가지를 꼽을 수 있다.

첫째, 이들 신화는 아버지를 모르고 어머니만 알았던 모계 사회의 현실을 반영한다고 볼 수 있다. 따라서 사실상 은 민족의 시조는 처녀 간적인 셈이다. 간적은 은 민족의 시조모始祖母로서 추앙되었으며 은이 멸망한 이후에도 결혼, 중매, 생식의 신인 고매신高媒神으로서 섬겨진다.

둘째, 이들 신화는 은 민족에게 새를 토템으로 숭배하는 습속이 있었음을 알려준다. 신성한 새를 민족의 발생과 관련시킨다든가 알을 매개로 사람을 낳는 방식을 취한다든가 하는 착상은 새 토템의 습속에서 기인한다.

2. **반경盤庚** 은나라 중엽의 임금. 지금의 하남성河南省 안양安陽 지역으로 천도를 단행하였으며 당시 신하와 백성들을 설득하던 연설문이 『서경書經』에 전한다.

해모수로 추정되는 인물
머리 위에 '천왕天王'이라는 먹 글씨가 있다. 기록에 의하면 해모수는 '천왕랑天王郎'으로 불리었으며 새들과 더불어 천상에서 내려왔다고 한다. 평남 순천의 고구려 천왕지신총天王地神塚 벽화에서.

은 민족이 숭배하는 큰 신으로 제준帝俊이라는 신이 있다. 순舜임금과 동일시되기도 하는 이 신은 새의 머리를 한 모습이었다고 한다. 아울러 간적의 '적狄'이 원래 '적翟'이었다고 보는 견해도 있다. '적翟'은 꿩 종류의 새이다. 따라서 간적은 새를 숭배하는 종족의 여인인 것이다.

설 신화, 곧 은 민족의 시조 탄생 신화는 동이계에 속하는 다른 종족의 시조 혹은 영웅 탄생 신화와 특징을 공유한다. 가령 주목왕周穆王 때 동해 지역에서 큰 세력을 떨쳤던 서언왕徐偃王의 탄생 신화는 설 신화와 상당히 비슷하다.

서국徐國의 한 궁녀가 임신을 했는데 뜻밖에도 알을 낳았다. 사람들이 불길하게 여겨 강가에 버렸더니 한 외로운 과부의 개가 그 알을 입에 물고 왔다. 과부가 기이하게 생각하여 따뜻하게 해주자 껍데기를 깨고 아이가 나왔다. 태어날 때 반듯이 누운 자세였으므로 이름을 언偃

〔누울 언〕이라고 하였다.

임금이 이 소식을 듣고 다시 데려다 길렀는데, 커가면서 어질고 지혜로워 마침내 왕위를 이어받았다. 이후 서언왕이 덕망 있다는 소문이 퍼지자 주위의 36개국이 복종을 해왔다.

그러나 서언왕은 주목왕이 자신의 세력을 꺾기 위해 공격해오자 전쟁으로 인해 백성들이 고통을 당할까 염려해 싸우지 않고 뒤로 물러나기만 했다. 그러더니 결국은 산속에 은거해버리고 말았다. 바보같이 착하기만 한 이 서언왕의 탄생 신화는 알을 매개로 한 탄생이라는 점에서 설 신화와 공통점을 지닌다.

서언왕 신화를 듣고 곧바로 연상되는 것은 우리의 고구려 주몽朱蒙 신화이다. 주몽의 탄생 신화에 따르면 하백河伯의 세 딸 중 큰딸인 유화柳花가 천제의 아들 해모수解慕漱에게 유혹을 받았다가 버림받는다. 분노한 아버지 하백은 유화를 먼 호숫가로 추방하고 유화는 거기서 물고기를 잡아먹으며 연명하다가 동부여東夫餘의 금와왕金蛙王에게 발견된다. 유화의 딱한 사정을 들은 금와왕은 그녀를 궁으로 데려왔고 얼마 후 그녀는 큰 알을 낳았다. 금와왕은 괴이하게 생각하고 그 알을 밖에 내다버리게 하였으나, 다른 짐승들이 알을 상하게 하기는커녕 서로 소중하게 품는 것을 보고 다시 유화에게 알을 돌려주었다. 마침내 알에서 사내아이가 태어났으니 그가 곧 주몽이다.

주몽 역시 서언왕과 마찬가지로 알에서 태어나 고구려의 시조가 된다. 주몽 신화는 서언왕 신화보다도 설 신화의 이야기 요소를 더욱 잘 계승하고 있다. 해모수는 새 깃털관을 쓰고 새들과 함께 하늘에서 내려왔다 하는데 이야말로 신성한 새의 변형된 모습이다. 아울러 유화 등의 세 자매는 간적의 세 자매에 그대로 상응한다. 유화는 간적처럼 나중에 고구려의 시조모로 숭배된다. 또한 난생卵生 모티프 역시 동이계 종족의 새 토템 숭배를 반영한다.

주 민족의 시조모 강원
들길을 거닐다 땅 위에 난 거인의 발자국을 내려다보고 있다.
『열녀전』 삽화.

주몽 신화에 이어 우리는 인접한 만주족의 시조 신화에서도 비슷한 이야기 요소를 발견할 수 있다.

어느 날 천상에서 신녀神女 세 자매가 백두산 천지에 내려와 목욕을 하였다. 이때 참새 한 마리가 입에 붉은 열매를 물고 와서 셋째 불고륜佛庫倫이 벗어놓은 옷에 떨어뜨리고 갔다.

그 열매는 마침 잘 익어서 무척 먹음직스러웠다. 불고륜이 참지 못하고 그것을 입에 넣어 삼키자 그녀는 곧 임신을 하여 다시 천상에 올라갈 수 없게 되었다. 혼자 남은 그녀는 사내아이를 낳았는데 그가 곧 훗날 만주족의 시조가 된 애신각라愛新覺羅 포고리옹순布庫里雍順이다.

우리는 은의 시조 신화에서 서언왕 신화, 주몽 신화를 거쳐 만주족의 시조 신화에 이르기까지 이처럼 동일한 신화적 모티프가 반복 유전되고 있음에 놀라지 않을 수 없다. 신화는 민족의 이야기인 만큼 이는 고대의 중국 대륙에서 활약했던 동이계 여러 종족이 동일한 언어와 동일한 문화권에 속해 있다는 사실을 입증하고 있는 것이다. 그렇다면 동이계와 함께 고대 중국 대륙을 양분했던 화하계 종족을 대표하는 주 민족의 시조 탄생 신화는 어떠한 내용을 담고 있을까?

주의 시조 신화-후직의 탄생

옛날에 유태씨有邰氏라는 훌륭한
사람이 있었다. 그에게는 강원姜嫄
이라는 딸이 있었다.

아기 모세
나일 강에 버려져 떠내려 오다 이집트 공주에게 발견된 모세. 애
니메이션 〈이집트 왕자〉에서.

어느 날 그녀는 들에 놀러 갔다가
큰 거인의 발자국이 찍혀 있는 것을
보았다. 호기심 많은 처녀 강원은
그 발자국에 자신의 조그만 발을 디
뎌보았다.

그 순간이었다. 몸속에 무언가 이상한 느낌이 오는 것이 아닌가. 집
에 돌아온 후부터 마치 임신이 된 것처럼 그녀의 배가 불러오더니 마침
내 달이 차자 이상한 살덩어리 같은 것을 낳았다.

그녀는 끔찍한 생각이 들어 그것을 골목길에 버렸다. 그랬더니 소와
양이 피해갔다. 다시 이번엔 얼음판에 버렸더니 새가 날아와 깃털로 감
싸주는 것이었다.

그런데 새가 한참을 품다가 날아가버리자 살덩어리 속에서 준수한
한 아이가 모습을 드러냈다. 그녀는 신기하게 생각하고 아이를 거두어
길렀는데 처음에 아이를 버렸다고 해서 이름을 기棄라고 불렀다. 아이
는 자라면서 농사일에 두각을 나타내어 요임금 때 농업 책임자인 농사
農師의 지위에까지 올랐다.

기는 순舜임금 때에는 태邰 땅에 제후로 봉해졌고 이때부터 그는 후
직后稷이라고 불리었다. 이후 그는 농신農神으로 숭배되었고 후손이 번
성해 주 민족을 형성하게 되었다.

후직의 탄생 신화는 영웅 신화의 전형을 보여준다. 영웅은 대개 비범한
탄생 이후에 버려졌다가 다시 양육되는 과정을 밟는다. 히브리 민족의 영
웅인 모세도 태어나자마자 나일 강에 버려졌다가 이집트의 공주에 의해

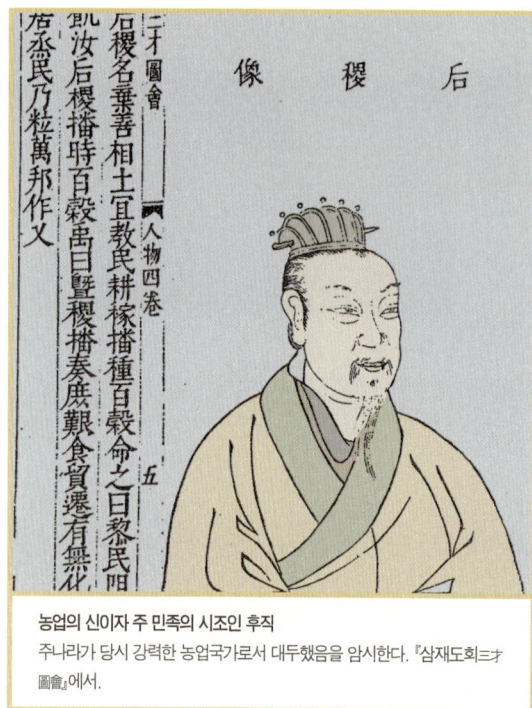

農業의 신이자 주 民族의 시조인 후직
주나라가 당시 강력한 농업국가로서 대두했음을 암시한다. 『삼재도회三才
圖會』에서.

건져져 길러졌고 서언왕 신화, 주몽 신화도 이 같은 이야기 요소를 지니고 있다.

아울러 후직처럼 신비한 기운의 작용에 의해 탄생이 이루어지는 경우, 이러한 내용의 신화를 감생신화感生神話라고 부른다. 서언왕 신화와 주몽 신화에도 감생신화의 요소가 없는 것은 아니지만 난생신화의 성격이 더욱 강하다고 하겠다.

시조 탄생 신화는 대부분 아버지의 정체가 모호한 상태에서 어머니의 역할이 강조되어 있다. 이것은 모계 사회적인 현실을 반영하는 것으로 원래는 어머니가 시조로서 숭배되었을 것이다. 후대에 이르러 가부장 사회가 정립되면서 모권이 약화되고 어머니가 아닌 아들이 시조로서 부각된 것이라고 볼 수 있다.

가령 강원과 후직의 관계를 보더라도 본래 농신은 후직이 아니라 지모신地母神인 강원이었을 가능성이 크다. 강원의 원嫄은 농작물을 생산하는 들·대지를 의미하기 때문이다. 어머니 강원의 이러한 농신으로서의 기능이 남성 중심 사회가 되면서 아들인 후직에게 옮겨간 것으로 보아야 할 것이다.

수많은 종족이 각기 다른 뿌리에서 갈라져 나오기 시작한 저 아득한 신화 시대, 고대 중국의 문화는 동이계와 화하계라는 동과 서의 양대 종족을 중심으로 전개된다. 따라서 시조 탄생 신화에서 설 신화와 후직 신화는 특별히 중요한 위치를 차지하고 있다.

제준 91×73cm 캔버스 · 아크릴 물감 2002, 서용선

2
신비한 개 반호,
공주와 결혼하여 여러 족속을 낳다

[시조 탄생 신화와 민족의 성립 2]

변방 종족의 시조 탄생 신화

앞에서는 중국의 동방과 서방에서 일어나 중원 지역에서 활약했던 동이계와 화하계 두 종족의 시조 탄생 신화에 대해 살펴보았다. 그렇다면, 중국의 서방 변경 지대에 거주했던 종족들은 어떻게 그 시조가 태어나고 민족으로 자리잡게 되었을까. 그들의 시조 탄생 및 민족 성립 과정에 대해 알아보기로 하자.

중국의 서방과 북방, 변경 지대에 걸쳐 역사상 두각을 나타냈던 종족으로는 흉노匈奴, 돌궐突厥, 몽골蒙古 등을 들 수 있다. 이들 종족의 성립과 관련된 신화는 다음과 같다.

늑대시조의 탄생 신화

먼저 돌궐[1]의 중요한 한 갈래인 아사나阿史那 씨족의 성립 신화를 보자.

돌궐 종족은 원래 서해 바닷가에 살았으나 이웃 나라의 침략을 받아 멸망하고 말았다. 그때 적군이 남녀노소를 모조리 몰살하였다. 그러나 잔인한 적군일지라도 열 살쯤 되는 어린애 하나만은 차마 죽이지 못하고 팔다리를 잘라 큰 호숫가에 버렸다.

그런데 주위에 살던 한 암늑대가 소년에게 고기를 물어다 주어 소년은 그것을 먹고 살아날 수 있었다. 그 후 암늑대는 소년과 교접을 하여 임신을 하고 서해의 동쪽에 있는 어떤 산으로 이동하였다.

그 산에는 동굴이 있어서 암늑대가 그 속에 들어갔더니 사방 2백 리쯤 되는 넓고 풀이 무성한 벌판이 나타났다. 얼마 후 암늑대는 열 명의 사내애를 낳았는데 장성해서 모두들 결혼하여 각자 한 성씨를 이루었다. 아사나 부는 그 중의 하나이다.

이스탄불의 노천 카페
오늘날의 터키 민족은 돌궐족의 후예이다.

돌궐보다 기원이 오랜 흉노[2]의 한 부족의 성립 신화는 이와 정반대의 경우이다.

흉노의 왕에게 용모가 지극히 아름다운 두 딸이 있어서 백성들이 모두 신처럼 떠받들었다. 신하들은 공주들의 아름다움을 칭찬하여 종종 이렇게 아뢰었다.

---

1. **돌궐突厥** 6세기 중엽부터 약 2백 년 동안 몽골 고원을 중심으로 활약한 투르크계 민족. 그 중 아사나 씨족의 세력이 강성해져 대제국을 이루었으나 훗날 분열되어 동돌궐은 몽골 고원을, 서돌궐은 중앙아시아를 지배하기도 했다. 지금의 터키 공화국 주민은 이들의 후손이다.
2. **흉노匈奴** 기원전 3세기 말부터 기원 1세기 말까지 몽골 고원, 만리장성 일대를 중심으로 활약한 유목민족 및 그들이 형성한 국가의 명칭. 진秦, 한漢 시대에 중국의 큰 위협이 되었다. 그들의 후손이 유럽의 민족 대이동을 불러일으킨 훈족이라는 설이 있다.

흉노 땅으로 떠나는 왕소군
왕소군王昭君은 한나라 때의 미인으로 흉노의 왕에게 시집을 가서 그곳에서 고국을 그리워하다 죽었다고 한다. 왕소군을 모셔가는 흉노 병사들의 씩씩한 기상과 독특한 복장에서 북방 유목민족의 체취를 느낄 수 있다. 금金 궁소연宮素然의 〈명비출새도明妃出塞圖〉.

"공주님들은 인간 세상의 사람이 아니라 하늘에서 내려온 선녀임이 분명합니다. 이 모두가 임금님의 큰 복입니다."

왕도 이런 칭찬을 자주 듣다보니 어깨가 우쭐해지고 자랑스러운 마음이 점점 더 커져갔다. 왕의 자만심이 자꾸만 높아지던 어느 하루였다.

"나의 이 딸들이 어찌 사람의 짝이 될 수 있겠는가? 앞으로 천신과 배필을 시으리라."

왕은 이렇게 말하고는 곧바로 딸들이 천신을 만나도록 조치를 취하였다. 왕은 광야에 높은 누대를 짓고 두 딸을 그 위에서 살게 한 것이다. 그러고는 날이면 날마다 하늘을 보고 기원을 하였다.

"천신께서는 어서 내려와 제 딸들을 아내로 맞이해 가시옵소서."

이런 기원을 매일 올린 지 3년이 지났으나 아무런 변화가 없자 왕비는 딸들을 도로 데려오려고 하였다. 그러나 왕은 말하길 "안 되오, 아직 천신과 통하지 않았소."라고 하였다.

다시 한 해가 지났을 때였다. 하루는 늑대 한 마리가 밤낮으로 누대를 떠나지 않으며 울부짖었다. 그러고는 누대 아래에 굴을 파고 오래도록 머물러 있었다.

며칠 동안 늑대를 지켜본 작은딸은 그 늑대가 아무래도 범상한 동물이 아닐 것이라는 생각에 한번 누대를 내려가보리라 결심했다.

"언니, 아버님이 우리를 이곳에 둔 것은 천신과 배필을 지어주실 생각에서였는데, 아무래도 지금 늑대가 온 것을 보니 혹시 천신이 보낸 신령스러운 동물이 아닌지 모르겠어."

언니가 놀라 동생을 만류하며 말했다.

"저건 그저 한낱 짐승이야. 부모님을 욕되게 해서는 안 돼!"

그러나 동생은 언니의 말을 듣지 않고 마침내 누대를 내려가 늑대를 남편으로 맞이하였다. 늑대의 아내가 된 그녀는 곧 아들을 낳았는데 점점 수가 늘어나 마침내는 한 나라를 이루었다.

이 밖에도 몽골의 시조 탄생 신화에서는 하늘이 낸 푸른빛의 늑대와 흰빛의 사슴이 서로 짝을 맺었다고 한다. 짝을 이룬 둘은 등길사騰吉斯라는 강을 함께 건너 알난斡難이라는 강의 근원인 불아한不兒罕 산에 이르렀다.

그들은 그곳에 머물러 파탑적한巴塔赤罕이라는 아이를 낳았다. 이 아이가 훗날 몽골 민족의 시조가 되었다.

『원조비사』[3]라는 책에 실린 이 신화에는 특별히 흥미로운 점이 있다. 등길사라는 강은 아마 퉁구스Tungus를 한자로 표현한 것이며 알난은

---

3. 『원조비사元朝秘史』 13세기 중엽에 성립된 몽골의 역사서. 작자는 알 수 없다. 내용은 몽골족과 칭기즈칸의 선조에 대한 전설과 계보, 칭기즈칸의 일생과 원 태종太宗의 치세를 기록한 것으로 몽골 제국 건국 및 성립 초기의 역사에 대한 중요한 사료이다. 아울러 중세 몽골어의 연구 자료로서도 큰 의미를 지닌다.

압록鴨綠과 발음이 비슷하다. 주목해야 할 것은 다음의 불아한이다. 불아한은 곧 불함不咸이다.

『산해경山海經』에 의하면 숙신국[4]에 불함산이 있다고 하였는데 숙신국은 압록강 상류 지역에 있었던 고대 국가이고 불함산은 바로 지금의 백두산을 가리킨다.

민족의 영산 백두산
고대에는 불함산으로 불리었다.

그렇다면 몽골 민족이 고대에 백두산 근처에 살았다는 말일까? 결론부터 말하면 물론 그렇지는 않다. 그렇다면 어째서 이런 일이 있는 것일까.

고대인들은 이주해서 다른 곳에 옮겨 살아도 전에 살던 지역의 이름을 그대로 가져다 부르는 습관이 있었다. 따라서 몽골의 시조 탄생 신화는 우리 민족과 몽골의 상관성을 암시한다. 즉 우리 민족은 먼 고대에 지금의 몽골 지역과 같은 먼 북방에서 남쪽으로 이주해온 것이라 추측된다. 다시 말해서 '불함산'이나 '압록'이란 지명은 먼 옛날 몽골 지역에 살던 우리 민족의 조상이 그곳의 산과 강 이름을 남쪽으로 이주한 이후에도 그대로 가져와서 사용한 흔적일 것이다.

최근 우리 민족의 기원을 북방의 바이칼 호湖[5]와 관련지어 찾아보려는 움직임이 있는데 『원조비사』에 기록된 이 신화는 그러한 주장의 근거가 될 수 있나.

시조 탄생 신화에서 시조는 동물과 관련을 맺는 경우가 많다. 원시 시대에 동물은 인간보다 신성하고 우월한 존재로 생각되었기 때문이

---

4. **숙신국肅愼國** 고대에 압록강 상류, 송화강 상류 일대에 있던 나라. 참나무 화살을 생산하고 자작나무 껍질로 생활 용품을 만들었다. 후대에는 읍루挹婁, 말갈靺鞨 등으로 변천을 거듭하다가 지금은 혁철족赫哲族이라는 소수민족으로 존속해오고 있다. 정인보鄭寅普는 숙신이 조선과 발음이 유사하여 사실상 고조선의 일부일 것으로 추정하였다.

5. **바이칼 호湖** 러시아의 부랴티야 공화국과 이르쿠츠크 주에 걸쳐 있는 세계 최대의 민물 호수. 호수 안에는 올혼 섬을 비롯해 18개의 섬이 있는데 올혼 섬에는 샤먼이 하늘에 제사지내는 터가 있다. 고대 중국의 문헌에서 대택大澤이라고 불렀던 북방의 큰 호수가 이곳을 가리켰던 것으로 추측된다.

올혼 섬에서 바라다본 바이칼 호
태고의 영검함과 신비를 간직한 호수이다. 이광수의 소설 『유정』에서 사랑하는 두 남녀 최석과 남정임의 마지막 무대도 이곳이었다.

다. 동물을 종족의 조상으로 삼는 이러한 내용의 신화를 수조신화獸祖神話라고 한다.

수조신화는 동물 토템 숭배와 깊은 관련이 있다. 중국의 서방 고원지대와 북방 초원지대에 살았던 유목민족들에게 늑대는 공포의 대상이면서도 생활과 밀접한 관계를 맺고 있는 동물이다. 그리하여 토템 동물로 숭배되면서 종족의 조상으로 여겨졌을 것이다. 북미나 남미의 원주민들도 그 지역의 야수인 코요테나 재칼을 그들의 선조와 동일시하거나 경외하는 습속이 있다.

늑대에 대한 숭배 관념은 서양 신화에서도 엿보인다. 로마 건국의 아버지인 로물루스 형제를 양육한 것은 다름 아닌 늑대였기 때문이다. 늑

6. 〈나자리노〉 아르헨티나의 레오나르도 파비오Leonardo Favio 감독에 의해 1974년에 제작된 영화. 일곱 번째로 태어난 남자 아이는 보름달이 뜨는 밤에 늑대로 변한다는 전설이 있는데 한적한 시골 마을의 나자리노라는 청년이 그 주인공이다. 이 청년과 리셀다라는 마을 처녀가 온갖 위협 속에서도 사랑을 지켜가는 이야기를 내용으로 하고 있다.

대를 인간과 동일시하거나 경외하는 이러한 관념들로부터 늑대 인간wolf man에 관한 전설 같은 것이 파생되었을 것이다. 오래 전에 상영된 남미 영화 〈나자리노〉[6]는 낮에는 멀쩡하다가 밤이 되어 보름달이 뜨면 늑대로 변하는 늑대 인간과 마을 처녀의 안타까운 사랑을 그린 영화이다. 이 영화의 주제가 역시 감미로운 선율로 한때 유행한 적이 있다.

서양인이 상상한 개 머리 인간
늑대 인간과 비슷한 상상력의 산물이다. 마르코 폴로가 안다만 제도諸島에서 목격했다는 개 머리 인간의 상상도(14~15세기).

이제 시선을 중국의 서남 방과 남방으로 돌려보자. 남방의 가장 저명한 시조 탄생 신화로는 묘족苗族, 요족瑤族, 여족畲族 등의 소수민족[7] 사이에서 전해 내려오는 반호盤瓠 신화가 있다.

개와 결혼하여 낳은 종족

옛날 고신씨[8]라는 왕이 다스리던 시대였다. 어느 날 왕비에게 귓병이

---

7. **소수민족** 중국은 모두 56개의 민족으로 이루어진 다민족 국가이다. 이 중 본민족인 한족漢族을 제외한 55개의 민족을 소수민족이라 한다. 중국의 전 인구 가운데에서 이들이 점유하는 비율은 10%도 되지 않으나 이들이 거주하는 공간은 오히려 중국 영토의 상당 부분을 차지한다. 이들은 대부분 중국 변경의 사막, 초원, 고원, 산악 지대에 거주하고 있으며 전통적인 생활방식과 풍속을 유지하고 있다. 이들은 많은 신화를 구전, 보전하고 있어 주로 문헌으로 전해지는 중국 신화의 부족한 점을 보충해줄 뿐만 아니라 중국 문화를 다원적으로 인식해야 하는 훌륭한 근거를 제공해주고 있다.

고신씨와 반호
반호가 요즘의 애완견처럼 그려져 있다. 『중국신선화상집
中國神仙畫像集』에서.

났다. 의원이 치료를 했더니 귀에서 누에 같은 벌레가 나왔다. 그것을 바가지 속에 넣고 쟁반으로 덮어놓았는데 갑자기 오색 무늬의 개로 변하였다.

그래서 쟁반〔盤〕과 바가지〔瓠〕에서 생겼다고 해서 그 개의 이름을 반호盤瓠라고 짓고 대궐에서 왕이 직접 길렀다. 그 무렵, 오랑캐가 강성하여 변경을 자주 침범하고 있었다. 왕은 장수를 보내 토벌하려고 하였으나 쉽게 이기지를 못하였다.

이에 왕은 천하에 영을 내려 오랑캐 장군의 목을 가져오는 자에게는 황금 천 근을 주고 제후에 봉할 뿐만 아니라 공주를 준다고 선포하였다. 그런데 왕의 선포가 있고 나서 반호가 대궐에서 사라져버렸다.

얼마 후 사라졌던 반호가 사람의 목을 한 개 물고 돌아왔다. 왕이 자세히 살펴보니 그것은 왕이 상금을 건 그 오랑캐 장군의 목이었다. 신하들은 모두 말하길 "반호는 짐승인지라 벼슬을 줄 수도, 공주를 줄 수도 없으니 공이 있다 한들 베풀 것이 없습니다."라고 하였다.

그랬더니 반호는 밥을 줘도 먹지 않고 구석에 웅크리고 앉아 며칠 동안을 마치 고민이 있다는 듯한 표정을 짓고 있었다.

---

8. **고신씨高辛氏** 전설적인 임금. 제곡帝嚳이라고도 부른다. 태어나면서부터 신령스러워 스스로 그 이름을 말했으며 음악에 뛰어난 재능이 있었다고 한다. 전설에 의하면 성군 요, 은의 시조 설, 주의 시조 후직의 아버지라고도 한다.

공주가 이 소식을 듣고 달려와 왕에게 아뢰었다.

"임금님께서는 이미 저를 상으로 주기로 천하에 약속하셨습니다. 반호가 적장의 목을 물고 온 것은 하늘이 그렇게 시킨 것이지 어찌 개의 힘이겠습니까? 임금님은 말씀과 신의를 중히 여기셔야 합니다. 미천한 여자의 몸 때문에 천하와의 약속을 저버리셔서는 안 됩니다. 만약 그러하시면 나라에 재앙이 내릴 것입니다."

공주의 말이 도리와 이치에 맞는지라 왕은 괴로워했다. 어떻게 사랑스런 딸을 개에게 준다는 말인가. 하지만 왕은 하늘의 재앙이 두려워 마침내 공주를 반호와 짝지워주었다.

중국의 개 머리 인간 환구
환구環狗의 모습에서 사람이 되다가 만 반호의 모습을 짐작해볼 수 있다. 명明 장응호蔣應鎬의 『산해경회도山海經繪圖』에서.

그런데 소수민족인 여족의 구전 신화에 의하면, 이때 반호가 자신을 황금종 속에 넣어 7일 동안을 두면 사람으로 변할 것이라고 말하여 그대로 했는데, 공주가 궁금한 나머지 6일째 되는 날 뚜껑을 열고 보았더니 머리만 남기고 온몸이 사람으로 변해 있었다고 한다. 그래서 반호는 완전히 사람이 되지 못하고 개의 머리를 한 사람이 되었다.

사랑하는 연인 사이에 약속을 지키지 못하여 비극을 초래하는 이야기는 동서양 어디에나 있다. 그리스 로마 신화에서도 프시케는 남편 에로스의 말을 듣지 않고 호기심에 잠자는 그의 얼굴을 들여다보다가 생이별을 당하게 된다.

어쨌든, 공주와 결혼하게 된 반호는 그녀를 등에 태우고 먼 남쪽 산의 동굴로 데려갔다. 그곳은 험준하고 사람의 발길이 닿지 않는 곳이었다. 공주는 그곳에 이르자 화려한 옷을 벗고 거친 일꾼의 옷으로 갈아

프시케가 잠잘 때 왔다가 새벽에 몰래 떠나는 에로스
피코의 〈에로스와 프시케〉(1817년).

입었다. 왕은 공주가 그리워 사신을 시켜 살펴보게 하였으나 그 근처에만 이르면 문득 비바람이 몰아치고 안개가 껴서 아무도 가볼 수가 없었다. 3년이 지나자, 공주는 6남 6녀를 낳았는데 반호가 죽은 후 서로 짝을 지어 한 종족을 이루었다.

반호 신화 역시 앞서의 돌궐, 흉노 시조 탄생 신화처럼 수조신화의 형태를 취하고 있음을 알 수 있다. 서남방의 소수민족인 이족彛族의 시조 탄생 신화는 이보다 좀더 독특하다. 이족의 시조 탄생 신화를 들어보기로 하자.

용이 핥아준 아이

중국의 서남쪽 뇌산牢山이라는 곳에 사일沙壹이라는 여인이 살았다. 그녀가 하루는 물속에서 고기를 잡다가 물에 잠긴 나무에 잠깐 닿았는데 왠지 이상한 느낌이 들더니 임신을 하고 말았다.

열 달이 되자 사일은 사내아이 열 명을 낳았다. 그런데 아이를 낳은 뒤 얼마가 지났을까? 어느 날 물에 잠겨 있던 그 나무가 갑자기 용으로 변하여 물 위로 솟아올랐다. 그러고는 홀연히 용이 말하는 소리가 그녀의 귀에 들려왔다.

"당신이 나를 위해 아이들을 낳았다고 하던데 그 아이들은 모두 어디에 있소?"

아홉 명의 아이들은 용을 보자마자 모두 놀라 달아났으나 오직 막내만이 도망가지 않고 용의 등에 올라탔다. 아이가 등에 올라타자 용이 그 아이를 핥아주었다.

그 지역의 방언으로 등에 올라타는 것을 구륭九隆이라고 하는데 어머니는 이후 이것으로 그 아이의 이름을 삼았다. 장성한 후 형들은 모두 구륭이 아버지인 용이 핥아주어서 똑똑하고 용감하다고 여겨 왕으로 추대하였다.

그 후 뇌산 기슭의 한 부부가 열 명의 딸을 낳자 구륭 형제는 이들을 모두 데려다 아내로 삼았고 이로부터 점점 자손이 늘어났다.

이족의 시조 탄생 신화는 감생신화의 형태를 취하고 있다. 이족은 원래 서북방에서 살다가 남하하여 사천四川, 운남雲南 지역에 정착하였다고 한다. 그리하여 그들의 시조 탄생 신화는 서방 화하계 종족의 용 숭배와 남방의 수목 숭배가 결합된 내용을 지닌 것으로 생각된다.

다음으로 우리가 살펴볼 것은 고대에 서남방에서 강대한 세력을 떨쳤던 파巴 민족의 시조 탄생 및 성립에 관한 신화이다.

석굴에서 탄생한 파족의 영웅 늠군

옛날에 무락종리산武落鍾離山이라는 큰 산이 무너지자 석굴 두 개가 생겼다. 두 개의 석굴은 하나는 붉기가 주사朱砂 같았고 하나는 검기가 옻칠 같았다. 이 붉은 석굴에서 태어난 사람은 모두 성을 파씨巴氏라 했다. 검은 석굴에서도 역씨譯氏, 번씨樊氏, 백씨柏氏, 정씨鄭氏의 네 성姓 사람이 태어나 모두 다섯 성씨가 이 산에 살게 되었다. 그러다보니 차츰 다섯 성씨 사이에 알력이 생기고 패권을 겨루는 싸움이 자주 일어났다. 이윽고 다섯 성씨들은 서로 다툼 없이 더불어 살기 위한 대책을 세웠다. 다섯 성씨들이 모두 각각의 대표를 뽑아 서로 실력을 겨루어서 이긴 사람을 자신들의 임금으로 삼기로 결정한 것이다.

그리하여 첫 번째 시험은 석굴을 칼로 찔러 그대로 박혀 있는 사람이 이기는 것으로 정하였다. 이때 파씨 성의 대표로 뽑힌 사람은 무상務相인데 네 성씨의 사람이 찌른 칼이 모두 바닥에 떨어졌으나 무상의 칼만은 석굴의 벽에 그대로 박혀 있었다.

다음에는 흙으로 만든 배를 물 위에 띄워 그 배가 떠 있으면 임금으로 삼기로 했는데 역시 무상의 배만 그대로 떠 있었다. 마침내 무상이 모든 시합에서 이겨 그는 파족의 말로 임금을 뜻하는 늠군廩君이라는 칭호를 받았다. 시험을 통과하여 부족의 지도자가 된 늠군은 자신들이 사는 곳이 너무 비좁고 먹을 것이 적다고 생각되어 부족을 이끌고 새로운 땅을 찾아 나섰다.

늠군은 좀더 살기 좋은 곳을 찾아서 그 흙배에 무리를 태우고 이수夷水를 따라 내려갔다. 배를 타고 길을 떠난 지 며칠이 지나 마침내 늠군 일행은 염양鹽陽이라는 곳에 이르렀다.

염양에는 아름다운 여신이 살고 있었다. 그 여신은 늠군의 씩씩한 모습을 보자 그만 한눈에 반해버렸고, 이윽고 둘은 사랑에 빠지고 말았다. 여신은 늠군이 떠나는 것이 싫어 그를 만류하며 다음과 같이 말하였다.

"이곳은 땅이 넓고 물고기와 소금도 풍부하니 저와 함께 사셔요. 부디 가지 마옵소서."

그러나 늠군은 그곳이 자신들의 미래를 위한 땅이 아님을 잘 알고 있었기에 아름다운 여신의 간청에도 불구하고 그것을 받아들일 수가 없었다.

"나는 임금이 된 이상 동족을 위해 더 넓고 기름진 땅을 구해야 하오. 여기에 오래 머무를 수가 없소."

단호한 늠군의 말에 여신은 눈물을 흘리며 그의 곁을 떠났다. 그런데 그 이튿날 아침이었다. 늠군 일행이 출발하려고 하니 어디서 왔는지 수많은 날벌레들이 날아올라 까맣게 공중을 뒤덮고 있는 것이 아닌가?

여신은 날벌레로 변하였고 그녀의 지시하에 수많은 날벌레들이 해를
가리고야 만 것이다. 이렇게 열흘간이나 하늘은 컴컴하기만 했고 늠군
일행은 어느 방향으로 떠나야 할지를 모르게 되었다. 날벌레들이 극성
을 부려 자신들의 앞길을 방해하는 것이 여신의 짓인 줄을 눈치 챈 늠
군은 한 가지 잔인한 꾀를 내었다. 늠군은 부하를 시켜 푸른 색실을 여
신에게 전해주면서 이렇게 이르도록 했다.

"이 실은 내가 당신을 생각하는 마음의 표시이니 늘 몸에 지니도록
하시오. 그러면 내가 떠나지 않고 당신과 함께 살리다."

여신은 뜻밖의 선물에 기뻐하며 그 실을 소중히 품에 간직했다. 이튿
날 아침 여신은 다시 날벌레로 변하여 무리와 함께 날아올랐다. 늠군이
높은 바위 위에 올라서서 날벌레 떼를 바라보니 그 중의 한 마리가 푸
른 색실을 몸에 두른 채 날고 있었다. 늠군은 곧 활을 쏘았고 날벌레는
여신의 주검으로 변하여 떨어졌다. 여신이 죽자 모든 날벌레들도 흩어
져버렸고 날은 밝게 개었다.

늠군 일행은 다시 흙배를 타고 강을 내려가 이성夷城이라는 곳에 이
르렀다. 이성은 지형이 좁고 구불구불하였다. 늠군은 눈앞이 깜깜하였
다. 얼마나 고생을 해서 여기에까지 이르렀던가.

"우리가 동굴에서 겨우 나와 지금 또다시 이런 곳에 들어왔으니 이
일을 어찌할까?"

늠군은 탄식하며 말하였다. 그런데 탄식이 끝나기가 무섭게 양쪽 기
슭이 스르르 무너져 내리더니 땅이 질펀히 넓어지는 것이 아닌가. 마침
내 늠군은 무리와 함께 그곳에 정착하여 성을 건설하였고 이후 종족이
크게 번성하게 되었다.

파족의 영웅 늠군이 석굴에서 탄생하여 적대자들과의 경쟁에서 승리
하고 종족이 안주할 땅을 찾아 방랑하는 과정에서 여신의 유혹을 물리
치고 결국 낙원에 도달하는 이야기는 그야말로 한 편의 드라마와 같다.
사랑과 사명감 사이에서 비정한 사내가 될 수밖에 없었던 늠군, 그리고

아이네이아스와 디도
아이네이아스가 디도에게 지나온 과거를 말하고 있다. 피에르 게랭의 그림(19세기).

사랑하는 사람의 속임수에 목숨을 잃은 여신의 슬픈 이야기는 수천 년이 지난 지금도 사람들의 심금을 울리기에 여전히 부족함이 없다.

영웅은 언제나 이렇게 모험길에서 사랑하는 여인을 저버려야만 하는가? 늑군에게 사랑을 갈구하다 죽은 여신은 그리스 로마 신화에서 트로이의 영웅 아이네이아스가 떠나가자 절망감에 분신자살하는 카르타고의 여왕 디도를 연상시킨다.

중국의 주변 민족 및 소수민족의 시조 탄생 신화는 앞서 살펴본 동이계 및 화하계 양대 종족의 그것에 비해 훨씬 더 소박하고 원시적인 모습을 보여준다. 무엇보다도 늑대, 개 등 수조신화의 경향이 현저한 것이 그것을 말해준다.

그러나 이러한 신화들은 훗날 중화주의가 성립되면서 주변 민족을 야만시하고 경멸하는 근거로 작용하였다. 견융[9], 남만[10], 북적[11] 등은 모두 주변 민족을 표현하는 말들인데 이들 어휘에는 개라든가 벌레 등의 의미가 포함되어 있다. 이처럼 주변 민족을 동물과 동일시하는 사고의 이면에는 이들 민족의 시조 탄생 신화에 대한 왜곡과 편견이 깔려 있는 것이다.

---

9. **견융犬戎** 주나라 당시 서쪽 변경 지역에 살던 이민족. 개 같은 오랑캐라는 뜻이다.
10. **남만南蠻** 양자강 이남의 이민족을 아울러 부르는 말. 남쪽의 버러지 같은 오랑캐라는 뜻이다.
11. **북적北狄** 만리장성 이북의 이민족을 아울러 부르는 말. 북쪽의 늑대 같은 오랑캐라는 뜻이다.

반호, 늠군 91×73cm 캔버스 · 아크릴 물감 2002, 서용선

제 ② 부

문명의 창시자들

3
불로 어둠을 물리친 이야기

[문명의 창시자들 1 : 수인씨, 염제, 잠신 등]

인류 최초의 계몽 신화

신화는 원시 시대에 인류가 자연과 조화로운 관계 속에서 생활하던 모습을 보여주기도 하지만 자연의 위력으로부터 벗어나 독자적인 생존의 길을 모색하는 과정노 반영한다. 이 과성이 문명화이고, 신화는 그것을 문명의 창시자들을 통해 표현하고 있다.

이 점에서 신화는 원시 인류가 불가사의한 자연 현상에 대해 처음으로 의미 있는 해석을 시도한 결과 만들어진 것이다. 예를 들면 원시 인류는 천둥과 번개를 의인화하여 하나의 인격체로서의 성격을 부여함으로써 자연에 대한 공포로부터 벗어나고자 시도한다.

천둥과 번개가 신의 인간에 대한 노여운 감정을 드러낸다는 생각은

프로메테우스
불을 훔쳐 인간에게 가져다 주고 있다. J. 크로시 에의 그림.

인간으로 하여금 신을 경배하게 함으로써 그 노여움으로부터 벗어날 수 있는 해결책을 제공해준다. 자연을 인간화함으로써 비인간적인 것에 대한 공포와 두려움을 극복하는 것이다.

신화는 이런 점에서 자연을 인간의 삶 속에 끌어들인 문명화의 첫 출발지점이다. 그렇다면 인류 문명의 첫 단계는 과연 무엇에 의해 이루어졌을까?

무엇보다도 불의 발명이야말로 야만 상태와 문명을 가름하는 첫 사건이라 할 수 있다. 그리스 로마 신화를 보면 짐승과 다름없이 살던 인류가 프로메테우스로부터 불을 얻음으로써 마침내는 신들의 지위를 위협하는 경지에까지 이르게 된다. 이 점에서 불은 곧 합리적 이성과 문명의 상징인 것이다.

서양 신화에서 불은 원래부터 신이 지니고 있던 것이었다. 하지만 동양 신화에서 불은 저절로 존재했던 것이 아니라 특정한 신이 발명한 것으로 묘사된다.

동양 신화에서 불의 발명자는 한둘이 아니다. 복희伏羲, 염제炎帝, 황제黃帝 등의 큰 신들이 저마다 나무를 마찰하여 불을 처음 일으켰다는 신화를 남기고 있다. 이로 미루어 동양 신화에서 불의 발명은 신들의 여러 업적 중에서도 특히 빼놓을 수 없는 것으로 중요하게 취급되고 있음을 알 수 있다.

그러나 불을 발명한 최초의 공로는 아마도 이들보다 유명하지는 않지만 이름 자체가 이미 "불을 일으킨 사람"이라는 뜻을 담고 있는 수인씨燧人氏에게 돌아가야 할 것 같다.

수인씨는 어느 시절의 신인지는 알 수 없지만 한漢나라 때에 지어진 『백호통白虎通』이라는 책에 의하면 그가 태곳적에 처음 나무를 마찰하여 불을 일으키는 방법을 알아내서 백성들로 하여금 음식을 익혀 먹을 수 있게 했다고 한다. 그 덕택에 사람들은 음식을 날것으로 먹음으로써 생기는 질병과 독성을 피하고 몸을 건강하게 유지할 수 있게 되었다.

수인씨가 불을 발명하게 되기까지의 좀더 자세한 과정은 남북조南北朝 시대 초기에 이루어진 소설 『습유기拾遺記』에 다음과 같이 표현되어 있다.

불의 발명으로부터 프로메테우스의 시대로

아주 오래 전에 수명국燧明國이라는 나라가 있었다. 이 나라에는 사계절이 나뉘어 있지 않을 뿐만 아니라 낮과 밤의 구분이 없었다.

이 나라에는 수목燧木이라고 불리는 불을 일으키는 나무가 있었다. 이 수목이라는 나무의 가지는 사방으로 하염없이 넓게 뻗어 있었다. 이 가지 위로 올빼미같이 생긴 새가 날아와 그 나무를 탁탁 쪼면 곧 불이 일어나곤 하였다.

어느 날 한 총명한 사람이 이 광경을 보다가 문득 한 가지 생각을 떠올렸다.

"맞아, 바로 저거야. 나무를 서로 부딪치면 불꽃이 생겨날지 몰라."

그는 곧 수목의 나뭇가지를 꺾어 두 개의 가지를 서로 비벼보았다. 그랬더니 역시 나뭇가지와 가지 사이에서는 불이 일어났다.

이후 불을 발명한 그를 기려 사람들은 그를 수인씨라고 불렀다. '수燧'란 나무를 마찰하여 불을 일으킨다는 뜻이다.

수인씨 신화는 지금도 원시 생활을 하고 있는 일부 종족들이 그렇게

고구려의 불의 신
오른손에 불씨를 들고 있다. 집안集安의 오회분五盔墳 4호묘 벽화에서.

하고 있듯이 원시 인류가 나무를 비벼서 불을 얻었던 현실을 그대로 반영하고 있다. 따라서 신화라기보다 어떤 면에서는 고대 생활의 진솔한 기록에 가깝다.

우리나라의 경우에도 고구려 고분 벽화에 수인씨처럼 나무를 마찰하여 불을 피우는 신과 아울러 불씨를 손에 든 불의 신이 출현한다. 중국에서도 좀처럼 보기 힘든 이러한 그림들은 우리 민족이 불에 대한 풍부한 상상력을 지니고 있었음을 보여준다.

불의 발명은 인류의 삶을 여러모로 편리하게 했을 뿐만 아니라 나약한 인간을 만물의 중심에 올려놓는 중요한 역할을 하였다. 키플링은 소설 『정글 북』[1]에서 불의 이러한 위력을 실감나게 표현한 바 있다. 나약하기 그지없던 정글 소년 모글리는 어느 날 우연히 사람의 집에 내려갔다가 불을 훔쳐서 돌아온다. 불을 사용할 줄 알게 된 모글리는 그 후 숲 속의 세계에서 전에는 자신의 생명을 위협하던 무서운 맹수들마저 두려워하는 위협적인 존재가 된다. 이처럼 불을 사용할 줄 알게 됨으로써 인간은 동물의 세계에서 분리된 특별한 존재가 된 것이다.

불의 발명으로 인류는 이제 자연 상태에서 벗어나 자신만의 길을 갈 수 있게 되었다. 프랑스의 상상력 연구가인 뒤랑[2]이 근대 이후 과학 만능주의, 인간 중심의 시대를

정글 소년 모글리
마을에서 얻어 온 불로 호랑이 꼬리를 태우고 있다. 『정글 북』 동화책의 삽화.

"프로메테우스의 시대"라고 명명한 것은 불이 지닌 이러한 의미 때문
이다.

신석기 혁명, 농업의 발명

불의 발명 이후 인류가 이룩한 또 하나의 획기적인 업적은 농업의
발명이다. 수렵과 채취에 의존해 매일매일 불확실한 삶을 살아가던 인
류에게 일정한 지역에서의 경작을 통한 식량의 확보는 인류의 삶에 근
본적인 변화를 가져왔다. 근대의 산업 혁명 못지않게 원시 사회에 변
혁을 초래한 이 현상을 두고 우리는 농업 혁명 또는 신석기 혁명이라
고 부른다.

동양 신화에서 농업의 발명과 관련된 신은 앞에서도 말한 바 있듯이
신농神農이라고도 부르는 염제炎帝와 후직后稷, 두 신이다.

『회남자淮南子』에서는 염제의 업적에 대해 다음과 같이 말한다.

옛날에 백성들이 풀을 먹거나 물을 마시고 나무 열매를 따 먹거나 상
한 짐승의 고기를 먹을 때에 질병과 해독이 많았다. 이때 염제가 백성
들에게 오곡을 파종하는 법과 어떤 땅이 농사짓기에 좋은지를 가르쳐
주었고 온갖 풀과 샘물의 맛을 보아 백성들이 선택할 좋은 것을 알려주
었다.

염제는 이 밖에도 따비, 절구 등 농기구를 제작하였고 농사를 위한

---

1. 『정글 북』 1894년에 발표된 영국 작가 키플링J. R. Kipling의 아동 문학 작품. 숲 속에 버려졌던 모글리가
이리 떼에 의해 양육된 후 숲 속에서 겪는 짐승들과의 우정, 모험 그리고 인간 세계로 귀환하기까지의 이야기
를 담고 있다. 동물 문학의 새로운 경지를 연 작품으로 평가되고 있다.
2. 뒤랑Gilbert Durand(1921~) 프랑스의 상상력 연구가. 바슐라르의 뒤를 이어 상상력의 이론을 확립했다.
서양이 상상력을 폄하해온 역사를 비판하고 신화의 현대적 가치를 높이 평가하였다. 저서로는 『상징적 상상
력』, 『신화비평과 신화분석』, 『상상적인 것의 인류학』 등이 있다.

달력을 만들었으며 수리水利를 위해 우물을 파는 등 농업과 관련하여 많은 일을 한 것으로 전해진다.

아울러 『회남자』에서는 후직이 농업에 미친 영향에 대해서도 다음과 같이 언급한다.

옛날에 밭이 마련되지 않아 백성들의 먹거리가 부족했다. 후직이 이에 땅을 개간하고 잡초를 가려내고, 거름을 주고, 씨를 뿌리는 법을 백성들에게 가르쳐주어 그들의 생활을 풍족하게 만들었다.

후직은 농업을 위해 이렇게 힘을 다하다가 들에서 객사했다고 한다. 우리 속담에 농부가 농사일에 열심인 것을 두고 "농부는 죽을 때도 논두렁을 베고 죽는다."라는 말이 있는데, 후직이야말로 이러한 삶을 실천적으로 보여준 원조 농부였던 것이다.

염제와 후직은 모두 저명한 농신農神이지만 염제가 좀더 앞선 시대의 농신이었다. 초기의 농업은 대개 화전火田에 의해 이루어졌으므로 불과 관련이 깊은데 염제炎帝는 불의 신, 곧 화신火神이기도 하기 때문이다.

고대 국가에서 농업은 국가의 운명을 좌우하는 중요한 산업이었다. 후직의 후예인 주周 민족이 당시의 대국이었던 은殷을 정복할 수 있었던 것은 발전된 농업 기술과 풍부한 농업 생산력 덕분이었다. 은은 아직 유목 생활에서 농업으로 완전히 정착하지 못한 상태에 있다가 선진 농업국인 주의 공격을 받아 망하였다.

주 이후의 고대 국가는 농업을 중시하여 토지신인 사社와 농신인 후직后稷을 함께 숭배하였는데 이후로 이 둘을 합친 사직社稷은 국가의 운명과 동의어로 쓰이게 되었다. 조선 시대에도 사직의 신을 제사지내던 사직단社稷壇이 있었고 지금의 종로구 사직공원 안에 여전히 그 터가 남아 있다.

염제와 후직 이외에도 그들
의 후예 중에는 농업의 발전과
관련된 신들이 많이 있다. 가령
주柱는 염제의 아들로 추측되
는데 그는 온갖 곡식뿐만 아니
라 채소를 기르는 데에 뛰어난
재주가 있었다. 또 후직의 조카
혹은 손자라고도 하는 숙균叔均

서울 종로구의 사직단
토지신과 함께 농업의 신 후직에게 제사를 지냈던 곳이다.

은 처음 소를 이용해 농사를 지
은 것으로 유명하다. 숙균은 훗날 밭의 신, 곧 전신田神으로 추앙되었
다. 이처럼 농업 기술의 발전은 염제와 후직 이후 인간에게 다양한 농
업상의 혜택을 준 여러 명의 신을 계속해서 탄생시켰다.

어업과 목축업의 발명

농업과 아울러 인류가 발명한 산업으로는 어업과 목축업을 들 수 있
을 것이다. 어업에서 중요한 것은 고기 잡는 그물이다. 그물은 복희가
매듭을 이용하여 만들었다는 설도 있고, 그의 신하인 봄의 신 구망句芒
이 만들었다는 설도 있다. 또는 어떤 현인이 거미줄을 보고 착상하여
만들었다는 설노 있나.

목축의 원조는 야생 코끼리를 길들였다는 순舜이다. 순이 '코끼리'
라는 이름의 못된 이복동생 상象을 착한 길로 인도했다는 이야기나 순
이 묻힌 창오蒼梧의 들녘에서 코끼리가 밭을 간다는 이야기는 순이 야
생 코끼리를 길들일 줄 알았던 종족의 선조가 아닌가 하는 추측을 가능
하게 한다.

순의 신하인 백익伯益 역시 야생동물을 잘 길들인 것으로 알려져 있

다. 이 밖에 소를 길들인 인물로는 앞에서 언급한 숙균과 은 민족의 조
상인 왕해王亥가 있다.

마지막으로 주목해야 할 산업은 잠업蠶業이다. 누에를 치는 일의 창
시자에 대해서는 여러 가지 설이 있다. 일설에 의하면 황제黃帝의 비妃
인 뇌조雷祖가 처음 백성들에게 누에를 치고 고치에서 실을 뽑아 옷을
만드는 법을 가르쳐주어 후세에 선잠신先蠶神으로 숭배되었다고 하기
도 하고, 촉蜀나라를 세운 잠총蠶叢이 매년 초 백성들에게 황금빛의
누에를 한 마리씩 나누어주고 누에치는 법을 가르쳐주었다고 하기도
한다.

그러나 민간에서는 이런 이야기들과는 상관없이 누에치기, 곧 양잠
養蠶의 기원에 관한 슬픈 곡절을 지닌 신화가 전해 내려온다.『수신기搜
神記』에는 다음과 같은 이야기가 수록되어 있다.

말과의 결혼 약속을 어긴 소녀, 누에로 변해

옛날 어느 집에서 아버지가 먼 길을 떠나고 외동딸과 수말 한 필만이
집을 지키고 있었다.

어느 날 딸은 몹시 심심하기도 하고 아버지가 보고 싶은 나머지 혼잣
말처럼 말에게 장난삼아 이렇게 말을 걸었다.

"아, 심심해. 아빠는 왜 이렇게 안 오시는 걸까? 네가 만약 아빠를 데
려와주기만 한다면 지금이라도 당장 너한테 시집이라도 가줄 수 있을
것 같구나."

말은 이 말을 듣자 갑자기 고삐를 끊고는 곧장 딸의 아버지가 있는
곳으로 달려갔다. 그러고는 아버지를 만나자 집을 향해 계속 울부짖어
댔다.

아버지는 집에 무슨 일이 있나보다 생각하고 급히 그 말을 타고 집으

로 돌아왔다.

집에 돌아온 후 애타게 기다리는 딸을 보고 아버지는 이 말이 아주 기특한 짐승이라고 생각해서 평소보다도 꼴을 더 많이 주었으나 말은 전혀 먹으려 하지 않았다. 그러고는 딸이 마구간을 드나들 때마다 미친 것처럼 날뛰었다.

아버지가 하도 이상하게 생각되어 딸에게 자초지종을 캐묻자 딸이 모든 것을 사실대로 말하였다.

"사람도 아닌 말 주제에 내 딸을 넘본단 말이냐. 이런 고약한 짐승 같으니라구."

소녀와 말
소녀가 말에게 아버지를 데려와달라고 부탁하고 있다. 말을 속여 이용만 하려고 드는 소녀의 얼굴 표정이 앙큼해 보인다. 『중국신선화상집』에서.

아버지는 말도 안 되는 일이라고 화를 내며 급기야는 그 말을 활로 쏘아 죽였다. 그러고는 말의 가죽을 벗겨내서는 마당에다 널어놓고 말렸다.

아버지가 외출을 하자 딸은 이웃집 소녀와 마당에서 놀다가 불쌍하게 죽은 말의 가죽을 발로 차면서 이렇게 조롱했다.

"짐승인 주제에 사람을 아내로 삼으려고 해? 안됐다만 이렇게 껍질이 벗겨진 것도 모두 네가 자초한 일이야."

그런데 말이 채 끝나기도 전에 마당에 널려 있던 그 말가죽이 갑자기 벌떡 일어서더니 그녀를 둘둘 말아 사라져버렸다.

이웃집 소녀가 놀라서 딸의 아버지에게 달려가 사건을 말하자 놀란

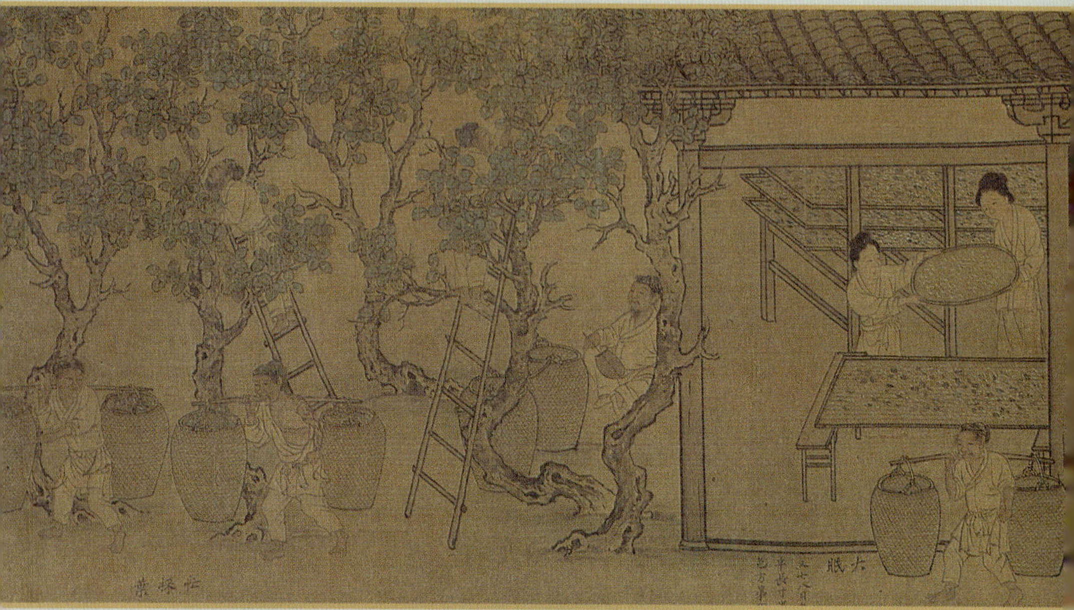

중국의 양잠 산업
중세 중국에서는 양잠이 중요한 산업으로 인식되어 체계적으로 이루어졌음을 보여준다. 남송南宋 시대 작자 미상의
〈잠직도蠶織圖〉에서.

잠고궁蠶姑宮. 누에의 여신, 곧 잠신을 모신 사당으로
잠신은 잠고라고 부르기도 한다. 엄청나게 크고 실한
누에들이 잠신 앞의 탁자 위에서 시녀들이 따온 뽕잎
을 먹고 있다. 청나라 때 산동성의 목판화.

아버지가 딸의 행방을 찾았으나 어
디로 갔는지 알 수 없었다.

그런데 며칠 후 마을 근처의 큰
나무 위에서 딸과 말가죽이 모두
누에로 변해 실을 토해내고 있는
것이 발견되었다.

마을 부녀자들이 그 누에를 가져
다 기르자 좋은 비단을 얻을 수 있
었다. 이후로 사람들은 그 나무를
상桑이라고 불렀는데 상은 목숨을
잃었다는 상喪과 발음이 같기 때문
이다.

상은 곧 지금의 뽕나무이다. 누에가 그 잎을 먹고 자란다.

말과의 결혼 약속을 어긴 소녀는 결국 말과 한 몸이 된 채 누에로 변해버렸다. 그 후 사람들은 이 비극의 주인공이 된 소녀에게 누에치기가 잘되기를 기원하였고 그리하여 소녀는 누에의 여신, 곧 잠신蠶神으로 숭배되었다.

이 신화에서는 고대인들이 좋은 비단을 얻기 위해 잠신에게 제사드릴 때 소녀를 희생물로 바쳤던 희생제의의 흔적이 느껴진다.

누에를 치는 일은 신석기 시대인 머나먼 앙소 문화[3] 시기부터 시작

---

3. **앙소仰韶 문화** 중국 황하 중류에 형성되었던 신석기 문화. 1921년, 하남성河南省 앙소 부근에서 고고학자 앤더슨J.G. Anderson에 의해 발굴되었다. 채색 토기가 특색이어서 채도彩陶 문화라고도 불리며 이미 농사를 짓기 시작했던 것으로 알려져 있다.

실크 로드
수많은 상인과 승려, 군인들이 이 길을 지나 동과 서를 왕래
하였다. 험한 산길과 뜨거운 사막도 이들의 열정을 막지는 못
하였다. 이탈리아의 상인 마르코 폴로, 신라의 스님 혜초慧超,
고구려의 유민 고선지高仙芝 장군 등이 모두 이 길을 통해 큰
일을 이루었다.

되어 은 시대에는 이미 그 기술이 상당히 높은 수준에 도달해 있었다. 은 시대에 뽕나무가 신성한 나무로 숭배된 것도 이러한 잠업의 흥성과 깊은 관련이 있다.

이후 비단은 중국 문화의 물질적 상징이 되어 전 세계에 이름을 떨치게 되었다. 중국과 서방 세계를 잇는 긴 교역의 길이 실크 로드[4]로 명명된 것만 보아도 중국 문화에서 비단이 차지하는 상징적 의미가 대단히 큼을 알 수 있다.

---

4. **실크 로드**Silk Road 아시아 내륙을 횡단하여 동과 서를 잇는 고대의 무역로. 비단길이라는 이름은 동방에
서 서방으로 간 대표적 상품이 중국산 비단이었던 데에서 유래하였다. 그러나 서방으로부터도 보석, 옥, 직물
등의 상품과 아울러 불교, 이슬람교, 음악 등의 문화가 이 길을 통해 동방으로 전해졌다. 한무제漢武帝 이후
본격적으로 개통되었고 당唐나라 초기에 가장 성황을 이루었다.

잠마신 76.7×56.5cm 종이 · 아크릴 물감. 파스텔 2002, 서용선

4
태초의 발명가, 문명의 신들

[문명의 창시자들 2 : 요, 유소씨, 창힐 등]

새로운 발명을 향한 모험들

불의 발명과 더불어 농업, 어업, 목축, 잠업 등 생산 활동과 관련된 각종 산업의 창시자들 다음으로 실용적인 도구를 만들어 인류의 생활을 편리하게 해준 발명가들이 있다.

우선 인간의 생존에 관한 가장 중요한 발명품은 의술과 약일 것이다. 의약의 창시자로는 염제炎帝가 가장 유명하다. 염제는 온갖 풀을 직접 맛보아 각 풀의 특성을 잘 파악하여 치료에 응용하였다고 한다. 염제가 농업의 신인 것에서 알 수 있듯이 그는 들에서 자라는 풀과 나무의 성격, 쓰임새를 인간이 알 수 있게끔 구분하고 정리한 최초의 식물학자라고 할 수 있다.

고대의 무당
무당은 두 손을 모으고 기도하는 자세로 있다. 무당의 머리 위로는 신성한 봉황새와 용이 날고 있다. 호남성湖南省 장사 長沙의 전국戰國 시대 백화帛畵에서.

일설에는 염제에게 자편赭鞭이라는 신기한 채찍이 있어서 그것으로 풀을 후려치면 그 풀의 특성을 모두 알 수 있었다고 하기도 한다. 그러나 신농의 위대함은 풀을 맛보다 하루에도 일흔 번이나 독초에 중독될 만큼 희생적인 탐구심으로 의약을 개발한 그 정신에서 찾을 수 있을 것이다. 어쩌면 자편이란 범상한 인간으로서는 도저히 흉내낼 수 없는 이런 불굴의 실험 정신과 자기 헌신적인 의술을 상징적으로 표현한 것이 아닐까.

또 한 명의 의약 창시자는 무팽巫彭이라는 태곳적의 무당이다. 무산巫山이라는 신비한 산에 살고 있는 이 무당은 천상과 지상을 오르내리는 능력이 있었으며 병을 다스릴 수 있는 온갖 좋은 약을 다 갖고 있었다고 한다. 이처럼 원시 시대의 무당은 종교적 활동을 할 뿐만 아니라 치병治病의 능력도 함께 보유하고 있었다. 무의巫醫 혹은 주의呪醫라는 용어는 본래 무당과 의사가 나누어지지 않았던 시대에 만들어진 것이다.

호모 파베르(Homo Faber, 도구적 인간)의 시작

인류가 농경을 하게 되면서 만들어낸 중요한 도구는 토기이다. 토기는 인류가 정처 없이 떠돌던 유목과 채집 생활에서 정착 단계에 접어들었음을 의미하는 도구이다. 중국의 경우 신석기 시대 초기부터 토기

를 제작하기 시작하여 앙소 문화
와 용산 문화[1] 시기에는 이미 상
당히 견고한 토기를 생산해내기
에 이른다.

동양 신화에서 최초로 토기를
만들어 사용한 사람은 아마 요堯
임금일 것이다. 요堯는 이름 자체
가 흙 '토土'자로 이루어져 있으
며 또한 그의 별칭이 도당씨陶唐氏

앙소 문화 시기의 채색 토기. 섬서성陝西省 반파半坡 출토.

임으로 미루어 짐작해보건대 토기의 제작자였음을 알 수 있다.

『산해경』에는 '요산堯山', 즉 '요임금의 산'이라는 곳에서 '누런 색흙
黃堊'이 많이 난다는 기록이 있다. 역시 요堯가 토기 제작자를 의미하
는 이름임을 뒷받침하는 내용이라 볼 수 있다. 요임금은 아마 훌륭한
토기 제작자로서 토기의 신, 곧 도신陶神으로 추앙되었던 농경 시대의
중심 인물이었을 것이다.

요임금이 토기를 제작했을 것이라는 짐작 이외에도 곤오昆吾라는 사
람이 토기를 처음 제작하였다는 설도 있다. 곤오는 하夏 왕조 때의 사
람으로 혹은 그가 임금이었다고도 한다.

이 밖에 염제, 황제黃帝 등의 큰 신들에게도 토기를 처음 만들었다는
설이 있는 것으로 보아 토기 제작이 원시 인류에게 어느 정도로 중요한
일이있는지를 알 수 있다. 이울리 이는 태고의 큰 신들이 대부분 인간
의 농경 생활과 밀접한 관련이 있는 '정착 시대' 이후의 신들임을 말해
주기도 한다.

---

1. **용산龍山 문화** 산동성 일대에서 발달하였던 신석기 시대 후기의 문화. 검은 토기를 많이 사용하여 흑도黑陶
문화라고도 부른다. 검은 토기 외에도 반월형 돌칼, 조개로 만든 칼, 낫 등의 도구를 사용하고 짐승의 뼈로 점
을 쳤다. 농경과 목축이 함께 행해졌던 시기로 앙소 문화 시기보다 진보하였다. 이 시기에 모계 씨족 사회에
서 부계 씨족 사회로의 전환이 이루어진 것으로 추정된다. 이 문화를 바탕으로 은殷 문화가 성립된다.

다음으로 토기 제작보다 뒤에 이루어진 일이지만 청동기 등 금속 제련과 관련된 야금술冶金術의 발명은 인류의 문명에 또 하나의 획기적인 변화를 가져왔다. 야금술에 의한 무기의 발명이야말로 인류의 자연에 대한 지배를 확고히 하는 계기가 되었기 때문이다.

동양 신화에서 야금술 방면의 창시자로 추정되는 신은 욕수蓐收이다. 욕수는 금속의 기운을 관장하는 금신金神이다. 욕수가 금속에 관한 일을 담당하게 된 것은 우연한 일이 아니다. 욕수는 서방의 큰 신인 소호少昊를 보좌하는 신이다. 그런데 동양에서 우주의 다섯 가지 기운, 즉 '오행五行'의 기운 중에서 금金, 즉 쇠붙이의 기운은 서쪽에 속해 있는 것으로 생각되었다. 이에 따라 욕수는 큰 신인 소호의 명을 받들어 금속을 만들어내는 일을 하게 된 것이다. 흥미로운 사실은 고대 중국에서 '금金'이라는 글자는 황금이나 철이 아니라 구리를 의미하였다는 것이다. 인류가 처음 이용하게 된 금속은 녹기 쉬운 구리였기 때문이다.

야금술과 깊이 상관된 또 하나의 신은 치우蚩尤이다. 치우 형제 81인이 구리 머리에 철의 이마를 하고 모래와 돌을 먹었으며 갈로산葛盧山과 옹호산雍狐山이라는 곳에서 구리를 캐어 창과 칼 등의 무기를 만들었다고 하니 그들은 아마 고대의 대장장이 집단이었을 가능성이 크다.

앞서의 생활 도구들과 더불어 인류의 삶에 큰 변화를 가져온 도구로서 수레와 배 등의 운송 수단을 들지 않을 수 없다. 이것들은 공간상의 이동과 소통을 쉽고 편하게 하여 인류의 활동 영역을 확장시킴으로써 생산의 증가와 사회의 발전을 촉진하였다.

수레의 창시자는 동이계東夷系의 큰 신 제준帝俊의 후예인 해중奚仲이라는 신이다. 해중이 수레를 발명한 과정을 보면 생활 속의 발견에서 문명이 시작되었음을 보여준다. 해중은 어느 날 동그란 다북쑥 열매가 바람에 불려 이리저리 굴러다니는 것을 보고 수레바퀴를 고안해냈다는 것이다. 그리하여 그는 굽은 나무로 수레바퀴를 만들고 곧은 나무로 끌채를 만든 다음 말과 소에게 멍에를 메워 수레를 완성했다고 한다.

고대의 수레. 섬서성 신목神木의 한나라 화상석畵像石에서.

또 『산해경』에 의하면 해중의 아들 길광吉光이 처음 수레를 만들었다고도 하니 해중 집안에서 수레를 만든 것만큼은 분명한 사실인 듯하다. 이것은 특정한 장인匠人 집안에서 대대로 수레를 제작하여 그 기술을 차츰 발전시켰음을 의미하는 것이기도 하다.

이 밖에 은殷 민족의 시조 설契의 손자인 상토相土가 네 마리 말이 끄는 수레를 만들었다는 설도 있고 황제가 처음 수레를 만들었고 소호가 소로 하여금 끌게 했다는 설도 있다. 이러한 여러 가지 설은 태초의 여러 십난이 각각 사신들과 관련된 조상 중에서 유익한 문명의 수단인 토기, 금속, 수레 등의 창시자를 내세웠기 때문이라고 할 수 있다. 동이계 종족의 큰 신인 제준의 후손이 수레를 만들었다는 설과 화하계華夏系 종족의 큰 신인 황제가 수레를 만들었다는 설은 이 점에서 서로 공존할 수밖에 없는 것이다.

그렇다면 배는 누가 처음 만들었을까? 배는 제준의 후예인 번우番禺가 만들었다는 설도 있고, 계통이 불분명한 공고共鼓, 화호化狐, 우구虞

후한後漢 시대의 나무로 만든 배 모형. 광주廣州 출토.

동진東晋 시대의 배 그림. 고개지顧愷之의 『낙신부도洛神賦圖』에서의 배 그림을 본떠 그린 것.

姤 등의 신들이 각기 만들었다는 설도 있다. 이 중 화호는 물고기가 꼬리로 물을 가르며 헤엄치는 모습을 보고 나무를 깎아 노를 만들고 배를 저어 앞으로 가게 하였다고 한다.

인류가 거주하는 공간인 집 또한 고대에는 신적인 인간의 창작물로 여겨졌다. 『한비자韓非子』에 의하면 태곳적에는 사람은 적고 짐승은 많아 맹수들로부터 피해를 많이 입었다고 한다. 이때 유소씨有巢氏라는 성인이 나타나 나무를 얽어 집을 지으니 이로부터 피해를 입지 않았다고 한다.

이 밖에도 고원高元이라는 사람이 집을 처음 지었다는 설도 있고 황제가 처음 궁궐을 지었다고도 하며 곤오가 처음 흙으로 기와를 구워 초가집을 기와집으로 바꾸어놓았다는 이야기도 있다.

동양 신화에서는 의복의 창시자에 대해서도 말한다. 이에 따르면 황제의 신하였던 호조胡曹가 처음 옷을 지었다고 한다. 그가 지은 옷은 아마 짐승 가죽을 재료로 한 원시적인 것이었으리라. 처음 실을 짜서 옷을 지은 사람은 백여伯餘라고 알려져 있는데 그는 삼베로 실을 꼬아서 옷을 지었다고 한다.

고고학적 자료로 보면 앙소 문화 초기에 이미 삼베 직물이 출현하고, 양저 문화[2] 시대, 즉 신석기 시대 후기에 이르면 질 좋은 세마포細麻布가 생산된 것으로 확인된다. 비단 제품은 이미 앙소 문화 말기부터 나오기 시작한다.

이처럼 의복의 재료는 짐승 가죽에서 삼베로, 다시 삼베에서 비단으로 변천을 거듭하는데 신화는 각 단계의 창시자에 대해 빠짐없이 말하고 있다. 비단 생산, 곧 양잠의 발생에 대한 신화는 이미 앞에서 잠신蠶神 신화를 통해 말한 바 있다.

무기는 원시 인류가 자연 혹은 인간과의 투쟁 속에서 자신의 생존을 확보하기 위해 불가피하게 소지해야만 했던 도구이다. 인류는 창, 칼 등 여러 종류의 무기를 만들어냈으나 원시 사회에서 활만큼 큰 영향력을 지닌 무기는 없었다.

활은 대체로 구석기 시대 말기에 출현하였다. 단숨에 사냥감 혹은 적과 자신 사이의 공간적 거리를 뛰어넘어 상대를 쓰러뜨리는 활의 위력은 참으로 놀라운 것이었다. 따라서 활은 인간을 다른 사나운 짐승보다 우월한 존재로 만드는 데에 크게 기여한 발명품이다.

순식간에 적을 쓰러뜨리는 놀라운 위력 때문에 활을 처음 만든 사람

---

2. 양저良渚 문화 장강 하류에 발달하였던 신석기 시대 후기의 문화. 시기는 대략 기원전 3300년경에서 기원전 2000년경 사이로 추정된다. 정교한 옥 제품을 생산하였으며 동양의 흙 피라미드로 불리는 대형 분묘와 산꼭대기에 세운 제단 등이 발굴되어 당시의 종교 문화를 엿보게 한다.

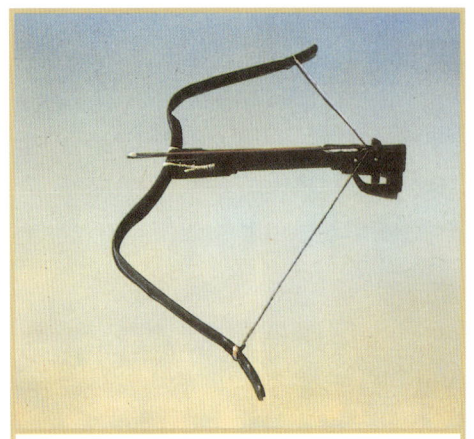

전국 시대의 쇠뇌
노궁弩弓이라고도 하며 보통의 활보다 강력했다.

중국의 디오니소스, 두강
돌 탁자 위의 네모난 것은 아마 술을 빚을 때 쓰는 누룩인 듯하
다. 앞에는 술동이가 보인다. 『천지인귀신도감』에서.

역시 평범한 인간은 아니다. 『산해
경』에는 소호의 아들 반般이 처음
활과 화살을 만들었다는 기록이
있다. 또는 황제의 신하인 휘揮가
활을, 모이牟夷가 화살을 만들었다
는 설도 있고 동이계의 영웅 예羿
가 만들었다고 하기도 한다. 이렇
듯 활의 발명자로 여러 명이 거론
되는 것은 활의 성능이 여러 사람
에 의해서 지속적으로 향상되어왔
음을 뜻한다. 활을 잘 쏘는 사람은
그만큼 성능이 뛰어난 활을 가지고
있을 수밖에 없다. 따라서 명궁 예
에게도 활의 창시자로서의 명예가
부여된 것이리라.

음식물 중에서 인간에게 중요한
기호품인 술은 누가 발명하였을
까? 술은 마시면 취해서 '광인'이
되기도 하지만 신과의 소통에 필요
한 신성한 음료이기도 하다. 제사
때에 반드시 술을 바치는 것은 이
때문이다.

술의 발명에 대해서는 두강杜康
이라는 사람이 차진 곡식으로 술을
빚었다는 설이 있는가 하면 천제의
딸이 의적儀狄이라는 사람을 시켜
처음 술을 빚게 하여 갖가지 맛을

술을 바치는 의적
의적이 술동이를 들고 우임금을 향해 나아가고 있다. 『제감도설帝鑑圖說』에서.

내게 했다는 설도 있다.

또 다른 이야기에 의하면 의적은 우禹임금의 신하였는데 어느 날 술을 빚어 우임금께 바치자 우임금이 마셔보고 크게 취한 후 "훗날 반드시 이 술로 인해 나라를 망치는 자가 있을 것이다."라고 예언했다고 한다. 이후 우임금은 술을 끊고 의적을 멀리했는데, 후대에 과연 걸왕桀王이 나타나 주지酒池를 파는 등 술에 탐닉한 끝에 나라를 망치고 말았다.

눈이 넷 달린 창힐이 문자 만들자 귀신들이 통곡하다

신화 시대의 물질적인 발명품과 관련된 신화는 앞에서 대략 서술하였다. 다음으로 짚어볼 부분은 정신적인 측면의 발명 신화이다. 과연 인간의 정신 생활과 문화의 창시자들은 누구였을까? 원시 문화 중에서 춤과 노래는 아마 가장 일찍 출현하였을 것이다. 그리고 그것은 분리되지 않은, 이른바 가무歌舞의 형태를 취하고 있었음에 틀림없다.

그렇다면 신화 속에서 가무의 창시자는 누구일까?

『산해경』을 보면 제준의 아들 여덟 명이 처음 가무를 행했다는 기록이 있다. 그런데 왜 창시자가 한 명이 아니고 여덟 명이나 될까? 원시 문화로서 가무는 집단 창작의 산물이기 때문일 것이다. 그리스 로마 신화에서도 문학과 예술의 신인 뮤즈는 모두 아홉 명으로 되어 있다.

그러나 『산해경』에는 춤이 제외된 음악만의 창시자에 대한 기록도 있다.

이 책에 따르면 요산搖山이란 곳에는 불의 신 축융祝融의 아들 태자 장금太子長琴이 사는데 그가 처음 노래를 지어 불렀다는 것이다. 가무가 있으면 반드시 악기도 있는 법, 『산해경』에는 제준의 아들 안룡晏龍이 거문고를, 염제의 후손인 고鼓와 연延이 종을 만들었다고 기록되어 있다.

이 밖의 전해지는 신화에서는 복희가 거문고를, 여와女媧가 생황笙簧을, 황제가 종·북·경쇠 등을 만들었다고 말한다.

예로부터 중국에서는 우리 민족에 대해 "노래 잘하고 춤 잘 춘다能歌善舞"고 일컬어왔다. 위에서 본 것처럼 가무의 창시자들이 제준을 비롯하여 대부분이 동이계의 신들인 것도 이 점과 깊은 상관성이 있지는 않을까?

원시 예술로서 춤, 노래와 아울러 중요한 것은 그림이다. 원시 인류는 알타미라 동굴 벽화 등과 같이 이미 구석기 시대 말기부터 그림 작품을 남기고 있다. 이러한 원시 시대의 그림은 오늘날에도 동굴 벽화나 바위 위에 새긴 암각화岩刻畵 등의 형태로 전해진다.

신화에서는 순舜임금의 이복 누이동생인 과수猓首가 처음 그림을 그리기 시작했다고 말한다. 또는 황제의 신하인 사황史皇이 처음 그림을

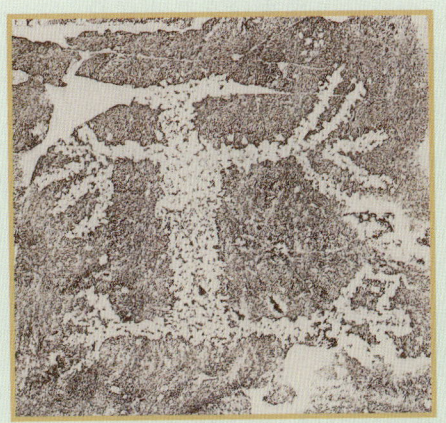

무당으로 추정되는 인물
울주군 반구대 암각화에서.

젖가슴이 달린 여신
몽골 하란산賀蘭山 암각화에서.

그렸다는데 그는 그림의 법도를 세웠고 천지 자연의 모습을 그대로 그려내어 조물주의 솜씨에 견줄 정도였다고 한다.

그림에 이어 등장한 것이 문자이다. 문자를 갖게 된 이후 인류는 완연히 과거와 구별되는 새로운 문명의 시대, 즉 역사 시대로 접어들게 된다. 그럼 문자는 누가 처음 만들었을까?

신화에서는 황제의 신하인 창힐蒼頡이 처음 만들었다고 말한다. 창힐은 그림을 처음 그렸다는 앞서의 사황과 동일시되기도 하는데 그는 용의 얼굴에다 눈이 넷이었으며 그 눈들은 아주 신령스러운 빛을 발했다고 한다. 그는 하늘과 땅의 변화무쌍한 모습과 새, 짐승 등의 무늬, 발사국 등을 참작하여 최초의 문자를 만들어냈다. 그림의 창시자인 사황과 문자의 발명인 창힐이 동일시되는 것은 중국의 고대 문자가 '상형문자', 즉 그림에 가까운 것이었기 때문이다.

그가 처음 문자를 만들어낸 날, 세상에는 온갖 이변이 나타났다. 하늘에서는 곡식의 비가 쏟아지고 땅에서는 귀신들이 한밤중에 통곡을 했으며 용이 모습을 감추었다고 한다. 이러한 이야기들은 고대인들이 믿었던, 문자가 지닌 신비한 힘과 위력을 표현하고 있다. 즉 문자가 발

눈이 넷인 창힐
고대 중국에서 훌륭한 사람은 눈이 복수의 형태로 표현
되는 경우가 많다. 『중국고대민간복우도설中國古代民間編
佑圖說』에서.

토기에 새겨진 기호 무늬. 섬서성 반파 출토.

명되어 인간이 표현을 하게 됨으로써 주술적 세계의 감추어졌던 모습이 객관적으로 드러나게 되었음을 의미한다. 귀신들이 통곡을 한 것은 이제 더 이상 인간들에게 자신들의 존재를 감출 수 없게 되었기 때문이리라.

그러나 중국의 문자인 한자는 신화에서 말하는 것처럼 창힐이라는 한 개인에 의해 만들어진 것이 아니다. 그것은 오랜 세월에 걸쳐 수많은 민족의 노력을 통해 완성된 것이다. 신석기 시대 중기인 앙소 문화 시기에 이미 한자의 원시적 형태인 도문陶文이라는 부호가 출현한다. 그 후 대문구 문화[3] 시기의 좀더 발전된 형태를 거쳐 은나라의 갑골문甲骨文에 이르러 한자는 비로소 기본적인 모습을 갖추게 되는 것이다.

동양에서의 문명의 창시자들을 살펴보면 그리스 로마 신화와는 달리 복수이거나 다수인 경우가 많다. 이에 대해서는 앞에서도 말했듯이 두 가지 이유가 있다. 첫째, 대륙에 거주하던 다양한 종족들이

---

3. **대문구大汶口 문화** 황하 하류, 산동성 일대에서 발달하였던 신석기 시대 말기의 문화. 시기는 대략 기원전 4000년경에서 기원전 2000년경 사이로 추정된다. 용산 문화보다는 앞서고 앙소 문화보다는 늦은 시기의 문화이다. 눕혀펴묻기, 곧 앙와신전장仰臥展葬을 주로 한 성인 남녀의 합장이 발견된다. 이 문화는 초·중·말기의 3단계로 구분되는데 말기에 이르면 사회 계층의 분화 및 빈부의 차이가 생기고 물레가 사용되기 시작하며 토기 제작이 꽤 전문화된다. 고대 한국 문화와 상당한 관련성이 있는 것으로 추정되고 있다.

토기에 새겨진 상형문자
태양, 달, 산의 형태가 뚜렷하다. 오른쪽은 문자가 있는 부분을 확대한 것. 산동성山東省 거현莒縣 출토.

중요한 물질 혹은 문화에 대해 모두 그들 나름의 창시자를 갖고 있기 때문이다. 둘째, 중요한 물질 혹은 문화가 여러 시기에 여러 단계를 거쳐 발전해왔기 때문이다.

주목해야 할 사실은 창시자들 중의 상당수가 동이계에 속하는 신들이거나 인물들이라는 점이다. 이로 미루어볼 때, 동양에서 문명 초기의 주체는 동이계 종족이었음을 알 수 있다. 고구려 고분 벽화에 불의 신과 농업의 신을 비롯해 수레의 신, 대장장이 신, 문자의 신 등이 출현하고

갑골에 새겨진 글자
한자의 초기 형태이다. 하남성河南省 안양安陽 출토.

고구려의 수레의 신. 바퀴를 만들고 있다. 집안의 오회분 4호묘 벽화에서.

있는 것도 이러한 사실을 입증해주고 있다. 그러나 창시자들 중의 일부
는 특별히 황제 혹은 황제의 후손으로 설정되어 있기도 한데 이것은 후
세에 서방 화하계 종족이 주도권을 잡으면서 의도적으로 황제를 문명
의 개조開祖로 부각시켰기 때문이다.

창힐 91×73cm 캔버스 · 아크릴 물감 2002, 서용선

제 ③ 부

자연계의 신들

5

비와 바람과 구름,
그리고 천체에 관한 상상들

[자연계의 신들 1 : 희화, 풍백, 발 등]

웃고 말하고 화내고 움직이며 살아 있는 자연

원시 시대에 인류는 자연의 온갖 다채로운 현상과 접하면서 어떤 생각과 느낌을 가졌을까? 인류는 그것들을 자신의 독특한 방식으로 표현해냈다. 원시 인류는 자연과 함께 호흡을 하고 자연과 일체가 된 삶을 살고 있었으므로 자연도 그들처럼 살아 있는 실체로 인식했다.

자연계의 현상 하나하나가 모두 실제로 살아 있는 자연이 움직이고, 말하고, 화를 내고, 즐거워하는 모습으로 상상되었다. 거인 반고가 죽어서 그의 육신이 자연계의 모든 사물로 변했다는 이야기는 거꾸로 우주 만물이 인간의 살아 있는 몸과 다를 바 없다는 원시 인류의 생각을 보여준다.

태양이 찬란하게 빛을 뿜어대고, 봄바람이 살랑살랑 코끝을 간지럽

히는가 하면, 장대비가 거세게 쏟아지고, 우레가 사납게 으르렁대기도
하는 이 모든 현상은 그들의 배후에 있는 신들의 기분과 성격을 나타내
는 증표였다. 다시 말해서 원시 인류는 자연 현상을 의인화하여 살아
있는 존재의 활동으로 파악했던 것이다.

그러나 자연의 위력은 그저 친근하게만 대하기에는 너무 두렵고 엄
청난 것이었으므로 인간들은 자연히 자신보다 훨씬 위대하고 뛰어난
능력을 지닌 존재인 신으로서 자연을 섬기고 숭배하였다.

세계의 모든 인류는 이처럼 자연 현상을 의인화, 신격화한 이야기,
곧 자연 신화를 갖고 있다. 자연 신화 중에서 중요한 비중을 차지하는
것은 해, 달, 별, 바람, 비, 구름, 우레 등 천체와 기상 현상에 관한 신화
이다. 아마 이것은 지금도 그렇지만 천체와 기상 현상이 원시 인류의
삶에 가장 심각한 영향을 미쳤기 때문일 것이다.

먼저 태양의 신에 대해 살펴보기로 하자. 세계 각국의 신화에서 대개
태양신은 남신이고 달의 신은 여신이다. 그러나 고대 중국의 신화에서
는 태양의 신이 여신으로 상상되었다.

열 개의 말썽꾸러기 태양

동방의 큰 신 제준帝俊의 아내인 희화羲和가 곧 중국의 태양신이다.
그녀는 열 개의 태양을 아들로 낳았고 이들 열 개의 태양은 동방의 끝
양곡이라는 곳에서 매일 교대로 하늘로의 여행을 시작하였다.

양곡이라는 곳은 뜨거운 물이 용솟음치는 계곡이었다. 열 개의 태양
은 이곳의 뜨거운 물에서 몸을 씻고 길 떠날 준비를 했다. 이곳에는 또
한 부상扶桑이라는 거대한 뽕나무 한 그루가 자라고 있었다.

열 개의 태양은 매일 아침 이 뽕나무 가지에서 교대로 도착하고 출발
하였다. 즉 뽕나무 위 가지에서 한 개의 태양이 출발하면 아래 가지에

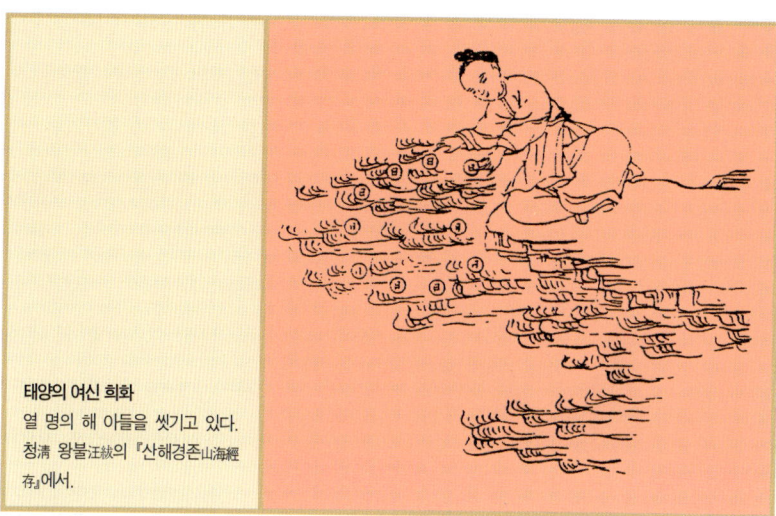

태양의 여신 희화
열 명의 해 아들을 씻기고 있다.
청淸 왕불汪紱의 『산해경존山海經
存』에서.

서 아홉 개의 태양이 차례를 기다리고 있었다.

뽕나무를 떠난 태양은 하늘을 한 바퀴 돌아 황혼 무렵에 서쪽 끝 우연虞淵이라는 연못과 몽곡蒙谷이라는 계곡을 거쳐 다시 양곡으로 되돌아왔다.

열 개의 태양은 요임금 때 이 규칙을 어기고 동시에 모두 떠오른 적이 있었다. 그러자 초목과 곡식이 타 죽고 강물이 말라붙는 등 지상 세계는 그야말로 불바다가 되고 말았다. 결국 영웅 예羿가 요임금의 요청에 의해 활로 열 개의 태양 중에서 아홉 개를 맞추어 떨어뜨리고 나서야 이 소동은 진정되었다.

해와 달이 여러 개 있어서 인류에게 재앙을 끼쳤다가 결국 하나만 남기고 모두 제거된다는 이러한 내용의 신화를 사일射日 신화 혹은 일월조정日月調整 신화라고 부른다. 이와 비슷한 신화는 우리나라, 대만 등 동아시아 여러 지역에도 있다. 우리는 이러한 신화들로부터 가뭄과 같은 고대의 극심한 기상 재해를 극복하고자 하는 인류의 의지를 읽을 수 있다.

아울러 태양의 아들이 운행의 법도를 어겨 지상에 피해를 주었다가

제우스의 벼락을 맞고 추락하는 파에톤
B. 갈리에리의 그림(18세기).

격추된다는 이야기 모티프는 그리스 로마 신화에서도 발견된다. 태양신 헬리오스(아폴론이라고도 함)의 아들 파에톤이 태양의 수레를 잘못 몰아 지상에 불세례를 안겼다가 최고신인 제우스의 벼락을 맞고 추락사한다는 이야기가 그것이다. 아들의 경거망동으로 인한 죽음은 고대 가부장 사회에서 아들의 부권父權에 대한 도전을 경계하는 메시지로 들리기도 한다.

두꺼비가 된 달의 여신 항아

태양신에 이어 이번에는 달의 신에 대해 살펴보자. 동양 신화에서 달의 신은 동방의 천제 제준의 또 다른 아내인 상희常羲라는 이름을 지닌 여신이다. 그녀는 희화가 열 개의 태양을 낳은 것처럼 열두 개의 달을 딸로 낳았다고 한다. 그러나 신화에서 상희에 대한 더 이상의 자세한 내용은 전해 내려오지 않는다. 아마 태양의 신인 희화의 아들들과는 달리 그녀의 딸들은 말썽을 피우지 않고 어머니의 말을 착실하게 듣는 순종적인 딸들이었기 때문에 인간들에게 큰 재난을 주거나 사고를 치지는 않았던 것 같다. 아이러니컬하게도 신화든, 역사든 기억에 남을 만한 말썽을 피우거나 못된 짓을 한 인물 혹은 아주 훌륭한 업적을 남긴 위인들만 이야기의 주인공이 되는 것이 정설 아닌가. 결국 순종적인 모범생으로서 별 탈 없이 자기 직분에 충실했던 열두 명의 딸은 특별한 이야기를 남기지 않고 시집가서 그저 그렇고 그렇게 잘 살았던 모양이다.

대신 여기서 우리는 달과 관련된 또 하나의 여성을 알아볼 필요가 있다. 영웅 예의 아내인 항아嫦娥가 다음 이야기의 주인공이다.

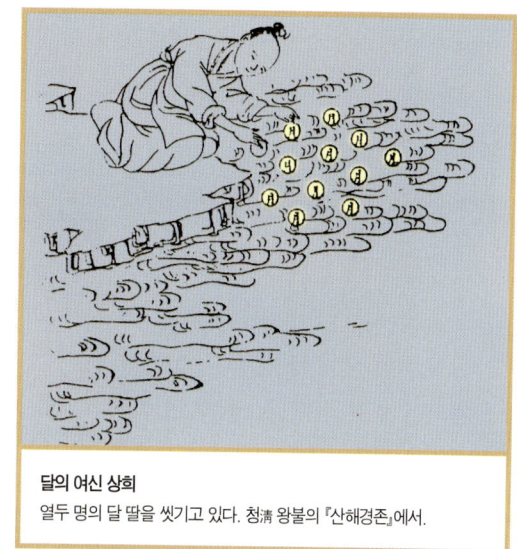

달의 여신 상희
열두 명의 달 딸을 씻기고 있다. 청淸 왕불의 『산해경존』에서.

항아는 원래 남편 예와 마찬가지로 천상의 신이었는데, 예가 천제의 아들을 분별없이 아홉이나 쏘아서 죽인 죄로 천상으로 돌아갈 수 없게 되자 그녀 역시 지상에 남을 수밖에 없는 처지가 되었다. 남편 때문에 자신까지 천상으로 돌아갈 수 없게 된 항아는 속으로 몹시 남편을 원망하였다. 게다가 예는 하백의 부인인 복비와 바람까지 피우지 않았던가? 결국 가정으로 돌아오긴 했지만 이 일로 인해 항아는 예에 대해 더욱 심한 배신감을 느끼지 않을 수 없었다.

어쨌든 그들은 신의 지위를 상실한 이상 '늙으면 죽어야 한다'는 인간의 숙명을 따라야만 했다. 이에 대한 두려움은 영웅인 예도 마찬가지였다. 그래서 예는 깊은 강을 건너고 불꽃의 산을 넘어 곤륜산의 서왕모를 찾아가 불사약을 얻어낸다.

예는 불사약을 얻고 너무나 기뻐하며 집으로 돌아와 항아에게 이렇게 말했다.

"드디어 내가 불사약을 얻어 왔소. 이제 우리는 다시 신이 될 순 없겠지만 늙어 죽을 염려는 없어졌소. 둘이 이 약을 나누어 먹으면 이 지상에서도 아름다운 산천을 유람하며 즐겁게 살 수 있을 것이오."

嫦娥

불사약을 훔치고 있는 항아
눈치를 살피며 불사약이 담긴 솥에 가까이 가고 있다. 『백미도百美圖』에서.

그러나 속으로 남편을 미워하고 원망하고 있던 항아는 예와 생각이 달랐다.

"남편이 천제에게 미움을 사 쫓겨난 것은 당연한 일이지만 왜 나까지 천상에 올라갈 수 없단 말인가. 이 지겨운 땅에서 죽지 않고 천년 만 년을 산다 해도 내 억울한 마음이 풀릴 수는 없지. 저 불사약을 나 혼자 다 먹으면 혹시 천상에 올라갈 수 있지 않을까?"

그녀는 불사약을 독차지할 생각을 했지만 아무래도 엄청난 일이라서 그 결과가 어떨지 좀 불안했다. 지금도 그렇지만 마음을 결정하기 어려울 때는 어떤 용한 점쟁이의 말이라도 듣고 싶은 심정이 된다. 옛날에야 더 말할 나위 있겠는가? 마침 당시에 유황有黃이라고 하는 점쟁이가 용하다고 소문이 나 있었다. 항아는 유황을 찾아가 복채를 두둑이 주마하고 앞으로 자신의 운명을 점쳐보게 했다. 유황은 점을 치고 한참 생각에 잠기더니 다음과 같이 점괘를 읊었다.

길하고 길하도다.
아리따운 여인, 홀로 서쪽으로 가리니.
하늘 길은 어둡고 아득할지라도,
놀라거나 두려워 말지어다.
나중에 크게 좋은 일 있으리.

점괘를 들은 항아는 자신의 앞길이 틀림없이 좋으리라는 확신을 갖게 되었다. 이제는 주저할 필요가 없었다. 그녀는 예가 사냥을 나간 사이에 불사약을 몰래 훔쳐내서는 혼자서 모두 마셔버리고 말았다. 그러자 그녀는 몸이 갑자기 가벼워져서 하늘을 날 수 있게 되었다. 발밑으로는 인간 세상의 크고 작은 산과 강물이 아스라이 보이고 하늘에는 아름다운 달과 별이 빛을 내며 가까이 있는 것이 보였다.

항아는 기쁜 나머지 남편의 생각은 까마득히 잊어버리고 더욱 높이 올라가서 신들이 사는 천상으로 날아갔다. 그런데 막상 천상의 문턱이 가까워지자 불현듯 자신의 떳떳하지 못한 행동에 대한 수치심이 가슴 한구석에 무겁게 자리잡기 시작했다.

"아, 내가 이대로 천상으로 돌아가면 다른 신들이 뭐라고 할까. 아마 내 욕심 많은 행동을 손가락질하며 비웃겠지. 남편이 날 배신했다고 나도 똑같은 짓을 했으니 남편보다 나을 것도 없잖아. 천제께서 혹시 신이 될 자격이 없다고 도로 지상으로 내려보낼지도 몰라. 그렇게 되면 내 꼴은 뭐람."

부끄러움에 고개를 숙이고 다시 아래로 하강하던 항아의 눈앞에 순간 아름답게 빛나는 달이 나타났다. 천상으로 올라갈 수도, 지상으로 내려갈 수도 없는 처지에 있던 그녀는 은은하게 빛나는 달을 보자 이곳이야말로 숨어 지내기에 적당하다는 생각이 들었다. 그녀는 천상으로 돌아가기를 포기하고 그냥 달에 숨어서 살기로 결심을 했다. 그런데 항아가 달에 내려 몸을 채 추스르기도 전에 그녀의 몸에서는 이상한 변화가 일어나기 시작했다.

수치심 때문이었을까, 아니면 과도한 복용 때문이었을까? 불사약이 부작용을 일으킨 것이다. 등뼈가 차츰 오므라들고 굽더니 허리와 배가 점점 부풀어오르고 입은 옆으로 길게 찢어지고 눈은 툭 튀어나오며 커졌다. 목은 점점 짧아져서 머리가 양 어깨에 파묻혔고 등에는 흉칙한 반점이 여기저기 생겨났다. 그녀는 미처 소리를 지를 틈도 없이 두꺼비로 변하고 만 것이다. 아름다웠던 그녀는 불사약을 독차지한 죄로 그만 쓸쓸하고 삭막한 달에 숨어서 자신의 추한 모습을 부끄러워하며 살 수밖에 없게 되었다.

불사약을 먹고 두꺼비로 변해가는 항아
달 속의 두꺼비를 향해 날아가는 항아를 그려 두꺼비로의 변신을 암시했다. 하남성河南省 남양南陽의 한나라 화상석에서.

　결과적으로 점쟁이의 말은 엉터리였다. 점쟁이는 항아의 허영심만 한껏 부추겨서 그녀로 하여금 불행한 결정을 내리도록 도와주었던 것이다. 항아의 비극은 객관적으로 보자면 억울하다는 생각이 든다. 남편 예로 인해 겪은 그녀의 고통을 생각할 때 그녀가 욕심 좀 부렸다고 해서 이렇게 비참한 운명에 놓였다는 것은 어딘가 불공평한 느낌을 지울수 없다. 남편인 예의 배신은 용서받을 수 있지만 아내인 항아의 배신은 용서받을 수 없다는 고대의 남성 중심적 사고가 이 신화에 침투되어 있었기 때문이 아닐까?

　앞서의 달의 어머니인 상희와 항아는 고대 중국어에서 비슷한 발음이다. 이것은 원래 상희와 항아가 동일한 달의 여신을 부르는 다른 이름이었음을 의미한다. 그러니까 항아는 원래 상희처럼 신성한 달의 어머니였을 것이다. 일부 학자들은 나중에 여성을 업신여기는 관념이 생기면서 파렴치한 달의 여신인 항아의 이야기가 생겨난 것으로 보기도 한다.

　항아에 관한 또 다른 신화도 있다. 다행히 그 신화는 그녀가 두꺼비로 변하지 않고 무사히 달에 도착했으며 그곳의 궁전, 곧 월궁月宮에

절구에 약을 찧고 있는 옥토끼
섬서성 수덕綏德의 한나라 화상석에서.

항아와 옥토끼
항아에겐 시녀까지 딸려 있어 결코 외로운 표정이 아니다. 『천지인귀
신도감』에서.

서 아름다운 모습을 간직한 채 영원히 살고 있다는 내용을 전한다. 그러나 그곳은 쓸쓸한 곳이었다. 무심한 계수나무 옆에서 옥토끼가 절구에다 약을 찧고 있을 뿐 더불어 얘기하거나 놀 사람도 없는 적막한 곳이었다. 아니, 나중에 한 사람이 이곳의 주민으로 추가된다. 그는 오강吳剛이라는 사람으로서 불사의 도를 닦다가 잘못을 저질러 달로 귀양 온 것이다. 그는 벌로 계수나무를 베어야만 했는데 이 나무는 아무리 도끼로 찍어도 곧 그 자리가 아물어서 오강은 영원히 도끼질을 해야만 했다. 오강의 이러한 벌은 그리스 로마 신화에서 신들에게 반항한 죄로 처벌을 받았던 코린토스의 왕 시지프스를 떠올리게 한다. 시지프스는 바윗돌을 산꼭대기에 밀어 올려야 하는 벌을 받았는데 그가 힘들여서 거의 올렸다 싶으면 바윗돌은 도로 굴러 산 아래로 내려가버렸고 그래서 그는 영원히 바윗돌을 밀어 올리는 노역을

되풀이해야만 했다. 항아는 비록 두
꺼비로 변하진 않았으나 쓸쓸하기
그지없는 달에 귀양 온 것이나 마찬
가지였다. 아름다운 항아가 월궁에
서 외롭게 지낸다는 이야기는 후세
시인들의 상상력을 크게 자극했다.
시인들은 규방에 갇힌 고독한 여인
들의 심정을 항아의 마음에 빗대어
자주 노래하곤 했다.

시지프스
채찍을 맞으며 산 위까지 바위를 밀어 올리고
있다. 그리스의 화병에서(기원전 330년경).

영혼이 돌아가는 곳, 북두칠성에는 옥황상제 궁궐이 있어

다음으로 별의 신에 대해 알아보자. 모든 별 중에서 가장 으뜸가는
지위를 차지하는 것은 북두칠성北斗七星이다. 북두칠성은 인간의 생명

북두칠성의 신인 북두성군北斗星君
국자 모양의 북두칠성 한가운데에 북두성군이 있고 사람들과 상서로운 짐승들이 경배를 드리고 있다. 산동성
의 한나라 무량사武梁祠 화상석에서.

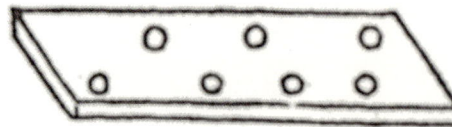

칠성판의 스케치

옥황상제
도교의 최고신으로 북두칠성에 궁궐이 있다. 『도교신선화집道教
神仙畫集』에서.

을 관장한다. 고대인들은 사람이 죽으면 그 혼이 북두칠성으로 돌아간다고 생각했다. 오늘날에도 시신을 매장할 때 칠성판七星板 위에 눕히는 것은 죽은 영혼이 생사를 주관하는 북두칠성으로 되돌아간다는 고대의 관념에서 비롯된 것이다.

원래 북두칠성 숭배는 샤머니즘과 관련이 깊다. 샤머니즘에서는 북두칠성이 천계의 중앙에 위치해 있다고 생각한다. 그래서 후세에 샤머니즘을 계승한 도교에서는 최고신 옥황상제'의 궁궐이 북두칠성에 자리 잡고 있다고 상상하였다. 우리나라에서는 북두칠성이 새겨진 고인돌 돌판이 최근 발견된 바 있어 이 별에 대한 숭배의 역사가 상당히 오래되었음을 짐작할 수 있다.

해가 진 직후 혹은 해뜨기 직전, 새벽녘에 유난히 반짝이는 금성金星은 길을 잃은 자의 수호신으로 문학 작품 속에 자주 등장한다. 『서유기西遊記』를 보면 삼장법사 일행이 곤

---

1. **옥황상제**玉皇上帝 도교의 최고신. 송말宋나라 때에 본격적으로 등장하였고 그 이전까지는 원시천존元始天尊이 최고신의 위치에 있었다. 줄여서 옥황, 옥제, 상제 등으로 부르기도 하며 한국에도 도교가 전래되면서 숭배되었다. 조선 말기 증산교甑山教의 교주 강일순姜一淳은 스스로를 옥황상제의 화신으로 자처하기도 하였다.

경에 빠질 때면 금성의 신인 태백금성太白
金星이 변신해서 나타나 길을 인도한다.

이 밖에도 견우 직녀 신화로 유명한 견
우성牽牛星과 직녀성織女星이 있다. 이들
은 남자가 농사짓고 여자는 길쌈을 하던
농경 사회의 현실과 상관된 별자리들이
다. 고대인들은 실제로 이 별들을 살펴 농
사나 길쌈의 형편을 점쳤다.

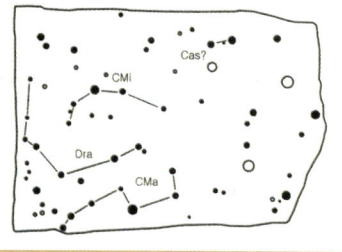

북두칠성이 새겨진 고인돌 돌판
충북 청원군 출토(위).
돌판의 흠을 따라 그려본 별자리
맨 아래에 북두칠성이 보인다(아래).
이상의 자료는 박창범,『하늘에 새긴 우리 역사』에서.

바람의 신, 비의 신, 천둥의 신, 가뭄의 신

해, 달, 별 등 천체의 신들 다음으로는
기상 현상을 주관하는 신들이
있다. 은나라에는 바람의 신, 곧 풍신風神을 숭배하는 관
습이 있었다. 갑골문甲骨文을 살펴보면 은나라 때 사
방의 바람에게는 각기 고유한 이름이 있었고 그
들을 맡아보는 신들이 있었음을 알 수 있다.
『산해경』에 의하면 동방을 절折이라 했고
동풍을 준俊이라 했으며 동쪽 끝에서 동풍
의 출입을 맡아보는 신을 절단折丹이라고
불렀다고 한다. 또 남방을 인호囚乎라 했고
남풍을 호민乎民이라 했으며 남쪽 끝에서
남풍의 출입을 맡아보는 신을 인인호囚囚
乎라고 부르기도 했다.

인인호
은나라 때 남풍의 신이다. 입으로 바람을 내불고
있다. 청淸 왕불의『산해경존』에서.

은나라 사람들은 이 사방의 풍신들에
게 개고기 등으로 제사를 드렸다. 오늘

날 서양인들에 의해 혐오 식품으로 여겨지는 개고기는 알고 보면 신에게 바치는 신성한 음식이었던 것이다. 은 민족은 종족적, 문화적으로 우리 민족과 아주 관련이 깊다. 그렇다면 보신탕의 유래는 참으로 길고 멀다고 하지 않을 수 없다. 우리는 보신탕이 본래는 신성한 음식이었다가 대중적으로 정착하여 오늘에 이른 것이 아닌가 생각해볼 수 있다. 바람의 신은 그 후 비렴飛廉으로 통일해서 불리다가 풍백風伯이란 이름으로 고정된다. 나중에 말하겠지만 비렴이라는 신의 이름은 우리 말 바람과 같은 어원에서 나왔다. 이를 통해서도 우리는 한국의 보신탕이 신화적으로 나름

풍백. 인인호와는 달리 바람 주머니에서 바람을 꺼내고 있다. 청나라 때의 삽화.

의 근거를 갖고 있음을 알 수 있겠다.

『삼보황도』[2]라는 책에 의하면 비렴은 신령스러운 새로서 능히 바람을 불러올 수 있는데 사슴의 몸에 새의 머리를 하고 뿔이 있으며 뱀의 꼬리에 표범 무늬를 하였다고 한다. 그러나 대체로 사슴의 몸을 바탕으로 시대에 따라 모습이 바뀌기도 한다.

우사
물통 같은 것으로 비를 내리고 있다. 청나라 때의 삽화.

---

2. 『**삼보황도三輔黃圖**』 작자를 알 수 없는 옛 책. 모두 6권으로 한나라의 수도였던 장안長安의 궁전, 거리, 학교, 정원, 능묘, 다리, 연못 등에 대해 설명하고 당시의 풍속에 대해 적었다.

비의 신인 우사雨師에 대한 기록은 『산해
경』에 보인다. 『산해경』에서는 우사첩雨
師妾이라는 신의 형상이 검은 몸빛에 양
손에 각기 뱀을 한 마리씩 쥐고 있고
왼쪽 귀에는 푸른 뱀을, 오른쪽 귀에는
붉은 뱀을 걸고 있다고 묘사되어 있다. 우사첩이
라는 이름으로 보아 아마 처음에는 비를 관장하는
신이 여신이었던 것으로 생각된다. 우사첩은 은나
라 때에 비를 관장하던 신이었고 초楚나라
지역에서는 이 신을 병예屏翳라고도 불렀다.

비의 여신 우사첩
귀에 뱀을 걸고 손에 뱀을 쥐고 있는 것은 이 여신의 신
비한 능력을 표현한다. 청淸 왕불의 『산해경존』에서.

구름의 신 역시 비의 신과 더불어 은 나라
때에는 숭배의 대상이었다. 갑골문에서 제운

운중군. 초나라의 구름의 신이다. 원元 장악張渥의 『구가도九歌圖』에서.

帝雲이라는 표현이 나오는 것으로 보아 당시 구름의 신을 상당히 존중했음을 알 수 있다. 구름의 신은 초나라 지역에서 운중군雲中君으로도 불리다가 이후 운사雲師, 운장雲將 등으로 불리게 되었다.

우레의 신은 세계 각국의 신화에서 독특한 지위를 차지한다. 우레는 공포와 위엄을 상징하기 때문에 최고신의 전유물처럼 되어 있다. 서양과 동양의 최고신인 제우스와 황제黃帝는 모두 우레의 신을 겸하고 있다.

동양 신화에서 우레의 신은 뇌신雷神, 뇌사雷師 혹은 뇌공雷公 등으로 불린다. 본래 남신이지만 번개만을 분리해서 여신인 전모電母를 숭배하기도 한다. 초나라 지역에서는 풍륭豊隆이라고도 불렸는데 이것은 우레 소리를 본뜬 이름이다.

『산해경』에 의하면 뇌택雷澤이라는 호수에 뇌신이 살고 있었다 한다. 뇌신은 용의 몸에 사람의 머리를 했고 그것이 자신의 배를 두드리면 우레 소리가 난다고 했다. 다시 『수신기搜神記』에서는 뇌신의 모습이 입술은 붉고 눈은 거울과 같은데 털이 나 있으며 세 치쯤 되는 뿔이 나 있고 나머지 모습은 가축과 다를 바 없는데 머리통은 원숭이를 닮았다고 묘사하고 있다. 바람, 비, 구름, 우레 등의 신은 모두 강우降雨와 관련된 신들이다.

이들과 반대의 역할을 하는 가뭄의 신이 있다. 가뭄의 신은 발魃이라고 부르는데 원래 황제의 딸이었다. 가뭄의 황량스러움처럼 그녀의 몰골과 행색은 아름다운 것과는 거리가 멀었다. 그녀는 차가운

가뭄의 여신 발
그녀 자신이 대머리가 아니라 가뭄을 일으키는 대머리의 아이를 데리고 다니는 것으로 묘사되어 있다. 청淸 왕불의 『산해경존』에서.

푸른 옷을 입었으며 대머리였다고 하니 보통의 여신들처럼 미인이기는 커녕 차마 보기 흉했으리라. 그녀가 두각을 나타냈던 것은 황제와 치우 蚩尤 사이의 전쟁에서였다. 치우가 풍백, 우사, 운사 등으로 하여금 크게 비바람을 일으키게 하여 황제군을 곤경에 빠뜨렸을 때 천상에 있던 발이 아버지를 돕기 위해 내려왔다.

가뭄의 신이 내려오자 비바람은 곧 걷혔고 황제군은 여세를 몰아 치우군을 공격함으로써 승리를 거둘 수 있었다. 그러나 한번 지상에 내려온 발은 이 싸움에서 너무 기력을 허비했기 때문인지 다시 하늘로 올라가지 못했다. 그녀는 계속 지상을 떠돌아야만 했는데 그녀가 이르는 곳마다 가뭄이 들어서 그녀는 어느 땅에서도 결코 환영받지 못하는 신세가 되었다. 나중에 그녀는 적수赤水의 북쪽 먼 땅에 겨우 정착하였지만 심심하면 가끔 그곳을 빠져나와 가뭄을 일으키곤 했다. 그녀가 나타나 가뭄을 일으킬 때 사람들은 "신이여, 북쪽으로 돌아가소서." 하고 간청하며 제사를 드렸다. 그리고 도랑을 치는 등 물길을 터놓았는데 이것은 그녀가 떠나가면 꼭 비가 내렸기 때문이었다.

자연 신화는 오늘날의 우리가 보기에 동화 같은 요소가 다분하지만 인간이 자연과 함께 느끼고 대화하면서 살아갔던 시절의 상상적 산물이다. 한때 신화학에서는 자연 신화를 신화 중의 가장 중요한 내용으로 여기기도 하였다. 19세기에 비교언어학자 뮐러 등에 의해 성립된 자연 신화학파[3]의 입장이 그것이다. 오늘날 우리는 자연과 너무 동떨어진 존재가 되었고 이로 말미암아 공해, 인간성 상실 등 각종의 심각한 문제를 앓고 있다. 따라서 생태적 감수성이 무엇보다 필요한 이 시점에서 자연과의 일체감을 표현하였던 자연 신화는 우리에게 새로운 의미로

---

3. **자연신화학파** 19세기에 비교언어학을 바탕으로 막스 뮐러Max Müller 등에 의해 성립된 신화학파. 모든 신화를 태양 혹은 달의 일원화된 상징 체계로 해석하는 경향을 지녔다. 신화가 언어의 모호성으로부터 발생하였다는 '언어질병설'을 주장하기도 하였다. 20세기에 들어와 학설에 문제가 많아 급격히 쇠퇴하였다. 최남선崔南善도 이 학파의 영향을 받아 우리 신화를 모두 태양 신화 체계로 파악하고 태양의 광명을 뜻하는 어근語根인 '밝'의 지리적 범주를 백두산의 옛 이름인 '불함산不咸山'으로부터 '발칸 반도'에까지 확대한 바 있다.

사슴의 몸을 한 바람의 신 비렴
이 신의 조류적인 특징은 양 날개로 표현되었다. 종래 이 신은 기린으로 오인되었다. 집안의 고구려 무용총 벽화에서.

다가온다.

아울러 중국의 자연 신화에는 우리 고대 문화와 상관된 내용 또한 적지 않다. 대표적 기상신氣象神인 풍백, 우사, 운사는 치우 편에서 황제와 싸우기도 하고 환웅천왕桓雄天王을 도와 고조선의 개국에 참여하기도 했던, 동이계東夷系 종족과 관련이 깊은 신이다. 특히 바람의 신 풍백의 옛 이름은 비렴인데 최근 일부 언어학자들은 비렴이라는 명칭이 우리말 '바람'의 옛말에서 유래되었을 것으로 추정하기도 한다. 이러한 가설은 사슴의 몸을 한 비렴 신이 고구려 고분 벽화에 출현함으로써 더욱 설득력을 얻고 있다.

희화, 상희, 뇌신 110×120cm 캔버스 · 아크릴 물감 2002, 서용선

6

산과 바다를 다스리는
산신과 수신에 대한 상상

[자연계의 신들 2 : 무라, 하백, 복비]

산의 신들

자연계의 신들 중에는 천체, 기상 현상과 관련된 천상의 신들이 있는
가 하면, 지상의 신들이 있다. 지상의 여러 공간 중에서도 원시 시대에
인류의 삶과 가장 밀집한 관련이 있었던 곳은 산악이다. 산악은 원시
인류에게 육류, 과일 등의 음식물과 각종 생활의 재료를 제공하였을 뿐
만 아니라 동굴과 숲은 맹수의 위협으로부터 안전한 서식처가 되기도
하였다.

이러한 중요성과 아울러 산악은 눈, 비, 구름, 안개, 바람 등 기상의
변화가 자주 일어나서 신비감을 자아내고 산악의 정상은 천상과의 통
로로 여겨져 외경심을 불러일으켰기 때문에 원시 인류는 자연스럽게

청요산의 여신 무라
기괴한 모습이긴 하지만 그래도 여성적인 이미지를 풍긴다. 명明 장응
호의 『산해경회도』에서.

산악을 다스리는 초월적 존재인 산신山神을 머릿속에 그리게 되었다.

중국의 가장 오래된 신화집인 『산해경』은 사실상 산에 대한 이야기책이라고 해도 과언이 아니다. 이 책에서는 무려 447개의 산에 대해 말하고 있는데 등장하는 산신만 해도 수십 명에 달한다.

산신 중에서 가장 유명한 신을 손꼽는다면 단연 산 중의 산인 곤륜산崑崙山을 다스리는 여신인 서왕모西王母가 될 것이다. 중국의 올림포스 산이라 할 곤륜산은 서왕모 혼자만 사는 곳이 아니다. 그곳은 신들의 왕인 황제黃帝의 궁궐이 있는 곳이기도 하다.

좀더 정확히 말하면 서왕모는 곤륜산의 한 봉우리인 옥산玉山이라는 곳에 살았다. 처음에 그녀는 형벌과 돌림병 등의 기운을 주관하는 살벌한 여신으로 알려졌다가 후세에는 불사약을 나눠주는 자비로운 여신으로 숭배되었다. 서왕모의 외모도 이에 따라 큰 변화를 겪는다. 처음에는 표범의 꼬리에 호랑이의 이빨, 풀어헤친 머리로 사람들의 목숨을 빼앗는 공포스러운 모습이었다. 그러나 점차 로맨스의 주인공인 아름다운 여성의 모습으로 바뀐다.

다음으로 유명한 산신은 남방의 신비로운 산 무산巫山의 여신인 무산신녀巫山神女이다. 그녀는 초회왕楚懷王과의 애틋한 사랑으로 사람들의 심금을 울렸다. 큰 신 염제炎帝의 딸로 태어났으나 젊은 나이에 요절하여 한을 품고 무산의 여신으로 다시 태어난 그녀는 "아침에는 한 조각 구름이 되어 무산의 여러 골짜기를 누비다가 저녁이 되면 촉촉한 비가 되어 내리는 슬픈 사랑의 여신"으로 그려진다. 아침에는 구름으로 떠돌다가 저녁에는 촉촉한 비로 내리는 신비한 여신의 이미지는 그 자체로 에로틱한 것이다. 꿈속의 사랑으로 인연을 맺었다가 아침에는 덧없는 구름이 되어 골짜기를 누비는 "짧지만 잊을 수 없는 사랑의 주인공"이 바로 무산신녀이다. 구슬 아가씨, 곧 요희瑤姬라는 이름을 지닌 무산신녀와 초회왕의 연애 이야기는 남녀간의 성적 결합을 뜻하는 '운우지정雲雨之情'이라는 고사성어를 낳기도 하였다.

산신령 하면 우리는 수염이 허연 할아버지를 먼저 떠올리지만 중국에서는 이처럼 여성 산신에 관한 이야기가 적지 않다. 다시 『산해경』을 보면 청요산靑要山이라는 곳은 여신 무라武羅가 다스리고 있다고 했다. 이 청요산은 최고신 황제가 잠시 머무는 궁궐이 있는 곳이다. 여신 무라는 간드러진 허리에 하얀 이, 그리고 몸에 표범의 무늬가 있었다고 하니 그런대로 자태가 아름다웠던 듯하다. 그녀는 늘 귀고리를 하고 있었는데 그녀가 움직일 때마다 그것들이 서로 부딪쳐 나는 소리는 구슬이 울리는 것처럼 맑고 청아했다고 한다.

여신 무라가 다스리는 이 청요산은 여성을 위한 산이었다. 이곳에 사는 어떤 새는 오리같이 생겼고 붉은 눈과 빨간 꼬리를 지니고 있었는데 이 새를 잡아먹으면 아이를 많이 낳을 수 있다고 한다. 그리고 이곳에서 자라는 어떤 풀은 모난 줄기에 노란 꽃이 피고 꽃이 지면 붉은 열매를 맺었다. 그것을 먹으면 얼굴이 아주 예뻐져서 누구한테든 사랑을 받을 수 있었다고 한다.

남방 초楚나라의 시인 굴원屈原은 자신의 고향에서 산귀山鬼라고 부르는 산속에 사는 여신의 모습을 다음과 같이 묘사했다.

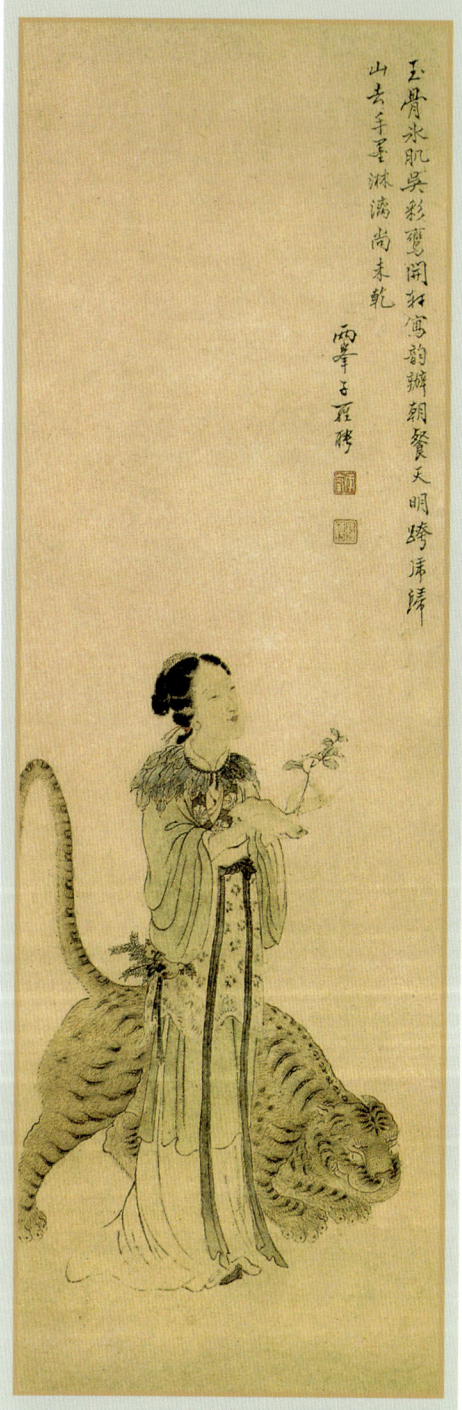

山去手畵淋漓尚未乾
玉骨冰肌吳彩覺開枝寫韻瓣朝餐天明跨席蹋

兩峯居士羅聘

초나라의 여신 산귀
곁에 표범을 두고 있는 것이 호랑이를 부리는 우리의 산신령 그림
과 비슷한 구도이다. 청淸 나빙羅聘의 〈산귀도山鬼圖〉.

저 산모퉁이에 누군가 있어,
향기로운 풀옷 걸치고 덩굴 띠
를 둘렀네.
다정한 눈길 아름다운 미소,
따뜻한 마음과 우아한 자태.
붉은 표범 탈 새 예쁜 너구리
뒤쫓는데,
목련나무 수레에 계수나무 깃
발 세웠네.
향기로운 풀들 수레에 가득 싣
고,
아름다운 꽃 한 송이 꺾어 님
께 보내려는가.

시인의 눈에 비친 여성 산신은 이
처럼 아름답고 로맨틱하다. 아마 청
요산의 여신 무라의 모습도 이와 흡
사했을 것으로 여겨진다. 여신에 대
한 이미지는 보통 여성 이상의 여성
다움, 즉 아름다움과 신비감을 함께
지닌 존재로 그려지게 마련이다.
특히 낭만적인 사랑을 꿈꾸는 시
인들은 여신을 엄숙한 숭배의 대상
으로만 보지 않는다. 여신은 시인에
게는 사랑의 대상, 즉 사람을 매혹
시키고 시선을 빨아들이는 아리따
운 여인으로 다가온다. 그녀는 인간

과 사랑을 속삭일 수도 있는 섬세한 마
음의 소유자이며, 그러기에 그들 중의
일부는 가끔 인간과 달콤한 사랑에 빠
지기도 한다. 무산신녀가 그 대표적 예
였다.

산신 중에서 여성 산신만을 예로 들
었지만 사실 남성 산신이 수적으로는
많다. 이제 중국 신화에 등장하는 수
많은 산신들을 특징에 따라 대략 요
약해보기로 하자.

첫째, 우주적인 큰 능력을 지닌 산
신이다. 대표적 예로는 서왕모를 들
수 있겠다. 그녀는 형벌과 돌림병 등
의 기운을 주관하기 때문이다. 그녀
가 사는 곤륜산에는 황제의 궁궐을

곤륜산의 신 육오
황제의 궁궐 집사이자 정원 관리인이다. 일본의 『괴기조
수도권怪奇鳥獸圖卷』에서.

관리하고 있는 육오陸吾라는 신도 있었다. 이 신의 모습은 아홉 개의 꼬
리, 사람의 얼굴에 호랑이 발톱을 하고 있는데 하늘의 아홉 구역의 경
계와 황제의 정원의 사계절을 맡고 있다. 말하자면 이 신은 황제의 정
원 관리사인 셈이다. 중국의 명산으로는 곤륜산과 더불어 태산[1]을 빼놓
을 수 없다. 태산의 신은 죽은 사람의 혼을 불러다 심판하는 것으로 유
닝했나.

이 밖에도 눈을 떴다 감으면 낮과 밤이 되고 입김을 약하고 강하게
불면 여름과 겨울이 된다는 종산鍾山의 신 촉음燭陰이 있다. 촉룡燭龍이

1. **태산泰山** 고대 중국의 5대 명산, 곧 오악五嶽 중의 하나. 동쪽인 산동성에 위치하여 동악東嶽이라고도 부른
다. 동이계東夷系 민족이 활동하던 시기에는 태산이 세계의 중심으로 여겨졌으나 중국의 중심이 서쪽으로 이
동한 이후 동악으로 불리게 되었다. 고대의 제왕들은 이 산을 신성시하여 정상에서 하늘에 제사를 올리는 봉
선封禪의 의식을 치렀다. 또한 모든 죽은 사람의 혼이 이 산 밑으로 간다는 믿음도 있었다.

라고도 부르는 이 신에 대해 『산해경』에서는 다음과 같이 말하고 있다.

종산의 신은 이름을 촉음이라고 한다. 이 신이 눈을 뜨면 낮이 되고 눈을 감으면 밤이 된다. 입김을 세게 내불면 겨울이 되고 천천히 내불면 여름이 된다. 물을 마시지도 음식을 먹지도 않으며 숨도 쉬지 않는데 숨을 쉬었다 하면 바람이 된다. 몸의 길이가 천 리이고…… 그 생김새는 사람의 얼굴에 뱀의 몸을 하고 붉은빛이며 종산의 기슭에 산다.

종산의 신 촉음
밤과 낮을 만들기 때문에 창조신적인 성격을 지닌 신이다. 명明 호문환胡文煥의 『산해경도山海經圖』에서.

화산의 신 태봉
비와 구름을 지어내는 신이다. 명明 호문환의 『산해경도』에서.

천 리나 되는 긴 몸에 눈을 뜨면 낮이 되고 눈을 감으면 밤이 된다는 이 신의 특징에 주목하여 중국의 어떤 과학자는 이 신이 북극의 오로라 현상을 신화적으로 표현한 것이라는 주장을 내놓기도 하였다.

둘째, 기상의 변화를 일으키는 산신이다. 이의 대표적 예로는 앞서의 무산신녀를 들 수 있겠다. 그녀는 아침에 구름이 되었다가 저녁에는 비로 화하였기 때문이다.

또 화산和山이라는 산은 황하黃河의 지류 아홉 개가 숨어 있는 곳인데 산신 태봉泰逢이 다스리고 있었다. 이 신은 사람같이 생겼으나 호랑이의 꼬리가 있고 천지의 기운을 움직여 비와 구름을 지어낼 수 있었다. 이 밖에도 호수에서 놀다가 물속을 드나들 때면 폭풍우를 동반하는 광산光山의 신 계몽計蒙도 이 부류에 속한다. 『산해경』에서는 계몽에 대하여 다음과 같이 묘사하고 있다.

광산의 산 위에서는 푸른 옥돌이 많이 나고 기슭에서는 나무가 많이 자란다. 신 계몽이 이곳에 살고 있는데 그 형상은 사람의 몸에 용의 머리를 하고 있다. 늘 장연漳淵이란 호수에서 노니는데 물속을 드나들 때면 반드시 회오리바람이 치고 폭우가 쏟아진다.

이처럼 태봉과 계몽에게는 산의 변덕스러운 날씨를 관장하는 신의 성격이 부여되어 있다. 기상의 잦은 변화는 원시 인류가 산으로부터 신비한 '산신'의 존재를 상상하게 만드는 중요한 원인이었다.

광산의 신 계몽
폭풍우를 일으키는 신이다. 명明 장응호의 『산해경회도』에서.

셋째, 재앙을 일으키는 산신이다. 가령 항산恒山의 신은 모습이 소처럼 생긴데다가 여덟 개의 다리와 두 개의 머리에 말의 꼬리를 하였는데 이 신이 나타나면 그 고을에 전쟁이 일어났다. 그러나 풍산豊山의 신 경보耕父만큼 엄청난 재앙을 초래하는 신도 없을 것이다. 『산해경』에서는 이 신에 대해 이렇게 말하고 있다.

풍산의 신 경보
청淸 왕불의 『산해경존』에서.

풍산의 어떤 짐승은 원숭이같이 생겼는데 눈과 부리가 붉고 몸빛이 누렇다. 이름을 옹화雍和라고 하며 이것이 나타나면 나라에 큰 두려움이 생긴다. 신 경보가 이곳에 거처하는데 늘 청령연淸泠淵이란 호수에서 노닐며 물속을 드나들 때면 빛을 발한다. 이 신이 나타나면 그 나라는 망하게 된다. 이곳에는 아홉 개의 종이 있는데 서리가 내릴 것을 알고

풍산의 흉수 옹화. 청淸 『고금도서집성古今圖書集成』「금충전禽蟲典」에서.

운다. 산 위에서는 금이 많이 나고 기슭에서는 닥나무, 갈참나무, 감탕나무, 참죽나무가 많이 자란다.

풍산은 무시무시한 산이다. 그곳에는 나라에 두려운 일을 불러오는 옹화라는 흉한 짐승이 있고 급기야는 나라를 망쳐버리는 경보와 같은 악신도 있다. 서리가 내릴 것을 미리 알고 저절로 우는 아홉 개의 종도 으스스한 분위기를 자아낸다. 그야말로 '마魔의 산'이 아닐 수 없다. 한 가지 흥미로운 점은 악신 경보가 노닐던 호수 청령연이 숙부에게 나라를 빼앗기고 억울하게 죽은 단종端宗의 유배처인 영월의 청령포와 같은 이름이라는 것이다. 지금은 경치가 빼어난 관광지이지만 그 옛날 단종은 이곳에 이르러 불길한 죽음의 예감을 느꼈을지도 모를 일이다.

중국의 산신은 그리스 로마 신화의 산신과 비교할 때 그 수에서 압도적이다. 이것은 아마 지리적 환경에 원인이 있는 듯한데 해양국가였던 그리스나 로마에 비해 중국은 내륙을 중심으로 문명이 발달했기 때문일 것이다. 아울러 우리는 고대 중국의 산신들이 후세의 인간화된 산신과는 무척 다른 모습을 하고 있음을 볼 수 있다. 그들은 대개 동물적인 모습을 하고 있는데 그것이 우리가 옛날이야기나 그림으로 알고 있는 산신의 원시적인 형태일 것이다.

바다의 신과 강의 신

동해의 신 우호
청淸 왕불의 『산해경존』에서.

지상 공간에서 산악 다음으로 인류의 삶과 밀접한 관련을 맺고 있는 곳은 바다와 강이다. 원시 인류는 삶의 중요한 터전이자 신비로운 변화의 원천인 바다와 강 역시 그들의 자연 친화적인 감성에 의지하여 신적인 존재로 파악했다.

중국에서는 전통적인 사방의 관념에 따라 바다의 신도 그리스 로마 신화의 해신 포세이돈처럼 단일한 바다의 지배자가 아니고 네 개의 바다를 다스리는 네 명의 해신이 있다고 상상했다.

가령 동해의 신은 이름을 우호禺琥라고 했다. 그는 황제의 아들로 사람의 얼굴에 새의 몸을 하였는데 두 귀에는 누런 뱀을 걸었고 두 발로는 누런 뱀을 밟고 있었다고 한다. 그는 우경禺京이라는 아들을 낳았는데 우경은 북해의 신이 되었다. 우경은 또 우강禺彊이라고도 부르는데 아버지와 비슷한 모습을 하고 있었다. 남해의 신은 이름을 부정호여不廷胡餘라고 하는데 이 신역시 사람의 얼굴에 두 귀에는 푸른 뱀을 걸고 두 발로는 붉은 뱀을 밟고 있는 기괴한 모습을 하고 있었다. 서해의 신은 이름을 엄자弇玆라고 하는데 이신의 모습 역시 앞서의 신들과 비슷하였다. 이들 바다의 신들은 비바람을 불러일으키기도 하고 나쁜 기운을 쫓아내기도 하는 등의 능력을 지녔으나 동양 신화에서 이들이 차지하는 이야기의 비중은 산신에 비해 미약하다.

후세에 인도로부터 들어온 불교의 영향으로 용왕龍王이 등장하여 사방의 바다를 각기 다스리는 네 명의 사해용왕

북해의 신 우강
청淸 왕불의 『산해경존』에서.

남해의 신 부정호여
청淸 왕불의 『산해경존』에서.

四海龍王이 출현한다. 그리고 용궁담龍宮譚 등 새로운 해신 이야기가 증가하면서 앞서의 오래된 해신들은 점차 이야기의 무대에서 퇴장하게 된다.

바다의 신보다 분량도 많고 다양한 내용을 지닌 것은 강의 신에 대한 신화이다. 강의 신의 대표적 예는 황하의 신인 하백河伯이다. 황하는 고대 중국 문명의 중요한 근거지였으므로 황하의 신인 하백은 강의 신 중에서 가장 큰 지위를 차지한다. 이 때문에 동양 신화 곳곳에서 자주 등장하는 이름이기도 하다.

하백은 사람의 얼굴에 물고기의 몸을 하였다고 한다. 그는 풍류적인 기질이 다분하여 항상 여인들과 더불어 천하의 온 강을 헤집고 다녔는데 그때 그는 두 마리의 용이 끄는 아름다운 연꽃으로 장식한 수레를 탔다고 한다.

하백은 강의 지배자였으니 만큼 물고기 종류의 관원들을 거느렸다. 하백사자河伯使者인 악어, 하백종사河伯從事인 자라, 하백도사소리河伯度事小吏인 오징어 등이 그들이다. 이들은 하백이 행차할 때 곁에서 모셨으며 하백의 분부를 받들어 강물 속의 일들을 처리하였다.

하백은 이름을 빙이氷夷 혹은 풍이馮夷라고도 하는 것으로 보아 동이계東夷系 종족과 관련이 깊은 신이다. 아닌 게 아니라 그는 고구려 건국 신화에 등장하여 딸 유화柳花를 통해 시조인 주몽朱蒙을 낳게 하고 나중에는 외손자 주몽이 적에게 쫓겨 강가에 이르렀을 때 물고기로 다리를 놓아 건너게 하는 등 결정적인 도움을 준다. 우리에게 익

서해의 신 엄자. 청淸 왕불의 『산해경존』에서.

히 알려진 이 신화의 내용은 다음과 같다.

천제의 아들인 해모수解慕漱가 압록강 가에서 놀고 있는 하백의 세 딸 유화柳花, 훤화萱花, 위화葦花를 보게 되었다. 세 딸의 이름은 한글로 풀이하면 버들꽃, 원추리꽃, 갈꽃이 될 것이다. 해모수가 다가가자 세 자매는 몸을 피하였다. 해모수가 요술로 맨땅 위에 아름다운 집을 짓고 술상을 차려놓았더니 세 자매는 해모수의 짓인 줄 모르고 집에 들어와 취하도록 술을 마셨다. 그때 해모수가 갑자기 나타나자 세 자매는 달아났는데 큰언니 유화만이 붙들렸다. 이 일을 알고 하백은 크게 노하여 해모수에게 따져 물었다.

사해용왕. 이들 용왕의 출현으로 과거의 해신들은 쇠퇴하게 된다. 하북성河北省 석가장石家莊의 명나라 비로사毗盧寺 벽화에서.

"그대는 누구이기에 감히 내 딸을 잡아 가두는가?"

"저는 천제의 아들로서 귀하의 집안과 혼인을 하고자 합니다."

"그대가 천제의 아들이라면 무슨 신통한 재주가 있는가?"

"무엇이는지 시험해보소서."

그러자 하백이 먼저 연못의 잉어로 변하였다. 이에 해모수가 수달로 변하여

하백. 강의 신답게 자라를 타고 있다. 원元 장악의 〈구가도〉에서.

잉어를 잡으려고 하였다. 다시 하백이 사슴으로 변하자 해모수는 승냥이로 변하여 뒤쫓았고 하백이 꿩으로 변하자 해모수는 매로 변하였다. 그제야 하백은 해모수가 진짜 천제의 아들임을 알고 둘이 결혼식을 치르도록 허락하였다. 그러나 해모수는 하룻밤을 지낸 후 유화를 버리고

하백 혹은 해신의 행차
하백 혹은 해신이 물고기가 끄는 수레를 타고 있고 수많은 물고기들이 호위하고 있다. 물고기를 탄 호위병들도 보인다. 산동성의 한나라 무량사 화상석에서.

하늘로 올라가버렸다. 버림받은 유화를 보고 하백은 가문을 더럽혔다고 꾸짖은 뒤 태백산 남쪽 우발수優渤水라는 연못가로 추방하였다. 훗날 유화는 동부여東夫餘의 금와왕金蛙王에게 발견되어 보호를 받고 아들 주몽을 낳게 된다. 주몽이 커가면서 뛰어난 재주를 발휘하자 금와왕의 아들들이 시기하여 죽이려고 하였다. 주몽은 친한 사람들과 함께 동부여를 떠날 결심을 하게 된다. 주몽 일행이 도망쳐 나와 엄체수淹遞水라는 강에 이르렀을 때 동부여의 군사들이 급히 뒤쫓아왔다. 위기에 빠진 주몽은 강을 향하여 이렇게 외쳤다.

"나는 천제의 자손이자 하백의 외손자이다. 난을 피하여 이곳에 이르렀으니 나를 불쌍히 여겨 건너갈 배와 다리를 달라."

그러자 자라와 물고기가 나타나 다리를 만들어주었다. 주몽 일행은 무사히 강을 건너 남쪽으로 가 나라를 세웠다.

이 신화를 통해 볼 때 고구려의 건국에 미친 하백의 영향이 거의 절대적임을 알 수 있다. 하백 이외에도 여러 강의 신들이 있는데 남신보다 여신이 많다. 낙수洛水의 여신은 복비宓妃 혹은 낙빈洛嬪이

주몽의 혈통
첫째 줄 중간쯤에 "어머님은 하백의 따님이셨다母河伯女"라는 글귀가 뚜렷하다. 통구通溝의 〈광개토왕비廣開土碑〉에서.

상수를 배회하는 아황과 여영. 일본 문영당판文榮堂版『산해경도山海經圖』에서.

라고 부른다. 그녀는 원래 큰 신 복희伏犧의 딸이었는데 낙수를 건너다 익사하여 신이 되었다. 그녀는 하백의 아내가 되었다가 훗날 명궁 예羿를 만나 연애에 빠져 하백과 예 사이에 한바탕 애정의 풍파를 일으키게 한다.

남방 상수湘水의 여신은 요임금의 딸이자 순임금의 부인이었던 아황娥皇과 여영女英 두 자매이다. 이들은 순이 남방을 순시하던 도중에 갑자기 죽자 슬픔을 이기지 못하고 상수에 몸을 던져 안타까운 종말을 고했던 순의 부인들이다. 비운의 두 자매는 죽은 뒤 그 강의 신이 되었다. 순의 또 다른 부인 등비씨登比氏의 두 딸 소명宵明과 촉광燭光도 황하의 여신이 되었다. 그녀들은 빛을 발하는 신통한 능력이 있어서 사방 백리를 환하게 비추었다고 한다.

이 밖에도 『산해경』에서는 조양곡朝陽谷이라는 골짜기에 사는 수신 천오天吳에 대해 언급하고 있다. 이 신은 여덟 개의 머리와 다리, 꼬리를 지니고 청황색의 몸빛을 한 기괴한 모습이었다고 한다. 조양곡은 아침 햇살이 드는 골짜기라는 뜻으로 처음 아침 햇살이 드는 곳이라는 의미인 조선朝鮮과 비슷한 지명이다. 이들 지역은 대체로 중국의 동북부, 즉 지금의 요녕성遼寧省 일대일 것으로 추정되고 있다. 따라서 우리는 조양곡의 수신 천오도 하백처럼 동이계 종족과 밀접한 관련이 있는 신일 것으로 추측

조양곡의 수신 천오
청清 왕불의 『산해경존』에서.

해볼 수 있다.

조선 숙종 때의 명신 허목[2]이 삼척三陟 부사府使로 있을 때였다. 바닷물이 자주 밀려들어와 백성들의 피해가 크자 허목은 「동해송東海頌」이라는 글을 지어 비석에 새겼다. 그랬더니 신기하게도 기세가 사납던 바닷물이 잠잠해졌다고 한다. 「동해송」은 『산해경』의 신과 괴물들을 인용하여 동해 바다의 신비한 풍경과 사물을 서술하고 그것들이 자연의 도리에 따라 평온해지리라는 주술적 기원을 담고 있다. 그런데 「동해송」에는 다음과 같은 귀절이 있어 흥미롭다.

허목의 「동해송」
비석 상단에 '척주동해비陟州東海碑'라는 비명碑名이 있다. 비문이 오래된 글자체인 전서체篆書體로 씌어 있어 신비감을 더해준다. 삼척의 '퇴조비退潮碑'에서.

머리 아홉인 천오와
외다리 괴물 기는
회오리바람과 비를 일으킨다.

조양곡의 수신 천오는 사실 머리가 여덟이다. 기夔는 동해 한가운데의 유파산流波山에 사는 괴물로 황제가 가죽을 벗겨 북을 만든 바 있다. 우리는 『산해경』의 신과 괴물들이 과거 조상들의 상상력으로부터 그리 멀지 않은 곳에 있음을 확인할 수 있다. 허목이 세웠던 비석은 '퇴조비退潮碑'라는 이름으로 지금도 삼척시에 남아 있다.

---

2. **허목許穆**(1595~1682) 조선 숙종肅宗 때의 문신, 학자. 호는 미수眉叟. 유학儒學에 조예가 깊었고 전서篆書를 잘 썼다. 남인의 거두로 벼슬은 우의정에 이르렀다. 저술로는 『기언記言』, 『동사東史』 등이 있다.

하백 120×110cm 캔버스 · 아크릴 물감 2002, 서용선

7

사람의 수명을 관리하고
귀신을 혼내주는 여러 신들

[인간의 삶 · 죽음과 관련된 신들 :
북두성 · 남두성 · 태산부군 · 신도 · 울루 이야기]

계절을 다스리고 인간의 생사를 주관하며

삶과 죽음, 곧 운명을 결정하는 가장 큰 요소는 시간이다. 원시 인류는 자연의 변화를 통해서 이러한 시간을 인식했다. 시간의 흐름을 보여주는 자연 현상 중에서도 가장 중요한 것은 계절의 변화와 낮과 밤의 교체이다. 특히 계절에 따라 낮과 밤의 길이가 달라지고 기후가 달라지는 현상은 해, 달, 별 등 천체를 지배하는 신들과 함께 사철 계절을 주관하는 신들을 상상하게 하였다. 그래서 시간의 신으로서 가장 먼저 생각해볼 수 있는 것은 이러한 계절의 흐름을 담당하는 신들이다.

동양 신화에서는 세계의 다섯 가지 방향을 맡은 큰 신들이 있다. 동방의 신 복희伏羲, 서방의 신 소호少昊, 남방의 신 염제炎帝, 북방의 신

전욱顓頊, 중앙의 신 황제黃帝가 그들이다.

　그런데 이 다섯 가지 방향은 단순히 공간적인 개념이 아니고 각 방향에서 불어오는 바람과 관련된 다섯 가지 우주적 기운과 속성을 의미한다. 따라서 동풍과 관련된 계절은 봄이 되고, 서풍과 관련된 계절은 가을이 되며, 남풍과 관련된 계절은 여름이, 북풍과 관련된 계절은 겨울이 된다. 중앙의 바람과 관련된 계절은 환절기가 될 것이다. 그래서 앞서의 다섯 큰 신들에게는 각기 한 명의 보좌신이 있는데 이들 보좌신이 사실상 각 계절을 담당하고 있었다.

　즉 봄의 신은 구망句芒, 여름의 신은 축융祝融, 가을의 신은 욕수蓐收, 겨울의 신은 현명玄冥이다. 봄, 여름, 가을, 겨울, 환절기와 동서남북, 중앙의 다섯 가지 구분은 동양의 뿌리 깊은 사상인 음양오행설과 밀접한 관련성을 지닌다. 우주의 기운과 속성을 다섯 가지로 나누는 음양오행설은 계절과 방위 역시 동일한 성격으로 구분할 수 있는 근거가 되기 때문이다.

가을의 신 욕수
도끼를 손에 들고 있는 것은 그가 형벌을 담당하는 신임을 나타낸다. 청清 왕불의 『산해경존』에서.

예를 들면 봄은 나무(木)의 기운이, 여름은 불(火)의 기운이, 가을은 쇠(金)의 기운이, 그리고 겨울은 물(水)의 기운이, 환절기에는 흙(土)의 기운이 왕성한 것으로 상상함으로써 시간과 계절의 변화 또한 오행의 흐름으로 설명되기도 한다.

봄의 신 구망. 청淸 왕불의 『산해경존』에서.

이 중 가을의 신인 욕수는 서방의 큰 신 소호의 아들로서 아버지와 함께 서방 끝의 땅 1만 2천 리를 다스렸다. 『산해경』에 의하면 가을의 신 욕수는 사람의 얼굴에 호랑이 발톱을 하고, 온몸에 흰 털이 났는데 큰 도끼를 손에 든 모습을 하고 있다고 한다.

고대인은 가을의 서늘한 기운이 죽음과 상관된다고 생각했다. 그래서 이 신에게 징계와 형벌의 기능을 부여했다. 한번은 정치를 잘못한 괵虢나라 임금의 꿈에 이 신이 나타났다. 신은 괵나라가 곧 외국의 침략을 당할 것을 경고하였다. 그러나 임금은 이 경고를 소홀히 여기고 정치를 잘못한 결과 몇 년 후 과연 강국 진秦나라의 침략을 받아 나라가 망하였다.

봄의 신 구망은 네모진 얼굴에 새의 몸을 하고 흰 옷을 입었는데 두 마리의 용을 타고 다녔다. 구망이란 글자에서 구句는 꼬부라진 새싹의, 망芒은 돋아난 까끄라기의 모습이다. 따라서 이 신은 왕성한 생명력과 관련하여 탄생과 수명을 관장한다. 어리석은 괵국 임금의 꿈에 가을의 신 욕수가 나타났다면 좋은 정치를 행했던 진목공[1]의 꿈에는 봄의 신 구망이 나타났다. 신은 진목공에게 19년의 수명을 늘려주며 더욱 훌륭

---

1. **진목공秦穆公**(재위 기원전 660~621) 춘추 시대에 중국의 패권을 잡았던 다섯 임금, 곧 춘추오패春秋五覇 중의 한 명. 현인 백리해百里奚를 등용하여 선정을 베풀고 나라를 강성하게 만들었다. 공주인 농옥弄玉이 신선 소사簫史와 결혼하여 함께 승천한 이야기가 유명하다.

한 치적을 이룰 것을 당부하고는 사라졌다.

이 밖에도 중앙 황제의 보좌신인 후토后土는 열명噎鳴이라는 신을 낳았다. 열명은 열두 명의 자식을 두었는데 이들은 각각 1년 12개월을 나누어 관장했다. 즉 열명은 시간의 신인 셈이다.

또 『산해경』에는 밤의 신들에 대한 기록이 있다. 이들의 생김새는 작은 뺨에 붉은빛의 어깨를 하였는데 모두 열여섯 명이 손을 잡고 밤을 지킨다고 하였다.

별자리 신들, 인간의 수명을 관리하다

시간이 흘러가면서 인간은 오래 살기도 하고 일찍 죽기도 한다. 그렇다면 인간의 목숨을 관장하는 신은 어떠한 신일까? 고대인은 인간의 운명이 하늘에 달려 있다고 여겨 특별한 별자리의 신이 삶과 죽음을 주

대사명
성인의 목숨의 신. 원元 장악의 『구가도』에서.

소사명. 아동의 목숨의 신. 대사명에 비해 젊으며 아이를 데리고 있다. 손에 들고 있는 서류는 아동들의 목숨을 기록한 장부일 것이다. 원元 장악의 『구가도』에서.

남두성군. 남두육성의 여섯 명의 신들로 삶을 다스린다. 하북성 석가장의 명나라 비로사 벽화에서.

북두성군. 북두칠성의 일곱 명의 신들로 죽음을 다스린다. 하북성 석가장의 명나라 비로사 벽화에서.

관한다고 생각하였다.

중국 신화에서는 사명성司命星, 남두성南斗星, 북두성北斗星, 노인성老人星 등이 이와 관련된 별자리이다. 먼저 사명성은 초나라 지역에서는 대사명大司命과 소사명小司命으로 구분하여 숭배하였는데 전자는 성인, 후자는 아동의 생사를 주관하였다. 이들 크고 작은 사명성은 산 사람과 죽은 사람에 대한 모든 기록을 관리하였다. 그리고 산 사람이 큰 죄를 저질렀을 경우 3백 일, 작은 죄를 저질렀을 경우 사흘의 수명을 삭감하였다.

그 밖에 남두성은 삶을, 북두성은 죽음을 주관한다고 믿어졌고 노인성이 나타나면 천하가 태평해지고 사람들이 장수를 하게 될 것이라고

장수의 신 남극노인
노인성의 정령으로 흔히 긴 머리, 큰 귀, 짧은 키의 노인 모습으로 표현된다. 곁의 사슴은 '녹鹿' 자가 '녹祿'과 발음이 같아 벼슬, 재물 등의 복을 암시한다. 명明 여기呂紀의 〈남극노인도南極老人圖〉.

기대했다. 노인성은 이 때문에 수성壽星이라고도 불리었다. 고구려 고분 벽화에는 남두성과 북두성이 그려져 있고 조선 시대에는 국가에서 노인성에게 제사를 드렸다는 기록이 있다.

이 중 남두성, 북두성에 관해서는 재미있는 일화가 있다.

조선 시대에 정렴[2]이라는 도인이 있었다. 그가 어느 날 길을 가다 한 소년을 보니 얼굴은 잘생겼는데 요절할 운명이었다. 정렴이 소년의 신세가 가여워 자신도 모르게 탄식을 하자 이를 엿들은 소년의 부모가 깜짝 놀라서 그 연유를 물었다. 처음에는 무심코 토한 한숨을 후회하며 시치미를 떼다가 간절하게 매달리며 졸라대는 소년의 부모에게 정렴은 어쩔 수 없이 사실대로 말해주고 말았다. 그러자 이번에는 소년의 부모들이 아예 정렴의 바짓가랑이를 붙들고 늘어져서 통곡을 하며 사정을 하기 시작했다.

"아이고, 도사님, 우리 아이 좀 살려주세요. 도사님은 아이의 운명을 알고 계시니 살릴 방도도 아실 것 아닙니까. 네, 제발 살려주세요."

2. **정렴鄭礁**(1506~1549) 조선 명종明宗 때의 도인. 호는 북창北窓. 유교, 불교, 도교 등 모든 사상에 정통했으며 시에도 뛰어났다. 관직은 포천抱川 현감을 지냈고 저서로는 도교 수련에 관한 『용호비결龍虎秘訣』이 있다. 그의 도교 사상은 허준許浚의 『동의보감東醫寶鑑』 성립에 큰 영향을 미쳤다. 조선의 대표적 도인으로 손꼽힌다.

아이의 부모는 죽자 사자 매달리며 운명을 바꿀 방도를 가르쳐달라고 정렴에게 졸라댔다.

곤란해진 정렴은 처음에는 나도 모르노라 외면을 했지만 간절하게 매달리는 소년의 부모를 차마 떼어놓지 못하고 결국은 한 가지 방법을 일러주었다.

아무 날 아무 시에 북한산에 올라가 어느 곳에 가면 흰 옷 입

고구려의 북두칠성 그림
무덤 천장을 사등분하여 남북으로는 북두칠성을, 동서로는 해와 달을 그려 넣었다. 집안의 장천長川 1호분 벽화에서.

은 노인과 검은 옷 입은 노인이 바둑을 두고 있을 텐데 술과 안주를 마련하여 대접하고 무조건 살려달라고 빌라는 것이었다.

소년과 부모가 그날 정렴이 일러준 장소에 갔더니 과연 두 노인이 바둑을 두고 있었다. 정렴이 시킨 대로 소년과 부모는 그들 곁에 술과 안주를 놓았다. 두 노인은 바둑에 정신이 팔려 누구의 것인지 물어보지도 않고 술과 안주를 잘 먹었다. 바둑이 다 끝나기를 기다렸다가 소년과 부모는 두 노인에게 매달려 마구 사정을 했다.

소년과 부모가 한참을 눈물로 통사정을 하자 마침내는 흰 옷의 노인이 검은 옷의 노인에게 이렇게 말하였다.

"허허, 이것 참, 남의 술과 안주까지 먹었으니 안 봐줄 수도 없고. 아마 정렴이 시킨 모양인데 할 수 없구려. 아무래도 수명을 바꿔줄 수밖에 없겠소그려."

그리하여 소년은 두 노인에게 애걸복걸하여 요절에서 장수로 운명이 바뀌어 돌아왔다. 그때 흰 옷을 입은 노인은 남두성이고 검은 옷의 노인은 북두성이었다고 한다. 위의 사례들과 이야기로 미루어 우리나라에도 오래 전부터 수명을 관장하는 별자리와 그 신들에 대한 믿음이 깊이 뿌리를 내렸음을 잘 알 수 있다.

조왕신. 조군竈君이라고도 한다. 부엌의 불을 다스리는 것으로 미루어 본래는 여신이었을 것이다. 청나라 때의 목판화.

인간의 생사와 관련된 신은 별자리에만 거주하는 것이 아니었다. 지상과 지하에도 있었는데 특히 일상 생활의 자질구레한 공간 안에도 생사에 영향을 미치는 신은 여럿이 있었다.

집 안의 부뚜막 혹은 아궁이를 지키는 신, 곧 조왕신竈王神이 그 중 하나이다. 이 신은 큰 신 전욱顓頊의 아들 궁선窮蟬의 화신이라고도 하지만 근원적으로는 불의 숭배에서 비롯한 신일 것이다. 로마 시대에 집집마다 불의 신으로 처녀신 베스타Vesta를 숭배했다고 하는데 이와 비슷한 신이다.

그는 1년 내내 집 안에서 일어나는 잘잘못을 관찰했다가 섣달 스무사흘 혹은 나흘 되는 날 하늘에 올라가 천제께 모든 일을 일러바쳤다고 한다. 천제는 조왕신의 보고를 듣고 나서 사람들이 저지른 죄에 따라 원래의 수명을 깎았다. 중국에서는 섣달에 이 신이 하늘에 올라가 집안 식구들의 잘못을 고하는 것을 막기 위해 신상神像 앞에 엿이나 사탕을 바치는 습속이 있었다. 엿이나 사탕이 신의 입에 딱 붙어 말을 하지 못하게 하기 위함이라고 한다. 조왕신은 원래 신화에서의 신이었지만 나중에는 도교의 신으로 편입되었다. 도교에서는 도인들이 화로에 불을 피워 불사약을 합성할 때 꼭 이 신에게 제사를 드려야만 했다.

우리나라에서도 조선 시대에는 민간에서 이 신을 많이 숭배했고 지금도 일부 농촌에는 이 신과 관련된 민속이 남아 있다. 즉 부뚜막 위에 조왕단지라는 깨끗한 물을 담은 단지를 올려놓았는데 조왕신을 숭배하던 흔적인 것이다.

신은 아니지만 조왕신과 똑같은 역할을 하는 삼시충[3]이라는 벌레도 있었다. 삼시충은 인간의 체내에 서식하는 것으로 상상되었던 세 마리

---

3. **삼시충三尸蟲** 도교에서 상상하는 인간의 체내에 산다는 기생충 세 마리. 이들은 인간이 빨리 죽어 그 제삿밥을 받아먹는 것이 소원이므로 인간이 가급적 악행을 많이 저지르도록 조장하는 일을 즐겨 한다. 매년 섣달 그믐날 밤에 인체에서 빠져나와 하늘에 올라가 인간의 악행을 고발하여 수명을 깎게 만드는 것이 이들의 일이었다.

삼시충
둘은 괴물, 하나는 사람의 모습을 하고 있다. 『도장道藏』
에서.

후토
대지의 여신이나 남신의 모습으로 표현되기도 한다. 『도
교신선화집』에서.

의 벌레로 그들 역시 섣달 그믐날 밤에 천상에 올라가 사람의 잘잘못을 일러바쳐서 수명을 깎게 만들었다. 그런데 그들은 사람이 잘 때에만 몸에서 빠져나갈 수 있으므로 사람들은 섣달 그믐날 밤 잠을 자지 않음으로써 그들이 천상에 올라가지 못하도록 했다고 한다.

우리 민속에 설날 전날 밤을 새우는 일은 바로 이 삼시충 신앙에서 비롯된 것이다. 아이들이 잠을 자지 않으려고 버티다가 결국 자버리면 눈썹에 하얀 분을 발라놓고 이튿날 아침 눈썹이 희어졌다고 놀려대고는 했던 것이다. 잠자는 사이에 삼시충이 올라가서 수명이 깎였으리라는 생각을 그렇게 재미있게 표현한 것이다.

산 사람의 운명은 천상 혹은 지상의 여러 신들이 관여했지만 죽은 자의 영혼은 지하세계 신들의 관리를 받아야만 했다. 지하세계를 다스리는 신은 수신 공공共工의 아들인 대지의 신 후토后土였다. 그러나 후토는 본래 농업 생산력과 상관된 지모신地母神으로서 애초에는 여신이었을 것으로 생각된다. 이 신은 한때 남신이 되었다가 후세에 민간 신앙에서 다시 여신의 성별을 회복한다. 그러나 후토는 대지 전체를 관장하는 큰 신이지만 인간의 생사를 직접 주관하는 것은 그보다 하위의 지하세계 신들이었다.

자연신과 관련하여 잠깐 얘기한 바 있듯이 인간의 죽음과 관련된 가장 위력 있는 신은 태산泰山의 신이다. 그는 마치 그리스 로마 신화의 하데스나 이집트 신화의 오시리스와 같다. 태산신은 태산부군泰山府君이라고도 부른다. 죽은 사람의 혼은 태산부군이 보낸 저승사자에 의해 태산의 지하세계로 끌려와 심판을 받았다. 우리가 가끔 TV의 드라마나 영화에서 보는, 검은 옷을 입고 창백한 얼굴빛을 한 저승사자가 바로 태산부군의 하수인이다. 그런데 불교가 들어오면서 염라대왕閻羅大王이 지하세계의 최고 지위를 차지하게 되고 태산부군은 그 밑의 관료로 지위가 격하된다.

태산신이 북방 지하세계의 실력자였다면 남방 초나라에는 이에 상응하는

태산신
태산 밑 지하세계의 주인이다. 『중국명계제신中國冥界諸神』에서.

오시리스
이집트 지하세계의 심판자이자 재생의 신. 죽은 자들이 왼쪽에 앉아 있는 오시리스의 심판을 기다리고 있다. 『사자의 서』에서.

염라대왕
지옥에 끌려온 사람들을 심판하여 벌주고 있다. 일본의 『지옥회권地獄繪卷』에서.

존재로 토백土伯이 있다. 초나라의 가요인 초사[4] 중의 「초혼招魂」이라는 노래에 따르면 토백의 모습은 소의 몸을 했는데 등이 튀어나오고 세 개의 눈, 호랑이의 머리에 날카로운 뿔이 돋았다고 한다. 그는 피 묻은 손에 포승줄을 들고 저승에 온 사람들을 쫓아다녔고 그들을 잡아먹기를 즐겼다고 한다. 그의 모습은 아마 저승사자의 원시적인 형태가 아닌가 생각된다.

토백
남방 지하세계의 주인. 호북성湖北省 수현隨縣 증후을묘曾侯乙墓 관 위에 그려진 그림.

귀신과 도깨비, 그리고 이를 감독하고 혼내주는 신들

다음에는 인간의 생사를 주관했던 신들에 이어 삶에 위협을 주었던 귀신, 도깨비 등의 신적 존재에 대해 알아보기로 하자. 큰 신 전욱에게는 몇 명의 아들이 있었는데 대부분 인간에게 해를 끼치는 흉물스러운 귀신으로 변모하였다 한다. 훌륭한 아버지를 닮지 않은, 그야말로 불초不肖한 아들들인 셈이나.

아들 중의 하나는 죽어서 학귀瘧鬼, 곧 학질 귀신이 되었고 하나는 어린애를 잘 놀라게 하는

현대의 소아귀 캐릭터. 동아시테크의 『한국 신화의 원형』에서.

---

4. **초사楚辭** 전국戰國 시대 초나라의 가요. 비교적 장편이며 낭만적이고 신비한 분위기가 짙다. 굴원屈原이 크게 발전시켰고 송옥宋玉이 계승하였다. 한나라 때에 부賦라는 양식으로 발전하였다. 『시경詩經』과 쌍벽을 이루는 남방의 시가 문학이다.

소아귀小兒鬼가 되었다. 다른 하나는 괴팍스럽게 헌 옷을 입고 죽만 먹고 다니더니 정월 그믐날 골목에서 쓰러져 죽어 궁귀窮鬼, 곧 가난뱅이 귀신이 되었다. 사람들은 그가 죽은 날이면 죽과 헌 옷으로 골목에서 제사를 드려 이 가난뱅이 귀신을 떠나보내려 했다. 우리말에도 배고파 밥을 허겁지겁 먹는 사람을 보고 "궁귀가 들렸다"고 비웃는 표현이 있다.

전욱의 아들 중에 성질이 가장 못되기로는 도올[5]만한 놈이 없었다. 도올은 사람의 얼굴에 호랑이의 발, 돼지의 입을 했는데 몸에는 긴 털이 나 있었다. 이 녀석이 한번 성질을 부렸다 하면 온 세상이 시끌벅적했는데 도무지 말도 듣지 않고 막무가내였다고 한다. 그래서 도올의 별명은 '제멋대로이고 말 안 듣는 놈', 즉 '난훈難訓'이었다.

전욱의 또 다른 아들은 도깨비의 일종인 망량魍魎이 되었다. 망량은 세 살 먹은 어린애처럼 생겼는데 붉은 눈에 긴 귀를 하고 머리가 칠흑 같았다고 한다. 그는 사람 소리를 흉내내어 홀리는 것이 특기였다.

전욱의 후예는 아니지만 망량과 같은 도깨비의 일종으로 이매魑魅가 있다. 이매는 사람의 얼굴에 짐승의 몸을 하고 다리가 넷인데 역시 사람 홀리기를 좋아했다. 이 밖에도 야중野仲, 유광遊光 등으로 불리는 팔형제의 악귀가 있었는데 이들은 항상 인간 세상에서 괴상한 사건과 재앙을 일으켰다.

그러나 이 못된 귀신과 도깨비들에게도 천적天敵

현대의 망량 캐릭터. 동아시테크의 『한국 신화의 원형』에서.

---

4. **도올檮杌** 도올은 일반적으로 흉악한 괴물을 가리키지만 고대에는 초나라의 역사책을 특별히 도올이라고 부르기도 했다. 악인을 기록하여 후세에 교훈을 삼는다는 의미에서 역사책의 명칭으로도 쓰이게 된 것이다.

이 있었다. 이들을 다스리고 감독하
는 더 무서운 존재가 있었던 것이다.
아득한 푸른 바다 한가운데에 도삭산
度朔山이라는 산이 있었다. 이곳
은 귀신들의 소굴이었다. 이 산
의 꼭대기에는 거대한 복숭아
나무가 있어 줄기가 3천 리까지

현대의 이매 캐릭터. 동아시테크의 『한국 신화의 원형』에서.

뻗어 있었다. 이 때문에 이 산은
도도산桃都山이라고도 불리었
다. 그 복숭아나무의 끝에는 천
계天鷄라는 황금빛 닭이 있었다.
그리고 동북쪽으로 뻗은 가지에
세상으로 통하는 문이 있었다.
이 문을 귀문鬼門이라고 불렀다.
　귀신들은 밤이 되면 세상에 나
가 놀다가 천계가 새벽에 울기
전에 이 귀문으로 돌아와야만
했다. 귀신들이 새벽닭이 울면
황급히 떠나가는 것은 이러한
나름의 룰이 있었기 때문이다.
　이곳의 귀신들은 신도神荼와
울루鬱壘라는 두 형제 신이 다스
렸다. 이들은 귀문에 지켜 서서
귀신들의 귀가 시간을 통제하였
고 인간에게 해를 끼친 귀신을
잡아 갈대 끈으로 묶어서 호랑
이 밥이 되게 하기도 하였다.

신도와 울루
귀신들의 감독관이다. 오른쪽에 도삭산의 복숭아나무가 보이고 울루
는 손에 갈대 끈을 들고 있다. 『천지인귀신도감』에서.

『신이경神異經』이라는 책을 보면 척곽尺郭 혹은 탐사귀呑邪鬼라고 하는, 신도와 울루 못지않게 귀신들을 가혹하게 다룬 신이 나온다. 이 신은 키와 허리둘레가 같은 아주 뚱뚱한 몸에 머리에는 수탉이 올려져 있고 머리카락은 풀어헤쳐진 채 얼굴에 붉은 뱀을 감고 있는 무서운 모습을 하고 있다. 척곽은 귀신을 밥으로 삼고 이슬을 음료수로 삼았는데 아침에는 3천 명의 귀신을, 저녁에는 8백 명의 귀신을 삼켜 먹는다고 했다.

후세에 사람들은 대문에 신도와 울루의 모습을 그려 붙이거나 복숭아나무 부적, 갈대 끈 등을 매닮으로써 재난을 일으키는 악귀의 침입을 막고자 했다. 이처럼 대문에 그려 붙여져 귀신이나 액운을 쫓는 역할을 하는 신을 문신門神이라고 부른다. 오늘날에도 무당들은 동쪽으로 향한 복숭아나무 가지를 꺾어서 귀신을 쫓는 의식에 사용한다. 동쪽으로 향한 복숭아나무는 도삭산의 귀문을 암시하고 귀문 곁에는 귀신이 가장 두려워하는 신도와 울루 두 신이 지키고 있다는 생각에서일 것이다. 제사상에 복숭아를 올리지 않는 이유는 귀신의 우두머리인 영웅 예가 복숭아나무 몽둥이에 맞아 죽었기 때문이기도 하지만 도삭산의 복숭아나무와도 상관관계가 있을 것이다. 어쨌든 복숭아나무는 귀신들에게는 두려움의 대상이다.

망량, 궁귀, 구두조 110×120cm 캔버스 · 아크릴 물감 2002, 서용선

먼 곳의 이상한 나라, 괴상한 사람들

8

태양과 달리기
시합을 한 거인 이야기

[먼 곳의 이상한 나라, 괴상한 사람들 1 :
과보족, 용백국, 방풍씨]

목에 뱀을 건 거인족 사람들

중국 대륙은 워낙 광대하고 수많은 종족들이 살고 있기 때문에 변방의 여러 지역과 그 주민들에 대한 상상은 신화에서 이상한 나라의 괴상한 사람들로 표현된다. 특히 우禹임금이 홍수를 다스리고 온 땅을 평정한 다음, 한 걸음 한 걸음 답사해서 가지익 풍물을 기록했다는 『산해경』을 비롯하여 『열자』,[1] 『회남자淮南子』 등과 같은 도가 계통의 서적, 『신이경』, 『박물지』[2] 등의 고대 소설에는 이러한 기이한 인간들에 대한

묘사가 풍부하다.

동양 신화에 등장하는 기이한 인간들은 형태적인 측면에서 크게 세 가지 부류로 나눠볼 수 있다. 첫째는 이목구비나 손발 등 신체적으로 유별난 모습을 한 인간들이고, 둘째는 사람과 짐승의 복합적인 모습을 한 인간들이며, 셋째는 정상적인 모습을 하고 있으나 생태나 습속이 괴상한 인간들이다.

그러면 먼저 유별난 모습을 하고 있는 첫째 부류의 경우부터 살펴보기로 하자. 평범한 인간의 모습을 벗어난 존재로서 가장 우리의 눈길을 끄는 존재는 거인이다. 대부분의 신화나 민담에서 거인은 단골로 등장한다. 가령 세상이 창조될 당시 지구에는 엄청난 거인이 있었고 세상은 이 거인의 죽음으로부터 비롯된다. 중국의 반고盤古, 인도의 푸루샤, 바빌로니아의 티아마트, 북유럽의 위미르 등이 그러한 거인들이다.

그러나 창조의 시기 이후에도 이들의 뒤를 이은 거인들이 등장한다. 그리스 로마 신화에서 신들이 지배하기 이전에 세계는 거인들의 천지였으며 『구약』 「창세기」에서도 인간들의 시대 이전에 거인인 네피림의 시대를 이야기한다.

동양 신화에서 유명한 거인족은 과보夸父이다. 과보라는 말 자체가 거인을 의미한다. '과夸'는 크다는 뜻이며 '보父'는 이때 아비 '부父'가 아니라 남자 '보甫'의 뜻으로 읽히기 때문이다.

과보족은 염제炎帝의 후손으로 알려져 있다. 염제로부터 땅 및 지하세계의 신인 후토后土가 나왔는데 과보는 이 후토의 손자뻘쯤 된다. 먼저 과보족의 생김새를 보자.

달려가는 과보
태양과 경주를 하고 있다. 명明 장응호의 『산해경회도』에서.

그들은 물론 엄청난 거인이다. 게다가 누런 뱀을 한 마리씩 양쪽 귀에 걸고 또 양쪽 손에 쥐고 다녔다. 몸에 뱀을 지닌 것은 그들이 땅꾼이기 때문이 아니다. 허물을 벗고 몸을 바꾸는 뱀은 고대인들에게 변화무쌍한 능력을 지닌 신성한 동물로 여겨졌다. 따라서 뱀은 거인 과보족의 신통력을 표현하는 액세서리 같은 것이다.

절대적 권위에의 반항아, 과보

과보족은 태양과 경주를 한 것으로 유명하다. 과보족 중의 한 거인이 해가 뜨고 지는 것을 보면서 하루는 이런 생각을 하게 되었다.

"매일 아침에 떠서 하루 종일 달려 저녁 때 저쪽 언덕까지 갈 정도면 별로 빠른 것도 아니잖아. 한번 시합을 해볼까? 누가 빠른가."

마침내 이 거인은 태양과 달리기를 시작하였다. 그의 큰 걸음은 산과 들을 성큼성큼 건너 해를 쫓아갔다. 해가 서쪽으로 질 무렵이 되었다. 그러나 그는 아직 해를 따라잡지는 못하였다. 그런데 거인은 목이 너무나 말랐다.

그는 좌우를 둘러보았다. 옆으로 황하黃河와 위수渭水가 도랑물처럼 (적어도 거인의 눈에는) 흐르고 있었다. 7는 벌컥벌컥 두 강물을 단숨에 마셔버렸다. 그러나 두 강물로도 거인의 갈증을 채우기에는 모자랐다.

거인은 머나먼 북쪽에 대택大澤이라는 큰 호수가 있었던 것이 생각났다. 북방의 그 호수는 세상의 모든 새가 깃털을 갈고 쉬는 곳으로 전해졌다. 일설에 의하면 오늘날 시베리아 지역에 있는 세계 최대의 민물 호수 바이칼 호를 가리킨 것이라고도 한다. 그는 북쪽으로 발길을 옮겼다. 그러나 그곳으로 가는 길은 너무나 멀었다. 마침내 그는 대택

고구려 무덤의 수문장 1
몸에 뱀을 휘감고 달려가는 자세를 취하고 있다. 집안의 삼실총=室塚 벽화에서.

에 이르기 전에 중도에서 갈증을 못 이겨 그만 죽고 말았다. 그는 쓰러지면서 들고 다녔던 지팡이를 땅에다 떨어뜨렸는데 그 지팡이는 홀연 거대한 복숭아나무 숲으로 변하였다.

거인은 죽어가면서 자신의 혼을 지팡이에 담아 큰 숲으로 변신한 것이었다. 그리하여 그는 원하던 물을 수많은 뿌리로 실컷 빨아 마실 수 있게 되었다. 이처럼 신화적 존재에게 종말이란 없다. 그들은 설령 겉으로는 죽었다 할지라도 결국은 스스로 몸을 바꾸어 삶의 의지를 영원히 지속하는 것이다.

과보의 태양과의 경주 신화는 여러 가지 의미로 읽힐 수 있다. 중국의 마르크스주의 신화학자들은 이 신화가 인간의 자연에 대한 투쟁과 정복의 의지를 잘 표현하고 있다고 힘주어 말한다. 물론 그런 의미로 읽을 수도 있겠으나 이처럼 신화를 너무 현실적인 측면에서만 보는 것은 신화 속에 함축된 많은 암시적인 뜻을 놓칠 염려가 없지 않다.

태양과의 무모한 경주를 단행한 과보는 희망 없는 노력의 화신처럼 보인다. 이런 의미에서 과보는 으뜸 신 황제黃帝와 싸우다 목이 잘리자 젖가슴을 눈으로 삼고 배꼽을 입으로 삼아 도끼와 방패를 들고 다시 대들었던 형천刑天의 이미지와 많이 닮아 있다.

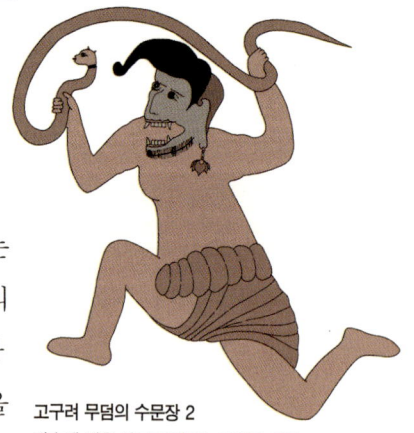

고구려 무덤의 수문장 2
양손에 뱀을 쥐고 달려가는 자세를 취하고 있다. 영주군 읍내리 고분 벽화의 모사도模寫圖.

우리는 이 신화를 자연의 위력이든 신의 능력이든 절대적인 권위에 대한 지칠 줄 모르는 도전 의식을 표현한 것으로 읽어도 좋을 것이다.

실제로 과보족은 훗날 황제와 치우의 전쟁에서 치우 편에 가담한다. 그들은 치우와 마찬가지로 염제 계통의 신이기 때문이다. 그러나 치우가 황제군의 맹장 응룡應龍에게 잡혀 죽자 과보족도 대부분 전사하고 만다.

과보족은 염제에 근원을 둔 지하세계의 신인 후토의 자손이기 때문에 훗날 동이계東夷系 종족에 의해 저승세계를 지키는 신으로 숭배된다. 고구려의 삼실총三室塚 고분 벽화와 경북 영주군榮州郡 읍내리邑內里 고분 벽화에는 뱀을 손에 쥐고 달려가는 듯한 자세를 취하고 있는 거인 역사力士의 모습이 있는데 아마 과보일 것으로 추정된다.

역사의 뒤편으로 사라진 거인들의 슬픈 그림자

『산해경』에는 과보 이외에 대인大人이라는 거인족이 등장한다. 그들은 동방의 거친 변방에 있는 파곡산波谷山이라는 산 근처에서 저자를 이루고 살았다. 그들은 특이하게도 임신한 지 36년 만에 출산되었는데 날 때부터 머리가 희었고 조금 자라면 구름을 타고 다닐 줄 알았으나 오히려 걸을 줄을 몰랐다고 한다. 그래서 사람들은 그들을 용의 일종으로 생각했다고 한다.

『열자』에서는 또 용백국龍伯國이라는 거인들의 나라에 대해 묘사하고 있다.

용백국은 곤륜산崑崙山에서 북쪽으로 9만 리나 떨어진 곳에 있었다. 하루는 이곳의 한 거인이 몇 발자국 떼지도 않았는데 벌써 동해 바닷가에 이르게 되었다. 거인은 그곳에서 낚시질을 해서 큰 자라를 여섯 마리나 잡았다. 거인은 그것들을 짊어지고 집으로 돌아와서 등딱지를 벗겨 점을 치는 데에 사용했다.

고대에는 짐승의 뼈나 자라의 등딱지를 부젓가락으로 지져 그 갈라지는 모습을 보고 길흉을 점치는 습속이 있었다. 그런데 문제는 그 자라들이 보통 자라가 아닌 데에 있었다. 동해에는 불사의 존재인 신선들이 사는 다섯 개의 섬이 있었는데 그 자라들은 이 섬들을 등으로 떠받쳐 안정시키는 역할을 하고 있었던 것이다. 자라들이 없어지자 섬들은 표류하기 시작했고 그 중의 대여岱興, 원교員嶠 두 섬은 북극까지 흘러갔다가 마침내 대양에서 침몰하고 말았다. 그래서 원래 신선이 살았던 다섯 개의 섬은 셋으로 줄어서 봉래蓬萊, 방장方丈, 영주瀛洲의 삼신산三神山이 되었다.

대인국 사람
대인은 덩치만 큰 것이 아니라 도량이 넓다는
의미도 있다. 청淸 왕불의 『산해경존』에서.

이 과정에서 신선들이 피난을 하고 천제께 진정을 올리는 등 난리가 났다. 마침내 이것이 용백국 거인의 짓이라는 것을 알게 된 천제는 크게 노하여 용백국의 국토를 축소시키고 거인들의 몸도 줄여버렸다. 그렇게 몸이 작아지는 수난을 겪었음에도 불구하고, 복희伏羲·염제 시대 무렵 용백국 거인들을 목격했다는 설에 따르면 그들은 키가 수십 장丈, 즉 1백 미터 이상이나 되었다고 하니 그들이 얼마나 큰 거인이었는지 알 수 있다.

문헌에 기록된 거인으로 또 하나의 유명한 존재는 방풍씨防風氏이다. 방풍씨의

---

3. **춘추春秋 시대** 주 왕조의 봉건 제도가 무너지기 시작하여 제후들이 패권을 다투던 시기. 기원전 770년부터 기원전 403년까지의 시기이다.

나라는 지금의 절강성浙江省 지역에 있었던 것으로 추정된다. 우임금이 홍수를 다스리다가 물의 신인 공공共工과 다투게 되었다. 우임금이 응룡 등을 시켜 자꾸 물길을 파기도 하고 막기도 하니 수신 공공이 화가 나지 않을 수 없었던 것이다.

공공과의 일전一戰이 불가피하게 되자 우임금은 회계산會稽山에서 모든 신을 소집하였다. 긴박한 상황이라 시간을 엄수해야만 했다. 그런데 다른 신들이 모두 모여 있는데 한참을 기다려도 가장 가까운 지역에 있는 방풍씨가 나타나지 않았다. 늦게서야 겨우 도착한 방풍씨를 보고 화가 머리끝까지 치민 우임금은 당장 무사를 시켜 참수형을 명하였다. 전쟁 상황에서 우임금은 일벌백계一罰百戒로 군기를 세워야 하겠다고 결심한 것이리라.

그런데 사형을 집행하는 마당에서도 한바탕 소란이 벌어졌다. 방풍씨의 키가 3장丈, 그러니까 9미터 정도 되기 때문에 망나니의 칼이 미치지를 않는 것이었다. 그래서 부랴부랴 높은 축대를 쌓고 그 위에 망나니가 올라가서 목을 베었다고 한다.

그러나 이야기는 여기에서 끝나지 않는다. 그로부터 수천 년 후 춘추시대[3]에 오吳나라의 왕 부차[4]가 월越나라의 왕 구천[5]을 칠 때 월나라 군을 회계산에 몰아넣고 포위를 하였는데 그때 오나라 군사가 산속에서 큰 뼈무더기를 발견하였다. 놀라운 것은 발견된 뼈마디 하나가 수레 하나에 가득 찰 정도로 컸다는 점이다. 훗날 오나라 사신이 노魯나라에 왔다가 공자를 만나 그 뼈의 정체에 대해 물었더니 공자는 우임금에 의해 처형된 방풍씨의 뼈일 것이라고 설명을 하였다고 한다.

대부분의 신화에서 거인은 처음에 큰 세력을 지니고 등장하지만 점

---

4. 부차夫差 춘추 시대에 중국의 패권을 잡았던 다섯 임금, 곧 춘추오패春秋五覇 중의 한 명. 오나라의 군주로 명장 오자서伍子胥를 등용하여 월왕越王 구천句踐을 제압하고 강국을 이루었으나 방심하여 다시 구천에게 나라를 빼앗겼다.
5. 구천句踐 춘추 시대에 중국의 패권을 잡았던 다섯 임금, 곧 춘추오패 중의 한 명. 월나라의 군주로 명신 범려范蠡를 등용하여 오왕吳王 합려闔閭와 부차를 차례로 제압하고 최후의 승자가 되었다.

거인 방풍씨
옥 도끼, 곧 옥월玉鉞에 새겨진 방풍씨 종족의 표지. 절강성浙江
省 여항餘杭의 양저良渚 문화 유물.

차 뒤에 일어난 신들과 인간들에 의해 밀려나 역사의 뒤안길로 사라지고 마는 슬픈 운명의 존재이다. 그리스 로마 신화에서 초창기의 거인 티탄족은 제우스 등 젊은 신들에 의해 축출되며 동양 신화에서도 거인들의 운명은 예외 없이 조락凋落의 길을 걷고 있다. 그들은 천덕꾸러기이고 아둔하며, 그 때문에 패배하거나 처형되고 쇠퇴한다.

중국의 저명한 신화학자 원가[6]는 그들 대부분이 염제의 후손임에 주목하여 혹시 황제계와의 갈등의 희생양은 아닌지 의혹을 표명하였다. 물론 그런 측면도 있을 것이다. 그러나 동양 신화에서만 거인의 비극적인 면모가 보여지는 것이 아닐진대 우리는 그 이유를 좀더 일반적인 의미에서 찾아야 할 것이다. 혹시 거인은 원시 인류에게 크게만 비쳐졌던 위대한 자연의 화신이 아니었을까? 그렇다면 거인의 몰락은 이 세계가 점차 인간 중심으로 옮겨가면서 뒷전으로 밀려났던 위대한 자연의 쓸쓸한 퇴장을 의미하는 것은 아닐까?

---

6. **원가袁珂(1916~2000)** 현대 중국의 대표적 신화학자. 사천성四川省 성도成都 출신. 중국 신화의 자료를 수집, 정리하고 중국 신화의 체계적 연구에 힘을 기울였다. 중국 신화의 개념과 자료의 범위를 확장한 '광의신화론廣義神話論'을 제창하였다. 저서로는 『산해경교주山海經校註』, 『중국의 신화와 전설中國神話傳說』, 『중국 신화사中國神話史』 등이 있다.

과보족 110×120cm 캔버스 · 아크릴 물감 2002, 서용선

9

난쟁이, 긴 팔, 긴 다리 사람들이
사는 나라

[먼 곳의 이상한 나라, 괴상한 사람들 2 :
소인국, 장비국, 관흉국]

난쟁이의 나라

신화 속에 잠시 등장하였다가 사라져간 거인들 이야기 다음으로 소
인들의 이야기가 있다. 거인이 있다면 당연히 또 있어야 할 존재가 소
인이다. 스위프트의 『걸리버 여행기』[1]에서 기인국과 소인국이 서로 짝
을 이루듯이 말이다.

『산해경』을 보면 동쪽의 가장 먼 변방 지역에 있다는 거인의 나라 대

---

1. **『걸리버 여행기』** 조너선 스위프트의 풍자소설. 주인공 걸리버가 항해를 하다가 풍랑을 만나 대인국, 소인
국 등 이상한 나라에 도착하여 겪은 괴이한 일들을 기록한 형식의 소설로 당시 영국 사회에 대한 풍자의 뜻을
담고 있다.

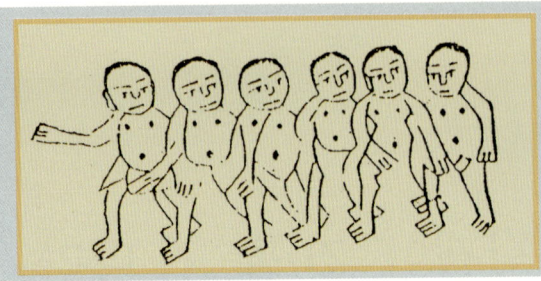

동방의 소인국 사람들
청淸 오임신吳任臣의 『증보회상산해
경광주增補繪像山海經廣注』에서.

인국大人國으로부터 멀지 않은 곳에 난쟁이들이 사는 소인국小人國이 있는데 이들의 키는 아홉 치, 즉 30센티미터쯤이었다고 한다.

난쟁이는 여러 지역에서 살았던 것 같다. 역시 『산해경』을 보면 남쪽 변방 지역에도 주요국周饒國 혹은 초요국焦僥國이라는 소인국이 소개되고 있다. 고대 중국에서는 난쟁이를 주유侏儒라고 불렀는데 앞서의 주요, 초요 등은 모두 같은 발음을 다르게 표현한 것으로 보인다.

남방의 난쟁이들은 대개 키가 석 자, 즉 90센티미터 정도 되었으며 갓을 쓰고 옷을 잘 갖춰 입은 것이 일반 중국 사람이나 다를 바 없었다. 그들은 동굴 속에서 살았고 손재주가 뛰어나 여러 가지 도구를 곧잘 만들어냈다. 그들은 요임금 때에 중국으로 사신을 보내 몰우沒羽라는 좋은 화살을 바친 적도 있었다.

우리는 갓을 쓰고 부지런히 일하는 그들의 모습에서 디즈니의 애니메이션 〈백설 공주〉에 나오는 난쟁이들을 연상하게 된다. 그러나 중국의 변방 한구석에서 평화롭게 살아가는 그들에게도 천적天敵이 있었다. 그들이 밭에서 일을 하고 있을 때면 그들보다 덩치 큰 학이 날아와 이들을 쪼아 먹는 것이었다. 마치 『걸리버 여행기』의 거인국에서 주인공이 쥐에게 생명의 위협을 받았던 상황과 비슷하다.

다행히 그들의 북쪽 가까운 곳에 대진국大秦

대인국에 간 걸리버
꼼짝없이 소인국 사람 신세가 되어 대인국 사람에게 애완동물 취급을 받고 있다. 『걸리버 여행기』의 삽화.

國이라는 정상적인 키를 한 사람들의 나라가 있어서 그 사람들이 학을 쫓아주곤 했다. 여기서 흥미로운 것은 동양 신화에서의 변방 사람들에 대한 묘사가 혹시 실제의 지리적 현실을 반영하고 있는 것은 아닐까 하는 생각을 낳기도 한다는 점이다.

아프리카의 피그미족
유감스럽게도 최근 들어 멸종 상태에 이르렀다고 한다.

대진국은 고대 중국에서 서양의 로마 제국을 지칭했던 말이다. 초요국의 초요焦僥는 초요焦燎와 발음이 비슷해 뜨거운 지역을 의미한다. 초焦와 요燎는 모두 타는 불과 관련된 단어들이기 때문이다. 뜨거운 지역에 사는 난쟁이라면 아프리카의 피그미족이 유명하다. 아프리카는 로마 제국이 있는 지중해의 남쪽에 위치해 있으니 그럭저럭 신화적 정황과 일치한다.

중국의 일부 학자들은 이러한 추리에 근거해서 『산해경』이 고대에 전 세계를 답사했던 실제 여행 기록이라는 주장을 펴기도 한다. 그러나 이 같은 주장은 황당할 뿐만 아니라 이면에는 불순한 정치적 동기도 숨어 있다. 요컨대 과거에 중국이 온 세계를 지배했다는 이야기를 하고 싶은 것이다. 지도를 그릴 수 있다는 것은 결국 그 세계를 지배했다는 것을 의미하기 때문이다. 중국의 패권주의적인 발상이 이러한 주장의 이면에 숨어 있다 할 것이다.

다시 소인국 이야기로 돌아가지. 신화 시대의 난쟁이는 역사 시대로 들어가면 종족적 차별을 받게 되고 심지어 약용 동물로 여겨지기까지 한다. 동진 시대의 갈홍[2]이라는 유명한 도인이 지은 『포박자抱朴子』는 한

---

2. **갈홍葛洪**(283~343) 동진東晉의 문인이자 도교학자. 신선 사상을 깊이 탐구하였으며 나중에는 광동廣東의 나부산羅浮山에 은거하여 신선이 되었다고 한다. 저서로 불사약, 곧 단약丹藥의 제조에 관한 비법을 다룬 『포박자抱朴子』가 전한다.

마디로 불로장생의 신선이 되기 위한 온갖 방법을 소개한 책이다.

이 책에서 저자는 다음과 같이 말하고 있다.

"산속을 다니다 보면 키가 일곱 치나 여덟 치쯤 되는 난쟁이가 수레를 타고 가는 것을 발견할 때가 있다. 이때 즉각 붙들어서 잡아먹으면 신선이 될 수 있다."

신화에서의 소인국에 대한 재미있는 환상이 끔찍한 식인의 욕망으로 바뀌어 있음을 알 수 있다.

경을 치는 손오공 일행
신선 진원자(鎭元子)의 인삼과를 훼손한 손오공 일행이 도망치다 붙들린 모습.
『서유기(西遊記)』 삽화.

명(明)나라 때의 환상소설 『서유기』를 보면 손오공 일행이 천축국(天竺國)으로 가는 길에 어떤 도인이 기르는 나무에 열린 인삼과(人蔘果)라는 열매를 따 먹었다가 도인에게 경을 치는 대목이 나온다. 이 인삼과는 꼭 어린아이처럼 생겼는데 따 먹으면 불로장생을 할 수 있다고 한다. 아마 인삼과에 대한 상상력은 거슬러 올라가면 멀리 신화에서의 소인국 이야기에 뿌리를 두고 있을 것이다. 소인국에 대한 상상이 불로장생하기 위한 식인 욕망으로, 그 다음에는 인삼과라는 사람 열매의 이야기로 변형되었을 가능성이 크다.

뛰어난 테크놀로지를 지닌 기형 인간

동양 신화에는 소인국 이외에도 신체상으로 기형적인 존재들이 사는 변방의 나라들이 많이 등장한다. 우선 신체의 이상 중 가장 많은 양을 차지하는 것은 팔다리의 기형이다. 중국의 남쪽 바다 바깥 지역에는 양팔이 엄청 긴 사람들이 살고 있는 장비국長臂國이라는 나라가 있었다. 이 사람들은 주로 물고기를 잡아먹고 살았는데 물속에 선 채로 그대로 긴 팔을 물에다 뻗어 고기를 잡을 정도였다.

긴 팔의 장비국 사람
명明 장응호의 『산해경회도』에서.

그런데 이들이 좀더 깊은 바다로 가서 고기를 잡아야 할 때는 근처에 사는 장고국長臂國 사람들과 협동을 해야 했다. 이 나라 사람들은 문자 그대로 다리가 길어 3장, 즉 9미터가 넘었다는데 이들은 장비국 사람들을 등에 업고 깊은 바다까지 나아가 고기를 잡게 했다. 그렇게 해서 잡은 고기를 두 종족은 사이좋게 나누어 가졌다고 한다. 마치 개미와 진딧물 사이와 같은 아름다운 공생 관계가 아니고 무엇인가?

그런데 장비국 종족은 우리나라 근처에도 살았던 모양이다. 『산해경』에 주를 달았던 곽박[3]이라는 학자가 들었던 옛날이야기에 의하면 조조

---

3. **곽박郭璞(276~324)** 동진의 문인이자 도교학자. 시를 잘 지었으며 점술과 풍수 등 도교의 잡술에도 뛰어났다. 나라가 어지러워졌을 때 반란군에게 피살당했다. 작품으로 「유선시游仙詩」가 있고 『산해경』에 주를 달았다.

曹操가 통치했던 위魏나라가 고구려를 침략했을 때 현도玄菟태수 왕기王頎가 동천왕東川王을 추격하여 지금의 함경도 해안인 옥저국沃沮國에 이르렀다고 한다. 왕기는 더 갈 데도 없는 땅 끝까지 온 것 같아 그곳의 노인에게 바다 동쪽에도 사람이 살고 있는지를 물었더니 이렇게 대답하였다고 한다.

"언젠가 바다 속에서 한 벌의 베옷을 건졌는데 몸 크기는 보통 사람만하나 두 소매 길이가 3장이나 되었습니다."

곽박은 그것이 바로 장비국 사람의 옷일 것으로 추측하고 있다.

그러나 고구려 벽화를 보면 소매가 긴 옷을 입고 춤을 추는 인물들이 있는데 혹시 춤출 때 입던 긴 소매의 옷을 발견하고 이런 상상을 했던 것은 아닐까?

팔이 기형인 종족으로는 장비국 사람 이

긴 다리의 장고국 사람
명明 장응호의 『산해경회도』에서.

외에 외팔이인 일비국一臂國 사람들이 있다. 서쪽 바다 바깥에 살았던 그들은 외팔과 외눈에 콧구멍이 하나인 괴상한 생김새였다. 이곳에는 호랑이 무늬의 누런 말이 있는데 사람을 닮았는지 그것들도 외눈에 앞발이 하나였다. 근처에는 또 다른 외팔이들이 사는 기굉국奇肱國이라는 나라가 있었다. 그들은 외팔이지만 눈이 셋인데다 특이한 것은 남녀의 생식기를 한 몸에 지닌 자웅동체, 즉 어지자지였다.

그들은 신기한 말을 타고 다녔다. 길량吉量이라고 부르는 그 말은 황금색 눈빛에 아름다운

외팔이인 일비국 사람
청淸 왕불의 『산해경존』에서.

솜씨 좋은 기굉국 사람
청淸 왕불의 『산해경존』에서.

무늬를 하였는데 이것을 타고 다니면 천 살까지 살 수 있었다고 한다. 기굉국 사람들은 늘상 이 말을 타고 다녔으니 아마 퍽 오래 살았을 것이다. 그들 곁에는 또 적황색 몸빛에 머리가 둘 달린 이상한 새가 항상 따라다녔다고 한다.

『산해경』의 해설자인 곽박은 어디서 들었는지 이 괴상한 사람들에 대해 다음과 같은 설명을 덧붙인다. 기굉국 사람들은 도구를 잘 만들어 그것으로 온갖 짐승을 잡곤 했는데 정말 그들이 뛰어난 손재주를 보여준 것은 비거飛車라는 신통한 탈것에서였다. 그들은 비거를 타고 바람을 이용해 멀리까지 갈 수 있었다고 한다. 아마 오늘날의 기구나 행글라이더 같은 것이 아니었나 싶다.

중국의 탕湯임금 때에 예주豫州 지역에서 그것을 발견한 적이 있었다. 그러나 임금은 그것을 곧 부수게 하고 백성들에게 보여주지 아니하였다. 왜 그랬을까? 백성들이 그것을 타고 돌아다니면 다스리기가 어려워질 것이라고 생각해서였을까? 한 10년쯤 후 서풍이 불어왔을 때 탕임금은 다시 그것을 조립해서 기굉국에 돌려보냈다고 한다.

여기서 한 가지 생각해 보아야 할 것은 고대 중국인들이 초요국이나 기굉국 사람 등 기형적 존재에게 기술적 재능을 부여하

타고 다니면 오래 살게 된다는 길량
명明 장응호의 『산해경회도』에서.

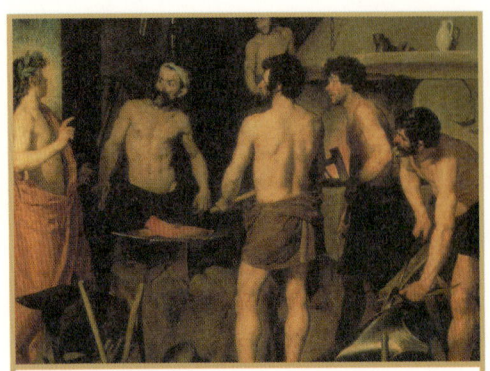

대장장이 신 헤파이스토스
자신의 작업장인 대장간에 들렀다. 벨라스케스의 그림.

고 있다는 점이다. 이는 그들이 신체적 결함을 보충하기 위하여 도구를 만드는 등 기술 방면으로 노력을 했기 때문일 것이라는 논리적 설명으로 이해할 수도 있지만 더 근원적으로는 고대 중국인들이 지녔던 테크놀로지에 대한 불신감과 상관이 있다고 할 것이다. 테크놀로지 자체를 불완전한 것으로 보는 관념을 지니고 있었기 때문에 기형 종족이 테크놀로지의 능력을 지니고 있다는 상상이 출현한 것이다. 그들이 테크놀로지를 신뢰하지 않았음은 탕임금이 비거를 처리한 이야기에서도 명백히 표현된다.

이러한 관념은 고대 그리스의 경우에도 비슷하지 않았나 싶다. 그리스 로마 신화에서도 손재주가 좋은 대장장이 신 헤파이스토스는 절름발이이다. 오늘날의 공상과학소설에서는 외계인이 뛰어난 기술을 소유한 반면 문어 머리에 팔이 여덟 개쯤 되거나 E.T.처럼 주름 많고 기괴한 모습으로 그려지는 것이 전형적인 도식인데 이러한 상상력도 신화에 뿌리를 두고 있음을 알 수 있다.

장고국 이외에 다리가 기형인 다른 종족들도 적지 않다. 가령 남쪽 바다 바깥 지역에 사는 교경국交脛國 사람들은 다리가 휘어서 엑스 자로 엇갈린 형태를 하고 있었다 하니 걷는 모습이 가관이었을 것이다.

외계인 E.T.
기형적이고 우스꽝스러운 모습으로 아이들의 흥미를 끈 바 있다. 영화 〈E.T.〉의 한 장면.

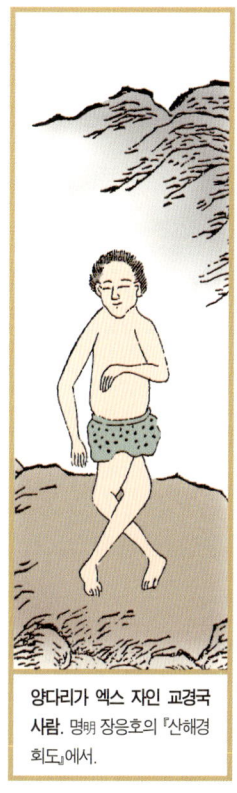

양다리가 엑스 자인 교경국
사람. 명明 장응호의 『산해경
회도』에서.

발이 뒤쪽으로 향한 유리국 사람
명明 장응호의 『산해경회도』에서.

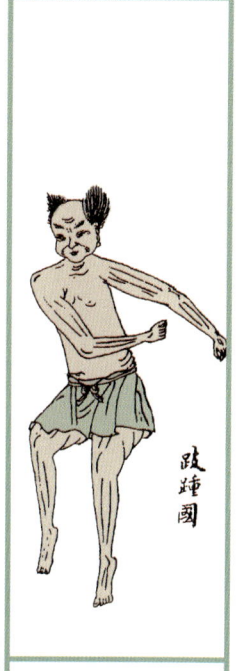

까치발의 기종국 사람
청淸 왕불의 『산해경존』에서.

　북쪽 바다 바깥의 유리국柔利國 사람들은 더욱 기괴한 다리 모습을
하고 있었다. 그들은 외팔과 외다리인데 그 외다리조차도 무릎이 반대
쪽으로 휘어 있었고 발도 굽어 있었다. 게다가 그들은 이름에서 알 수
있듯이 뼈가 없는 흐물흐물한 몸을 하고 있었다. 일설에 의하면 그들은
발이 이예 반대쪽으로 꺾여 있었다고도 한다. 아마 그들이 하얗게 쌓인
눈 위를 걸었다면 우리가 신발을 거꾸로 신고 걸은 것처럼 발자국이 반
대쪽으로 향해 있을 것이다.

　이 지역에는 두 발이 모두 갈라진 모습을 한 기종국跂踵國 사람들도
있었다. 그들은 걸어 다닐 때도 까치발이어서 발뒤꿈치가 땅에 닿지 않
았다. 이들이 사는 곳보다 더 거친 북방의 황야에는 정령국釘靈國이라
는 나라가 있는데 이 나라 사람들은 무릎 아래에 털이 나 있고 발은 말

말 발굽을 한 정령국 사람
명明 장응호의 『산해경회도』에서.

발굽이어서 마치 말처럼 달릴 수 있었다. 진수의 『삼국지』[4] 「오환선비동이전烏桓鮮卑東夷傳」에는 오손족烏孫族의 늙은이가 북방의 마경국馬脛國 사람들에 대해 설명한 구절이 나온다. 이 설명에 따르면 마경국 사람들은 목소리가 기러기나 오리 울음소리 같은데 무릎 위쪽은 사람이지만 무릎 아래는 말의 정강이와 발굽을 지니고 있어서 말처럼 잘 달릴 수 있다고 하였다. 이들은 사실 정령국 사람들일 것이다. 아마 이러한 이야기는 말을 잘 타는 중국 북방 유목민족의 모습을 신화적으로 묘사한 것이리라. 고대 그리스인들도 말 등에 바싹 붙어 달려오는 스키타이인[5]을 보고 위는 사람이고 아래는 말인 신화적 존재 켄타우로스를 상상해냈다는 설이 있다.

팔과 다리 이외에도 몸통 혹은 다른 부위가 기형적인 모습을 한 종족들도 많다. 가령 머리나 몸통이 복수인 종족들로는 남쪽 바다 바깥에 사는 머리가 셋인 삼수국三首國, 서쪽 바다 바깥에 사는 몸통이 셋인 삼신국三身國 사람들이

켄타우로스
그리스인이 상상한 말 인간. 피디아스의 작품
(기원전 430년경).

4. 『삼국지三國志』 서진西晉의 역사가 진수陳壽가 편찬한 위魏, 촉蜀, 오吳 삼국 시대(220~280)의 역사서. 우리가 흔히 읽고 있는 역사 소설은 원제가 『삼국지』가 아니라 『삼국연의三國演義』이다. 『삼국지』는 『삼국연의』의 근본이 된 정통 역사서이다. 이 중의 「위지魏志」동이전東夷傳은 동이계 나라들의 역사, 풍속, 생활 등을 수록하고 있는데 한국 고대사와 관련된 내용이 많다.

5. 스키타이 기원전 6세기경에서 기원전 3세기경까지 남부 러시아의 초원지대에서 활약했던 최초의 기마 유목민족. 종족은 이란계 유럽 인종에 속하며 단검, 화살촉, 흑색 토기, 동물 문양 등에서 독특한 문화적 특징을 표현하였다. 스키타이 문화는 전국 시대의 중국 문화에 영향을 미쳤으며 한국과 일본까지 파급되었다.

있다. 북쪽 변방의 대황산大荒山에 사는 삼면인三面人은 하나의 머리에 얼굴이 셋이고 팔이 하나인데 큰 신 전욱顓頊의 후손으로 불사의 존재라고 한다.

우리나라 근처에도 이와 비슷한 인종이 살았다는 이야기가 있다. 앞에서처럼 옥저의 노인이 왕기에게 들려주었다는 이야기이다. 즉 부서진 배 한 척이 바닷가에 밀려왔는데 그 안에 이마 한가운데에 또 하나의 얼굴이 있는 사람, 곧 양면인兩面人이 타고 있었다고 한다. 그런데 말이 통하지 않아 그 양면인은 결국 굶어 죽었다고 한다.

이들과는 달리 눈이 하나

머리가 셋인 삼수국 사람
명明 장응호의 『산해경회도』에서.

인 일목국一目國 사람들도 있다. 북쪽 바다 바깥에 사는 그들은 외눈이 얼굴 한복판에 있는 것이 영락없이 그리스 로마 신화의 외눈박이 거인 키클롭스를 닮았다. 그러니 그들은 키클롭스처럼 포악하지는 않았던 듯하다. 그저 변방에서 평범하게 살아가는 사람들이었다.

이 지역에는 눈이 움푹 들어간 심목국深目國 사람들도 살고 있었다. 심목이라는 표현은 훗날 중국에서 서양 사람들의 눈

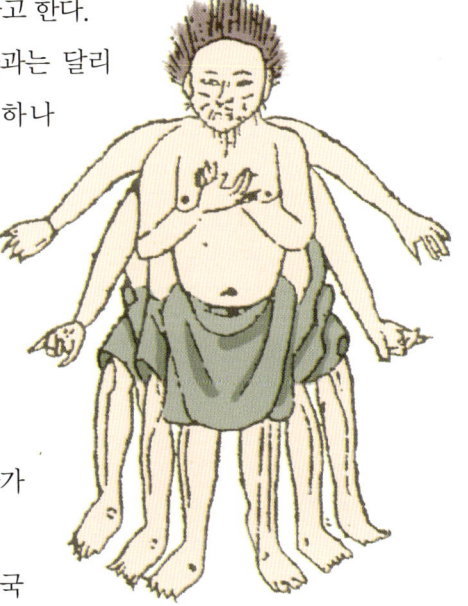

몸뚱이가 셋인 삼신국 사람
청淸 학의행의 『산해경전소』에서.

얼굴이 셋인 삼면인
청淸 왕불의 『산해경존』에서.

을 묘사할 때에도 사용된다. 당唐나라의 낭만적인 천재 시인 이태백李太白에게는 페르시아계 혈통이 섞여 있었다고 한다. 당시 그의 얼굴을 묘사한 기록에 '심목深目'이라는 표현이 나온다. 그는 눈이 움푹 들어간 서양 사람처럼 생겼던 모양이다.

귀가 너무 길어서 걸을 때 두 손으로 받치고 다녀야 하는 섭이국聶耳國 혹은 담이국儋耳國, 대이국大耳國 사람들도 이 지역 출신이다. 그들은 잘 때에 한쪽 귀를 깔개로 하고 다른 한쪽 귀는 이불로 삼았다고 하니 긴 귀가 유리한 점도 있었다. 그들은 바다 한가운데의 외딴 섬에 살았는데 무늬가 아름다운 호랑이 두 마리를 항상 곁에 두고 부렸다. 관상학적으로 귀가 큰 사람은 성격이 모질지

현대 영화 속의 키클롭스
영화 〈신드바드의 일곱 번째 여행〉 중의 한 장면.

외눈박이 일목국 사람
명明 장응호의 『산해경회도』에서.

않고 인자하다고 한다. 소설『삼국연의三國演義』에서 백성을 사랑하는 어진 군주로 나오는 유비劉備의 귀가 그렇게 컸다고 한다. 그의 귀는 어깨까지 내려올 정도였다고 하는데 그의 정적들은 그를 '귀가 큰 아이〔大耳兒〕'라고 놀리기도 했다.

남쪽 바다 바깥에는 가슴 한가운데가 뻥 뚫린 사람들이 사는 관흉국貫胸國 혹은 천흉국穿胸國이라는 나라가 있었다. 아마 이곳은 무언가 가슴 아픈 사람들만이 모여 살던 나라는 아니었을까? 아닌 게 아니라 그들이 이런 몸을 갖게 된 데에는 가슴 아픈 사연이 있었다. 서진西晉

늘어진 귀의 섭이국 사람
명明 장응호의 『산해경회도』에서.

시대에 씌어진『박물지』라는 책을 보면 관흉국에 대한 다음과 같은 이야기가 있다.

옛날 우임금이 천하를 평정하자 하늘에서 이를 축하하기 위해 두 마리의 용을 내려보냈다. 우는 그 용에 사신을 태워 변방의 나라들을 한 바퀴 돌아보고 오게 했다. 천자로서 자신의 위세를 과시하려는 의도에서였으리라. 용이 거인 방풍씨防風氏의 나라에 이르렀을 때였다. 방풍씨의 충성스러운 두 신하가 용에 탄 우의 사신을 보았다. 그들의 주군 방풍씨는 얼마 전에 제후들의 모임에 지각을 했다고 우에 의해 처형당한 바 있었다. 억울하게 죽은 주군의 일에 슬퍼하고 있던 그들은 의기양양하게 용을 타고 온 우의 사신을 보자 울화가 치밀었다. 그들은 즉시 사신을 향해 활을 쏘아댔다. 그러자 엄청난 벼락이 치고 큰비가 쏟아지더니 용은 사신을 태우고 하늘로 치솟아 사라졌다. 이 일에 두 신하는 크게 겁을 먹었다. 신령스러운 용과 우의 사신을 잘못 건드렸으니

가슴에 구멍 뚫린 관흉국 사람
청淸 왕불의 『산해경존』에서.

큰 벌을 받을 것이 분명했다. 고민 끝에 그들은 칼을 빼어 가슴을 찔러 자결하고 말았다. 우임금은 나중에 이 비극적인 소식을 듣고 그들의 주군을 위한 충성심에 감동했다. 그리하여 사람을 보내 그들의 가슴에 박힌 칼을 뽑아내고 불사초不死草를 먹여 다시 살려냈다. 그들은 다시 살아났으나 가슴의 칼로 뚫렸던 자국은 그대로 남아 그 후손들은 가슴이 뻥 뚫린 종족이 되었던 것이다.

이 사람들은 상하 질서가 분명한 종족이었다. 가령 신분이 높은 사람은 그냥 걸어 다니지 않았다. 옷을 벗고 아랫것들로 하여금 대나무로 가슴의 구멍을 꿰어 들고 다니게 했다. 이를테면 가마를 탄 셈이다. 하지만 생각해보라. 얼마나 우스운 광경인가. 뚫린 가슴에 막대기를 넣어 꼬챙이로 고기를 꿰듯이 해서 들고 다니는 것이 높은 신분에 대한 대접이라니 참으로 어처구니없는 일이 아닐 수 없다. 그러나 우습기는 하지만 우리는 이 신화에도 이미 역사 시대의 차별적인 계급 관념이 스며들어 있음을 알 수 있다.

기꾕국 110×120cm 캔버스 · 골판지 · 아크릴 물감 2002, 서용선

10

날개 달린 사람, 인어,
여자들만 사는 나라

[먼 곳의 이상한 나라, 괴상한 사람들 3 :
우민국, 저인국, 여자국]

날개가 있어도 날지 못하는 사람들

대륙의 먼 변방에 사는 사람들 중에는 팔다리 등이 기형적인 인종도 있지만 더욱 심한 경우는 아예 반은 사람이고 반은 짐승의 몸을 한 인종노 여럿 있었다. 적어도 고대 중국인들은 그렇게 상상했다. 지금 우리의 시각으로 보기에는 '믿거나 말거나' 하고 지어낸 이야기처럼 들리지만 말이다.

가령 남쪽 바다 바깥에 살고 있다는 우민국羽民國 사람들을 보자. 이들은 새처럼 알에서 태어났고 생김새는 길쭉한 머리에 두 어깨에는 날개가 달려 있는데 날개가 있다는 점에서는 서양의 천사를 연상하게 하지만 그리 예쁘장한 모습은 아니었다. 그리고 날개도 힘이 없어서 새처

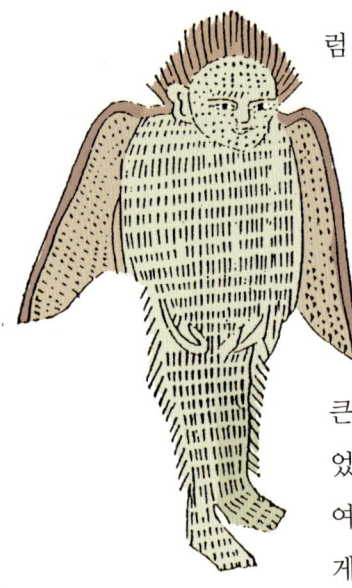

날개 달린 우민국 사람
청淸 오임신의 『증보회상산해경광
주』에서.

럼 멀리 날지도 못하였다.

또 근처에는 이들과 비슷한 인종인 환두국讙頭國 사람들이 있었다. 이들 역시 날개가 달렸는데 입은 새의 부리 모양이었다. 이들은 날개로 나는 것이 아니라 그것을 지팡이 삼아 땅을 짚고 걸어다녔으며 물고기를 잡아먹고 살았다.

일설에 의하면 요임금 때에 환두라는 신하가 큰 잘못을 저지르고 스스로 남쪽 바다에 뛰어들어 죽었다 한다. 요임금이 그를 딱하게 여겨 그의 아들로 하여금 남쪽 바닷가에 가서 살게 하고 그의 제사를 받들게 하였는데 훗날 그의 자손들이 이런 모습으로 변했다는 것이다.

또 다른 일설에 의하면 환두는 사실 요임금의 맏아들 단주丹朱인데 성질이 아주 고약했다고 한다. 결국 그는 왕위에 오르지도 못하고 쫓겨나서 남방에 가서 살았는데 거기서 불만을 품고 야만인들과 결탁하여 반란을 일으켰다가 패해서 죽었다. 환두국 사람들이 바로 그 단주의 후손이라는 것이다.

그러나 실상 이들은 새를 토템으로 숭배하던 변방 민족이었을 것으

날개 달린 환두국 사람
명明 장응호의 『산해경
회도』에서.

로 추정된다. 이들의 기
괴한 모습은 제사 의식
이나 일상적인 관혼상
제 때 그들이 숭배하던
새를 흉내낸 복장을 하
거나 가면을 썼기 때문
에 그렇게 묘사되었을
가능성이 높다. 새와 동
일시된 이들의 모습은

인어 아저씨 저인국 사람. 명明 장응호의 『산해경회도』에서.

후세에 하늘을 나는 인간으로 상상되었던 신선神仙의 원시적인 형태이
다. 다시 말해 고대의 새를 숭배하는 관념에서 하늘을 날 수 있는 완전
한 인간인 신선에 대한 상상이 생겨난 것이다.

　새를 숭배하는 관념은 동이계東夷系 종족에게는 일반화된 경향이었다.
우민국과 환두국 사람들은 신화에서도 암시되어 있듯이 동방에서 남방으
로 이주한 사람들일 것이다. 그래서 프랑스의 중국학자 칼텐마르크Max
Kaltenmark는 고대 한국을 포함한 동이계 종족의 신화가 후세의 신선 관
념으로 변천해갔다고 주장하기도 하였다. 아닌 게 아니라 우리의 고구려
고분 벽화에는 공중을 날아다니는 수많은 남녀 신선들이 그려져 있다.

붉은 치마를 입고 쪽을 찐 서해 바다 인어

　남쪽 바다 안쪽에는 반은 사람이고 반은 물고기인 인어 같은 사람들
이 살았다고 한다. 다름 아닌 저인국氐人國이라는 나라의 사람들인데
얼굴과 상체가 사람이고 하체는 물고기인 것이 안데르센 동화에 나오
는 인어 공주와 꼭 닮았다.

　바다에 사는 반은 인간이고 반은 물고기인 사람, 특히 아름다운 인어

사람의 얼굴을 한 새인 세이렌
돛대에 묶인 오디세우스를 아름다운 노래로 유혹하고 있다. 세이렌을 인어의 일종으로 보는 시각도 있다. 아티카 양식의 꽃병 그림(기원전 470년경).

여인에 대한 이야기는 세계 어느 지역에나 넓게 퍼져 있다. 그들이 아름다운 외모와 노래로 뱃사람을 유혹한다는 모티프는 공통적인데, 뱃사람의 대부분이 남성인 것을 생각해보면 그럴 만하다는 생각이 든다. 즉 오랜 항해에 지친 남성들은 바다 한가운데에서 여성에 대한 갈망이 지극했을 것이다. 심지어 환각 현상까지 일어나지 않았을까 싶다. 남성보다는 아름다운 여성이 인어로 상상된 이야기가 훨씬 많이 전해져 오는 것은 이런 까닭 때문이리라.

서양의 인어 전설이 아름다운 여인 그리고 그것의 신비감과 위험성에 대한 경고라는 낭만적인 모티프를 많이 간직하고 있다면 중국에서 전해 내려오는 인어 이야기는 특정한 개체로서의 인어가 아니라 '인어 종족'에 관한 이야기라는 점이 가장 큰 차이이다. 박물지처럼 고대 세계 곳곳의 신비한 인종에 대한 이야기를 적어놓은 『산해경』에서의 기록은 그 대표적인 경우이다. 인어 공주처럼 낭만적인 상상이나 로맨스에 대한 환상을 자극하는 아름다운 여성이 아니라 그야말로 '반인반어' 인종의 이야기를 적어놓고 있는 것이다. 그래서 인간과 인어 사이의 로맨스가 생략된 채 기이한 종족에 대한 기록만을 전하는 것이 중국 인어 이야기의 특징이다. 그 증거로 중국의 인어 그림을 보라. 그것은 로맨틱한 여성이 아니라 무뚝뚝한 남성으로 그려져 있다. 그들은 인어족의 대표로 한 인간(Man)을 그려놓은 것이다.

물론 중국에도 지역마다 다른, 여러 종류의 인어에 대한 이야기가 전해진다. 서양의 경우처럼 중국에도 어떤 지방의 인어는 무척 예뻐서 눈, 코, 입, 손과 발이 아름다운 여인네와 같았고 피부는 비늘이 없이 백옥처럼 희었는데 술을 조금 마시면 복사꽃처럼 발그레하게 달아올랐다고 한다. 이런 아름다운 자태에 어울리게 머리 또한 치렁치렁 늘어졌으며 키도 훤칠했다. 그래서 바닷가에 혼자 사는 홀아비나 과부들이 이들을 잡아다가 연못에 가두고 아내나 남편으로 삼기도 했다고 한다. 이런 이야기는 조금 자세하게 상상을 가미한다면 인간과 인어 사이의 로맨스를 충분히 그려낼 수도 있겠지만 실제로 그 이상의 자세한 이야기는 전해 내려오지 않는다.

그런가 하면 남쪽 바다에는 교인鮫人이라고 부르는 인어들이 살았는데 그들은 베 짜기를 잘하였다. 동진東晉 시대의 소설 『수신기搜神記』에 의하면 그들은 주로 물속에서 베를 짜는데 잠시도 일손을 놓는 법이 없었다고 한다. 특이한 것은 이들이 눈물을 흘리면 진주가 되어 떨어졌다는 내용이다.

그들은 가끔 물에서 나와 인가에 머물면서 여러 날 동안 옷감을 팔기도 했는데 바다로 돌아갈 즈음이 되면 여관집 주인에게 "이제 돌아갈 때가 된 것 같으니, 접시나 하나 가져다 주시우." 하고 말했다고 한다. 돈을 내라는데 웬 접시? 하지만 교인들에게는 접시야말로 돈을 지불하기 위해서는 꼭 필요한 노구가 아닐 수 없었다.

교인들은 주인이 접시를 가져오면 눈물을 쥐어짜며 억지로 울어 댔는데 흘린 눈물이 진주가 되어 곧 접시 위에 가득 찼다. 그들이 이 진주를 숙박비로 대신 주면 주인들은 그것을 내다 팔아 돈으로

머리를 빗고 있는 인어
곁에 진주가 담긴 큰 조개 그릇이 있다. 중국 인어인 교인도 진주를 만들어낸다. 흥미로운 일치이다. 워터하우스의 〈인어〉 (1892~1900년).

바꾸었다. 교인은 이른바 황금알을 낳는 거위 같은 존재로 상상되었던 것이다.

때로는 중국의 사신이 우리나라로 오는 서해 바다의 뱃길에서 인어가 발견되기도 하였다. 송宋나라 때에 사도査道라는 사람이 고려에 사신으로 오는 길에 저녁 무렵 한 섬에 정박하였는데 멀리 모래밭 위에 한 여인이 앉아 있는 것을 보았다. 그녀는 붉은 치마를 걸쳤고 머리엔 단정히 쪽을 쪘는데 팔에 붉은 지느러미 같은 것이 있었다고 한다.

인어 이야기는 근엄한 역사책에도 반영되어 있다. 사마천司馬遷의 『사기史記』에는 인어에 대한 흥미로운 기록이 있다. 진시황秦始皇이 죽자 그의 신하들은 수십만 명의 백성들을 동원하여 거대한 능을 만들었다. 진시황의 시신이 안치된 곳, 즉 현실玄室에는 외부인이 침입하면 즉각 사방에서 화살이 날아들도록 기관이 설치되어 있고 영원히 꺼지지 않는 촛불이 안을 밝히고 있는데 그것은 인어의 기름으로 만든 초라고 한다. 공사가 끝나자 동원되었던 수십만 명의 인부들을 몰살하였기 때문에 그 후 아무도 현실의 정확한 위치를 알 수 없었다. 그런데 최근 중국에서 현대적 장비로 지하에 있는 현실의 소재를 탐지하였다고 한다. 우스운 가정이지만 만일 발굴이 진행되면 우리는 과연 인어의 촛불이 아직도 무덤 안을 밝히고 있는지 확인할 수 있을까?

인어에 관한 여러 이야기들, 특히 인어를 미인으로 생각하거나 신비한 능력을 지닌 존재로 여긴 것은 동서양 모두 비슷한 상상력을 보여준 부분이다. 그러나 인어가 베를 짜거나 장사를 하러 다닌다는 이야기는 중국의 경우 인어가 세상과 동떨어진 존재가 아니라 좀더 일상 생활에 밀접한 존재로서 인간과 함께 생활하던 존재로 여겨지고 있음을 알 수 있는 대목이다. 저 멀리 암초 위에서 노래를 부르거나 뱃사공을 유혹하는 것이 아니라 베를 짜고, 장사하고, 술을 마시고 하는 모습들로부터 우리는 이들이 중국인에게는 초자연적인 존재라기보다 인간과 마찬가지로 생업에 종사하는 변방의 종족으로 인식되었음을 알 수 있다.

사람 말을 하는 성성이와 개 머리 인간

날짐승이나 물고기 이외에 길짐승의 모습을 한 인종도 있다.

남쪽 바다 안쪽에는 효양국梟陽國이라는 나라가 있는데 이곳 사람들의 생김새는 사람의 얼굴에 입술이 길게 나왔고 몸에 털이 나 있으며 발뒤꿈치가 뒤로 향하였다. 이들은 길을 가다가 사람을 만나면 공연히 씩 웃었다고 한다. 생김새로 보아 효양국 사람들은 원숭이 종류와 무척 닮았던 것 같다.

효양국 사람들이 원숭이와 비슷한

원숭이 인간 효양국 사람
무엇이 좋은지 하늘을 바라보며 웃고 있다. 명明 장응호의 『산해경회도』에서.

모습을 한 사람들로 취급된 반면 고대 중국인들은 사람은 아니지만 사람처럼 영리한 동물인 '성성이猩猩'에 대한 이야기도 전하고 있다. 그들은 원숭이의 일종인 성성이가 말을 할 줄 알고 사람의 이름을 알아내는 지혜를 지녔다고 생각했다. 중국의 서남쪽 변방에는 성성이에 관한 다음과 같은 재미있는 일화가 전한다.

이 지역 골짜기에는 성성이가 많이 사는데 나니는 길이 일정치 않고 수백 마리가 떼를 지어 다녔다.

원주민들은 술이나 술지게미 같은 것을 길에다 놓고 성성이를 유혹한다. 이때 성성이가 짚신에 관심이 많기 때문에 풀로 짚신을 만들어 함께 놓는다. 짚신들은 줄로 길게 연결해서 묶어놓는데 나중에 성성이들이 짚신을 신고

성성이 아빠와 아들
명明 장응호의 『산해경회도』에서.

성성이 떼. 북송北宋 역원길易元吉의 〈취원도聚猿圖〉에서.

도망을 칠 때 서로 발이 연결되어서 멀리 도망가지 못하게 하기 위한 것이다.

성성이는 산골짜기에 있다가 내려와 사람들이 놓고 간 술과 짚신을 발견하면 덫을 놓은 사람과 그의 조상의 이름을 그 자리에서 즉시 알아낸다. 그러고는 "이놈 누구의 아들 아무개야, 네 놈이 나를 잡으려고 하다니! 이 나쁜 놈아!" 하고는 그 이름을 크게 부르며 한바탕 욕을 하고 술과 짚신은 다시 쳐다보지도 않고 그냥 가버린다.

그러나 잠시 후에는 그 일을 금방 잊어버렸는지 다시 동료들을 불러 돌아와서는 함께 술맛을 보고 또 이번에는 짚신도 신어본다. 이러다가 술을 두세 되 정도 마시게 되면 결국은 크게 취하고 만다.

이때 사람들이 뛰어나와 성성이들을 붙잡는데 놀란 성성이가 달아나려고 하여도 이미 신고 있는 짚신이 서로 연결되어 도망가지도 못하고 그대로 잡혀서 모두 우리에 넣어진다.

　나중에 성성이를 우리에서 끌어낼 때 성성이를 사로잡은 사람이 우리 앞에 서서 이렇게 말한다.

　"이놈 성성아, 너희 스스로 살찐 놈을 한 마리 밖으로 밀어내는 것이 좋겠는데 너희 생각은 어떠냐."

　그러면 성성이들은 그저 서로 마주 보면서 울기만 했다고 한다.

　가엾은 성성이! 영리하긴 하지만 성성이는 역시 짐승이었던 것이다.

　그래서 일찍이 『예기』[1]에는 "성성이는 말을 할 줄 알지만 짐승을 벗어나지 못한다."는 기록이 보인다.

　다시 북쪽 바다 안쪽에는 견봉국犬封國 혹은 견융국犬戎國이라고 부르는 나라가 있는데 이곳 사람들은 머리는 개인데 몸은 사람이었다. 그 모습만 본다면 영락없는 늑대 인간인 셈이다.

　일설에 의하면 이들은 최고신인 황제黃帝의 후손 농명弄明이 낳은 한 쌍의 흰 개가 퍼뜨린 자손이라

개 머리 인간 견융국 사람
미녀 아내가 개 머리 남편에게 음식을 바치고 있다. 명明 장응호의 『산해경회도』에서.

---

1. 『예기禮記』 오경五經의 하나. 전한前漢의 학자 대성戴聖이 편찬한 것으로 추정된다. 모두 49편으로 예의 개념, 이론 및 실천에 대해 논하고 있다. 『주례周禮』, 『의례儀禮』와 더불어 삼례三禮라고도 한다.

입에서 불을 뿜는 염화국 사람
일본의 『괴기조수도권』에서.

고도 하고 또 다른 전설에 따르면 고신씨高辛氏의 충견 반호盤瓠의 후손이라고도 한다. 반호가 공을 세워 공주와 결혼해 먼 변방으로 가서 살았다는 이야기는 앞에서 이미 하였다. 이들의 후손은 남자는 개 머리 인간이고 여자는 미녀였는데 아내가 남편을 섬기기를 임금 모시듯이 했다고 한다. 그래서 식사 때에는 깨끗한 옷으로 갈아입고 무릎을 꿇고 개 머리 남편에게 음식을 바쳤다고 한다. 이 나라에는 또한 희한한 말이 있었다. 외팔이인 기굉국奇肱國 사람들이 타고 다니는 길량이 그것이다. 이 말은 무늬가 아름답고 타고 다니면 천 살까지 살 수 있다고 알려졌는데 바로 견융국의 특산물이었다.

남쪽 바다 바깥에는 또한 염화국厭火國이라는 불을 뿜는 인종이 사는 나라도 있었다. 이들은 짐승의 몸에 검은 털빛의 모습이었고 입에서 불을 뿜어댔다. 이들은 이글거리는 숯불을 집어삼키는 재주도 있었다.

우물을 들여다보기만 해도 아이가 생기는 여자들

변방의 기이한 사람들 중에서 마지막으로 살펴보아야 할 것은 정상적인 사람의 모습을 하고 있지만 생활이나 풍습이 특이한 인종들이다. 먼저 결혼 풍습이 남다른 경우를 보기로 하자.

동쪽의 먼 황야에 위치한 사유국司幽國 사람들은 결혼을 하지 않고도 종족을 번식시켰다. 큰 신 제준帝俊의 손자 사유司幽에게는 사사思士라는 아들과 사녀思女라는 딸이 있었는데 이들은 각기 장가를 들지도 시집을 가지도 않았다. 사유국은 이들의 후손이었다.

그렇다면 어떻게 해서 후손이 생겼을까? 이 나라 사람들은 남녀가 서

로 좋아하면 짝을 짓지 않아도 느낌만으로
기운이 통하여 아이를 낳았다고 한다. 그야
말로 플라토닉 러브만으로도 아이를 낳을 수
있었던 기이한 종족인데 이런 상상은 성적
결합에 대한 금기와 종족 번식의 욕망이 결
합하여 빚어진 것이 아닌가 생각된다. 이들
은 기장밥을 먹고 짐승을 잡아먹으며 호랑이
와 곰 등의 짐승을 부릴 줄 알았다고 한다.

서쪽 바다 바깥에는 온통 남자들만 사는
장부국丈夫國이라는 나라도 있었다. 이곳에
는 의관을 단정히 갖추고 칼을 찬 남자들만

남자들만 사는 장부국 사람
명明 장응호의 『산해경회도』에서.

득시글득시글했다. 이렇듯 기묘한 나라가 생기게 된 연유는 이렇다.

은나라의 왕 태무太戊가 왕맹王孟이라는 신하를 시켜 불사약을 구해
오게 하였는데 왕맹은 서왕모西王母를 찾아 헤매다가 이곳에 이르게 되
었다. 그는 양식이 떨어져서 나무 열매를 먹고 나무껍질로 옷을 해 입으
며 혼자 살다가 마침내 늙어서 죽을 때가 되었다. 그러자 홀연 겨드랑이
로 두 아들을 낳았고 두 아들이 나오자마자 왕맹은 죽고 말았다. 왕맹의
아들들이 이곳에서 살다가 다시 똑같은 방식으로 후손을 퍼뜨려 마침

내는 남자들만이 사는 장
부국을 이룩한 것이다.

남자들만 사는 나라가
있다면 당연히 여자들만
사는 나라도 있을 것이다.
아닌 게 아니라 장부국 근
처에는 여자국女子國이 있
었다. 이곳에는 황지黃池라
는 연못이 있는데 여인들

여자들만 사는 여자국 사람
임신하기 위해 연못에서 목욕을 하고 있다. 명明 장응호의 『산해경회도』에서.

펜테실레이아
아킬레우스가 아마조네스의 여왕 펜테실레이아를 죽이는 장면. 그리스의 도자기 그림(기원전 540년경).

이 들어가 목욕을 하고 나오면 바로 임신을 하였다. 물론 이곳 여인들도 아들을 낳기는 하였지만 이상하게도 사내아이는 세 살이 되면 저절로 죽어서 결국 여자만 남게 된다고 한다. 동방의 아마조네스[2], 여자국은 이렇게 탄생한 것이다.

우리나라가 동쪽 끝에 위치해 있어서인지 고대 중국인들은 우리나라 근처에 기이한 종족들이 많이 살고 있다고 상상했던 것 같다. 『위지魏志』 동이전東夷傳은 동해 바다의 한 섬에 온통 여자만 사는 나라가 있다는 옥저沃沮의 한 노인의 증언을 기록하고 있다.

그 나라에는 신비한 우물이 있어서 여인들이 그저 들여다보기만 해도 애를 낳았다고 한다. 남자 없이도 여자만의 나라를 이룩할 수 있었다는 이야기이다. 여기에서 연못, 우물 등의 이미지는 무척 중요하다. 신화에서 물은 생식력을 상징하기 때문에 여자국의 여인들은 남성의 도움 없이 물의 힘만으로도 임신할 수 있었던 것이다. 지금도 여전히 우물이나 연못은 여성의 다산성이나 모성적인 능력을 나타내는 상징으로 인식되고 있다.

남성의 영향으로부터 벗어난 여성들, 우리는 장부국과는 다른 문맥에서 여자국의 특별한 존재 의미를 생각해볼 필요가 있다. 그것은 고대 사회에서 억압된 여성들의 일탈하고픈 소망의 간절한 표현은 아니었을까? 아니면 가부장적인 사회 이전에 존재했던 모계 사회에 대한 동경과 그리움을 상상적으로 드러낸 것은 아닐까?

2. **아마조네스Amazones** 아마존Amazon의 복수형. 아마존은 그리스 로마 신화에 나오는 여성 전사戰士. 이들은 자기들만의 나라를 이루고 살았다. 사내애를 낳으면 죽이거나 버리고 딸만을 기르는데 성인이 되면 활 쏘는 데 지장이 있다고 오른쪽 유방을 제거하였다고 한다. 무척 호전적이어서 용감한 여성 전사를 많이 배출하였다.

우민국 120×110cm 캔버스 · 골판지 · 아크릴 물감 2002, 서용선

11
털북숭이, 그림자 없는 사람,
군자들이 사는 나라

[먼 곳의 이상한 나라, 괴상한 사람들 4 :
모민국, 수마국, 군자국]

중국 주변의 기이한 종족들

동양 신화를 가만히 살펴보면 당시의 세상은 그야말로 만화경이 아
닐 수 없다. 온통 신기한 사람과 기이한 습속을 지닌 이방인들이 중국
바깥의 세상에 여기저기 널려 있지 않은가. 어쩌면 고대 인류가 하나의
문화로 통합되지 않은 상태에서 제각각의 풍습을 유지하고 살던 모습
을 조금 과장하면 이런 모습이 될 수 있을지도 모르겠다.

중국의 대표적인 신화집인 『산해경』의 기록은 '먼 곳' 에 대한 환상을
부추기는, 신화적 상상력의 총결산이라고 말할 수 있다. 가령 이 책에서
의, 동쪽으로 몇 리를 가면 무엇무엇이 있다거나 또 거기서 몇 리를 더
가면 무슨무슨 종족이 산다는 식의 방향과 거리 표시는 그야말로 '환상

털북숭이 모민국 사람
청清 오임신의 『증보회상산해경광주』에서.

을 위한 지도'로밖에 보이지를 않는 것이다. 이 책의 머나먼 이상한 나라들에 대한 기록은 믿을 수 없도록 기괴한 상상력이 만들어낸 '판타지 소설'과도 같은 기이한 세계를 정말 열심히 소개하고 있다. 마치 '믿거나 말거나 신화 여행사'에서 만든 안내 팸플릿이라고 하면 제격일 것처럼 말이다.

하지만 어차피 이 신화 여행에 동참했으니, 독자들이여, 조금 지루하더라도 이 낯선 여행을 여기서 중단하지 말고 좀더 계속하기로 하자. 이 여행의 종착지가 어디가 될지는 모르지만 말이다.

믿거나 말거나 신화 여행의 다음 목적지는 동쪽 바다 바깥에 있는 큰 섬나라인 모민국毛民國이다.

이곳의 사람들은 키가 작고 온몸에 돼지털이나 곰털 같은 털이 나 있었다. 이들은 굴속에 거주하며 옷을 입지 않았다. 모민, 즉 털이 많은 사람들을 하필이면 돼지나 곰에 비교하는 것은 중국 신화에서 자주 사용하는 먼 곳의 사람들에 대한 고정화된 서술 방법이다. 이런 서술은 이들이 사람이기는 하되 짐승과의 친연관계가 있는 종족이라는 암시이기도 하다.

학자들 중에는 이들이 일본의 북해도北海道에 살고 있는 아이누족[1]이 아니었을까 추측하는 사람도 있다. 아마 털이 많고 북동쪽 바다 밖의 큰 섬에 산다는 점 등이 아이누족을 연상시키기 때문인 듯하다.

남쪽 변방의 거친 땅에는 역민국蜮民國이라는 나라가 있는데 이들의

---

1. **아이누족Ainu族** 일본의 홋카이도, 곧 북해도北海道에 살고 있는 소수민족. 키가 작고 몸에 긴 털이 나 있으며 근대까지 원시적인 수렵, 어로 생활을 해왔다. 곰을 숭배하는 습속이 있다.

생활 또한 평범치 않았다. 이들은 성이 상씨桑氏이며 주식은 기장이었다. 그러나 이들에게는 또 하나의 중요한 먹거리가 있었으니 그것은 역蜮이라고 부르는 이상한 동물이었다.

역은 단호短狐라고도 하는데 우리말로는 물여우로서 장강 이남의 계곡에 살았다. 이 동물은 자라 같은 생김새에 크기가 세 치, 곧 10센티미터밖에 안 되나 특이하게도 주둥이가 활 모양을 하고 있어서 모래를 입에 물고 화살처

아이누족
사실상 일본의 원주민으로 원래 일본 본토에서 살다가 북해도로 쫓겨 갔다.

럼 쏘아댈 수가 있었다. 이 모래에 사람이 맞으면 시름시름 앓다가 죽었다. 일설에는 사람의 그림자를 향해 모래를 발사해도 병을 일으킬 수 있었다고 하니 매우 위험한 동물이었음을 알 수 있다. 그런데 이 동물의 천적이 역민국 사람들이었다. 그들은 물여우를 두려워하기는커녕 오히려 활로 쏘아 잡아먹는 것을 즐겼다.

물여우를 사냥하는 역민국 사람
청淸 왕불의 『산해경존』에서.

변방의 종족들 중에는 신성한 능력을 지닌 사람들도 있었다. 가령 서쪽 바다 바깥에 있는 무함국巫咸國 사람들이 그러하였다. 무함은 황제黃帝 혹은 요임금 때의 용한 무당으로 무당의 원조격인 사람이었디. 무함국은 바로 이 무함의 뒤를 이은 무당들이 이룩한 나라였다.

이 나라의 한가운데에는 등보산登葆山이라는 신성한 산이 있는데 무당들은 오른손에는 푸른 뱀을, 왼손에는 붉은 뱀을 쥐고 이 산을 통해 하늘을 오르락내리락 하였다. 말하자면 이 산

무함국의 무당들
청淸 왕불의 『산해경존』에서.

은 하늘과 땅을 잇는 통로인 셈이다. 이 러한 산을 천제天梯, 곧 하늘 사다리라고 부르는데 무당이 하늘의 뜻을 받들어 지 상의 사람들에게 알리거나 그들의 소망 을 하늘에 전하는 상하소통의 장소였던 것이다.

아득한 옛날에는 누구나 하늘 사다리를 통해 하늘을 왕래할 수 있었는데 황제의 뒤를 이어 최고신이 된 전욱이 신하인 중重과 여黎를 시켜서 그것을 금지시켰다고 한다. 이후로는 하늘에 올라갈 수 있는 일은 신선이나 영적 능력을 지닌 존재들 만 가능하게 되었다. 즉 무함국 사람들은 무당이었기 때문에 하늘 사다리를 통해 하늘에 올라갈 수 있는 능력을 지녔던 것이다.

고대 동북아시아에서의 산악 숭배 관념은 이처럼 산을 천상과 지상 의 매개처로 여겼던 샤머니즘과 관련이 깊다. 높은 곳에 있으므로 그만 큼 하늘에 가깝고 또 인간이 오르기 어렵다는 점에서 험한 산은 신선이 나 영적 능력을 지닌 존재가 하늘을 오가며 거처하는 지상의 하늘나라, 즉 인간과 신의 경계지점이자 신성한 땅으로 숭배되었던 것이다. 하긴 이러한 관념은 세계적으로 보편적이다. 가령 유대 민족의 선지자 모세 는 시나이 산 정상에서 타오르는 불로 현신한 하나님으로부터 돌에 새 겨진 십계명을 받아 가지고 내려온다.

북쪽과 남쪽을 둘러보았으니 이번에는 서쪽으로 한번 눈길을 돌려보 기로 하자.

서쪽 변방에 있는 수마국壽麻國이라는 나라가 있는데 이곳 사람들도 기이한 자질을 타고났다. 예로부터 이 고장은 너무나 뜨거워서 보통 사

람들은 타 죽을 정도였다고 한다. 그래서 아무도 살지 않
지만 수마국 사람들만은 아무렇지도 않게 그곳에서 살았
다. 이상한 것은 이곳 사람들이 작열하는 태양 아래에 서
있으면 그림자가 생기지 않았고 크게 외쳐도 아무 소리
가 들리지 않았다고 한다.

한낮에도 그림자가 없다는 말, 곧 '백일무영白日無影'이
라는 표현은 후세에 불사의 존재인 신선의 비범함을 말할
때 자주 사용된다. 신선은 수련에 의해 몸이 보통 사람과 같
지 않아 한낮에도 그림자가 없고 물에 들어가도 젖지 않으
며 불에 들어가도 타지 않는다고 하는데 수마국 사람들은
아마 이러한 조건들을 구비한 특이한 인종이었던 듯싶다.

그림자가 없는 수마국 사람
청淸 왕불의 『산해경존』에서.

그러나 수마국에 대한 현실주의적인 해석에 따르면 그곳이 중국보다
훨씬 남쪽, 적도에 가까운 지역이라는 것이다. 심지어 어떤 학자는 '수
마'의 발음에 착안하여 수마국이 오늘날 인도네시아의 수마트라 섬일
것이라고 추정하기도 한다. 이것 역시 '믿거나 말거나'이다.

동양 신화 속의 우리나라, 군자국

마지막으로 동양 신화에서 고대의 우리나라를 어떻게 인식했는지 살
펴보기로 하자. 드디어 '믿거나 말거나' 바물지에 소개된 우리나라의
황당한 풍물 이야기를 들어볼 수 있게 된 것이다.

우리나라는 중국의 동방에 위치해 있고 종족적으로는 동이계東夷系
에 속하기 때문에 대개 이 두 가지 요소를 바탕으로 한 신화 자료에서
우리나라와 상관된 언급을 찾아볼 수 있다. 동방과 동이, 이것이 동양
신화에 등장하는 우리 민족의 가장 근원적인 표지이다.

먼저 동이에 대한 설명을 보자. 후한後漢 시기에 이루어진 오래된 자

전字典인『설문해자說文解字』를 보면 동이, 곧 동방에 사는 인종은 '대인大人'이라는 표현이 나온다. 여기서의 대인은 체구가 비교적 크다는 의미뿐만 아니라 성품이 호탕하고 관대하다는 뜻도 함축한다.

『설문해자』에서는 계속해서 이 동이 종족의 풍속이 어질고, 어진 사람은 오래 살기 때문에 이 지역에 군자君子들이 사는 죽지 않는 나라가 있다고 말하고 있다. 바로 이 군자들의 나라, 곧 군자국君子國은 신화에 의하면 동쪽 바다바깥에 있는 나라이다. 이 나라 사람들은 옷을 단정히 입고 칼을 찼으며 짐승을 잡아먹고 살았는데 무늬가 아름다운 호랑이 두 마리를 곁에 두고 부렸다고 한다. 아울러 그들은 모든 일에 사양

사양하고 다투지 않는 군자국 사람
청淸 왕불의 『산해경존』에서.

하기를 좋아하여 좀처럼 다투는 일이 없었다. 또 이 나라에는 무궁화 꽃이 지천으로 피어 사람들은 그것을 먹기도 하였다고 한다.

우리 선인들은 이 이야기를 태고의 우리나라를 묘사한 것으로 여겼다. 우리나라를 동방예의지국東方禮儀之國이나 근역槿域, 곧 무궁화의 땅 등으로 불렀던 일들은 모두 『산해경』 「해외동경海外東經」에 실린 군자국에 관한 이 짤막한 이야기에 오래된 근거를 두고 있다.

이렇게 보면 우리의 국화國花가 무궁화인 것도 이 신화 내용과 무관하지 않다. 최남선[2] 같은 학자는 호랑이를 곁에 두고 부린다는 표현이 산신령 곁에 호랑이가 있는 산신도山神圖의 정경과 흡사한 것으로 미루어 군

---

2. **최남선崔南善**(1890~1957) 근현대의 문인, 국학자. 호는 육당六堂. 최초의 신체시 「해에게서 소년에게」를 발표하였으며 「독립선언문」을 작성하기도 하였다. 고대 한국의 문화에 대해 깊고 넓은 연구를 하였으며 이와 관련된 논문으로 「불함문화론不咸文化論」이 있다. 저서로는 『삼국유사해제』, 『조선독립운동사』 등이 있다.

자국 이야기가 고대 한국의 민속이나 종교를 반영한 것이라고 생각했다.

군자국 다음으로 우리의 눈길을 끄는 것은 고대에 우리 민족의 활동 무대인 만주 지역에 세워졌던 나라들에 대한 이야기이다.

북쪽의 먼 변방에는 숙신국肅慎國이라는 나라가 있는데 여기에는 웅상雄常이라는 기이한 나무가 있었다고 한다. 웅상나무에 대해 고대 중국의 학자 곽박은 다음과 같이 풀이하고 있다. 변방의 이 나무는 신통하게도 먼 중국 땅에서 성인이 출현하여 황제로 즉위하면 천과 같은 껍질이 솟아나와 평소 옷도 없이 지내던 숙신국 사람

산신도
산신령 곁에는 항상 호랑이가 있는 것이 특징이다. 호랑이는 산신령의 사자이기 때문이다.

들이 이때에야 비로소 그것으로 옷을 해 입을 수 있었다고 한다. 중국 황제의 덕이 얼마나 위대한지 이 나무가 입증했던 셈이다. 그러나 이 신화에는 이미 중국 중심의 이데올로기가 스며들어 있음을 알 수 있다. 중국에서 성인이 출현하는데 왜 엉뚱한 다른 민족이 그때만 하필이면 옷을 해 입을 수 있단 말인가. 참으로 아니꼬운 이야기가 아닐 수 없다.

과거 숙신국의 영역으로 추정되는 송화강松花江 하류 지역에는 지금도 혁철족[3]이라는 소수민족이 살고 있는데 이 지역에는 자작나무가 많아서 옷, 그릇, 배 등 거의 모든 생활 도구를 자작나무 껍질로 만들어 사용하고 있다. 자작나무 껍질은 요즘 인기 있는 자일리톨 껌의 원료이

---

3. **혁철족赫哲族** 송화강 하류에 사는 소수민족. 자작나무 껍질로 도구를 만들어 쓰며 근래까지 원시적인 수렵, 어로 생활을 해왔다. 고대의 숙신, 읍루 같은 민족의 후예일 것으로 추정된다.

개 썰매를 타고 있는 혁철족 사람들
고대 숙신국 사람들의 후예로 추정된다. 『황청직공도皇淸職貢圖』에서.

기도 하다. 숙신국의 웅상나무 신화는 아마 이 지역의 고대 자작나무 문화를 반영하고 있는 것인지도 모른다. 곽박은 자작나무 껍질로 옷을 해 입는 이 지역의 풍습을 자기 멋대로 해석해버림으로써 주변을 지배하려는 중화주의의 욕망을 드러내고 있다. 즉 곽박은 그러한 얼토당토않은 이야기를 통해서 먼 변방의 숙신국이 오래 전부터 중국에 속해 있던 나라라는 주장을 하려 했던 것이다.[4]

숙신국 부근에는 불함산不咸山이라는 높은 산이 있고 이 산에는 날개가 넷 달린 비질蜚蛭과 짐승의 머리에 뱀의 몸을 한 금충琴蟲이라는 이상한 동물들이 살 았다. 불함산은 곧 백두산이다. 그러나 비질과 금충이라는 동물들의 정체에 대해서는 지금 알 길이 없다. 최근에도 가끔 백두산 천지 근처에 이상한 동물이 나타난다고 하는 소문이 중국측으로부터 흘러나오곤 한다. 백두산은 여전히 우리에게 신비한 미지의 산으로 남아 있다.

북쪽의 먼 변방에 숙신국과 가까이 있는 나라로 호불여국胡不與國이 있다. 이 나라 사람들은 염제炎帝의 먼 후예로 기장을 먹고 살았다고 한다. 정인보[5], 최남선 등의 학자들은 이 나라가 부여夫餘일 것으로 추정한 바 있다. '불여' 와 '부여' 의 발음이 비슷하기 때문이다. 아닌 게 아니라 부여를 계승한 고구려의 고분 벽화에는 사람의 몸에 소의 머리를 한 염

---

4. 숙신국 『산해경』내의 숙신국을 비롯한 고대 한국 관련 주석에서의 중화주의에 대한 상세한 검토 및 비판은 필자의 글 「산해경 다시 읽기의 전략」, 『동양적인 것의 슬픔』(서울 : 살림출판사, 1996)을 참고하시오.
5. 정인보鄭寅普(1892~?) 근현대의 문인, 국학자. 호는 위당爲堂, 담원薝園 등. 한학에 정통하였고 고대 한국의 문화에 대해 깊고 넓은 연구를 하였으며 저서로 『조선사연구』, 『양명학연론陽明學演論』 등이 있다.

제가 그려져 있기도 하다.

『산해경』「해내경海內經」에
는 이들 나라 이외에 확실히
고대 한국을 지칭하는 '조선
朝鮮'에 대한 언급이 있다. 다
음과 같은 내용이 그것이다.

시베리아의 자작나무 숲
북방 민족에게 자작나무는 생활 자원일 뿐만 아니라 숭배의 대상이기도 하다.

동해의 안쪽, 북해의 모
퉁이에 조선이라는 나
라가 있다. 하늘이 그 나라 사람들을 길러냈는데 그들은 물가에 살
며 남을 아끼고 사랑한다.

이 글은 아마 고조선에 대한 가장 오래된 기록일 것이다. 고대 중국
인의 눈에 비친 우리 한국인은 마음이 어질고 양보심이 많을 뿐 아니라
서로 아끼고 사랑하며 살아가는 민족이었던 것이다. 우리는 지금 과연
그러한가? 오늘날 우리의 조급하고 다투기 좋아하는 성품을 생각하면
부끄럽기 짝이 없다. 우리는 어쩌다가 이 지경에 이르렀을까? 그러나
신화에서 표현된 원형은 그렇지 않으니 희망을 갖고 본래의 마음을 회
복하도록 노력해야 하겠다.

중화주의, 정상과 비정상의 잣대

이제까지 우리는 중국 신화에 표현된, 중국의 변방에 사는 이상한 인
종들에 대해 살펴보았다. 신화에서는 그들 하나하나를 모두 독립된 나
라로 말하고 있지만 사실 씨족이나 부족 단위의 크고 작은 부락을 의미
할 것이다.

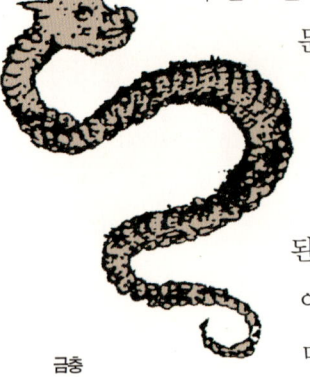

금충
고대에 백두산에서 살았을지도 모르는 짐승이다. 청淸 왕불의 『산해경존』에서.

우선 그들 대부분의 비정상적인 체형이나 기이한 행태는 문명국을 자부하는 중국의 시각에서 그려진, 주변부 종족에 대한 희화戱畵라는 점을 염두에 두어야 한다. 기호학자 움베르토 에코[5]는 서구인의 여행기나 박물지, 백과사전 등에 묘사된 기괴한 이방인들은 실제로 그런 사람들이 있어서가 아니라 정상적인 서구인을 위해 주변에 마땅히 존재해야 할 비정상적인 인종으로서 상상된 것일 뿐이라고 말한 바 있다.

우리는 중국의 전통적인 중화주의가 주변을 타자화하는 과정에서 그러한 심리가 작동되었을 것으로 생각한다. 주변부 인종에 대한 폄하는 그들 기형적인 존재의 선조가 대개 중국 중심부에서 추방된 사람, 반역자, 죄인 등으로 설정되어 있는 점에서도 드러난다. 사실 진정한 신화의 세계에서는 인간과 짐승, 정상인과 비정상인의 차별이 없다. 그곳은 모두가 조화롭게 공존하는 세계이다.

그러나 이 조화로운 신화의 세계도 지배 이데올로기가 침투하면 중심과 주변이 갈등하는 장소로 변모한다. 우리는 이들 기형적 존재들을 별쭝난 인종으로 간주할 것이 아니라 인간 삶의 다양한 모습으로 긍정하는 포용적인 관점을 지녀야 한다.

한편 종족적 편견이 개입되어 있음에도 불구하고 중국 신화에서의 수많은 변방 인종들에 대한 묘사는 우리로 하여금 상상력의 자유로움과 기발함을 만끽하게 한다. 정말 인간의 상상은 어디까지 가능할까? 중국의 먼 변방에 관한 신화는 이 물음에 충실히 답변해준다.

---

6. **움베르토 에코**Umberto Eco(1932~) 이탈리아의 작가, 학자. 기호학, 철학, 역사학, 미학 등 다방면에서 많은 업적을 내고 있을 뿐만 아니라 작가로서도 명성이 높다. 저서로는 『기호학 이론』, 소설로는 『장미의 이름』 등이 있다.

불사민 120×110cm 캔버스 · 아크릴 물감 2002, 서용선

신기하고 별난 사물들의 세계

12

새, 고대인의 특효약이거나
길흉화복을 암시하거나

[신기하고 별난 사물들의 세계 1]

다채로운 환상 속의 새

구미호가 둔갑해서 은나라를 멸망시킨 달기가 되었다는 이야기처럼 고대 신화의 세계 속에는 선과 악 어느 한쪽에 속하는 기이한 동물들이 자주 등장한다. 신출귀몰하는 용이라든가, 상서로운 새인 봉황처럼 인간이 상상해낸 괴상한 동물들은 신화 속에 등장해 인간의 삶에 중요한 영향을 미치는 단골 메뉴이다.

그럼, 도대체 사람들은 어째서 이렇게 많은 괴상한 사물들이 세상에 존재한다고 생각한 것일까? 아마도 이것은 기후나 풍토의 차이에 따라 지역마다 다른 낯선 사물들이 서식한다는 사실을 일찍부터 깨달은 결과일 것이다. 또 자연계의 사물에 어떤 신성한 능력이나 특별한 재주가 있다는 생각은 인간이 자연에 대해 품고 있는 두려움 때문이기도 하고

갖가지 새들의 모습. 오대五代 황전黃筌의 〈사생진금도寫生珍禽圖〉.

다른 한편으로는 모든 사물에 혼이 깃들어 있다는 물활론[1]적인 사고의 결과이기도 하다.

먼 지역의 기이한 인종들과 더불어 이처럼 신화의 환상적인 세계를 더욱 다채롭게 해주는 것은 중국과 그 주변의 모든 지역에 존재했다고 상상되었던 괴상한 사물들이다. 이 괴상한 사물들은 원시 인류가 대자연 속에서 살아가면서 함께 호흡하고 밀접한 관계를 맺었던 동물, 식물, 광물 등의 다양한 모습이다. 원시 인류는 사물을 밖에서 관찰하는 객관적인 입장이 아니라 사물과 동등한 입장에서 자연 속의 일부가 되어 살았다. 이처럼 과학적인 시선이 아니라 주관적인 감정에 의해서 파

---

1. **물활론物活論** 만물에는 혼이 깃들어 있어 생명체와 다름없다는 생각. 탈레스, 아낙시메네스, 헤라클레이토스 등 고대 그리스의 자연철학자들에 의해 주장되었다. 탈레스는 "만물은 신들로 가득 차 있다."라고 언급한 바 있다.

악된 자연은 언제나 인간과 교감하고 영향을 미칠 수 있는 살아 있는 존재로 다가온다.

원시 인류의 이러한 삶의 원리를 철학자 레비브륄은 '참여의 법칙'[2] 이라고 불렀다. 괴상한 사물들이란 원시 인류 특유의 감성적인 눈에 의해 파악된 자연의 다양한 모습들이다. 감성적인 눈이란 무엇인가? 그것은 풀과 나무와 느낌을 교환하고 동물과 대화를 나눌 수 있었던 원시 인류의 독특한 인식 능력을 의미한다. 즉 그들은 자연계의 모든 사물과 마음으로 대화를 나눔으로써 특유한 상상세계를 만들었던 것이다.

그렇다면 중국 신화에 등장하는 괴상한 사물들의 세계는 어떠할까? 우리는 편의상 그 세계를 네 가지 범주로 나눠볼 수 있다. 그 범주들이란 먼저 인간에게 이로운 것과 해로운 것 그리고 그러한 이해 관계를 초월한 '신성한 것', 마지막으로 앞서의 어떤 범주에도 속하지 않는 그냥 그 자신의 특성만으로 존재하는 것 등이다.

이제 원시 인류의 눈에 비친 동물 중에서 날짐승인 괴상한 조류의 세계에 대해 알아보기로 하자. 먼저 이로움을 주는 측면에서 살펴보면 현실적으로 조류는 인간의 질병을 치료하는 기능을 많이 지니고 있는 짐승으로 생각되었다. 가령 북쪽의 북효산北囂山이라는 곳에는 생김새가 까마귀 같고 사람의 얼굴을 한 빈모鴖鴀리는 새가 있는데 이 새는 밤에는 날아다니고 낮이면 숨어 있었다. 아마 박쥐 종류의 새가 아닌가 싶

반모
더위 먹은 것을 낫게 하는 새. 청淸 필원畢沅의 『산해경山海經』에서.

---

2. **참여의 법칙**The Law of Participation 프랑스의 철학자 레비브륄Lévy-Bruhl의 용어이다. 원시 인류는 자연과 분리되지 않고 식물, 동물 등 모든 사물과 일체감을 느끼며 상호 교감하는 현실 속에 있었다는 이론. 철학자 카시러는 이러한 상태의 정서를 '생명의 연대성The Solidarity of Life'이라고 부른 바 있다. 원시 시대에 인류는 결코 자연의 밖에서 관찰하는 주체적인 입장에 있지 않고 스스로를 자연의 일부로서 느끼며 그 속에 몰입되어 있었던 것으로 여겨진다. 신화에서 해·달·별 등의 의인화, 인간과 동물의 복합적인 형상, 식물·동물·광물로의 변형 혹은 동일시 등의 현상은 모두 이러한 관념에 기반을 두고 있다.

다. 이 새를 잡아먹으면 더위 먹은 것을 낫게 할 수 있었다.

다시 이 근처의 양거산梁渠山에는 날개가 넷이고 외눈에 개꼬리를 했으며 까치 울음소리를 내는 효䲫라는 새가 있는데 이것을 잡아먹으면 복통을 낫게 하고 설사를 멈추게 할 수 있었다.

서쪽 익망산翼望山의 기여鵸鵌라는 새도 신통한 약효가 있었다. 이 새는 생김새가 까마귀 같은데 세 개의 머리와

효
복통을 낫게 하는 새. 청清 필원의 『산해경』에서.

여섯 개의 꼬리를 가졌고 잘 웃었다고 한다. 잘 웃었다니? 새가 어떻게 웃었는지 정말 궁금할 따름이다. 이러한 언급에서도 우리는 고대인들이 새를 인간과 동일시하고 있음을 알 수 있다. 고대인들은 새도 인간처럼 울고 웃을 권리가 있다고 느꼈던 것이리라. 이 잘 웃는 새의 깃털을 차고 있으면 밤에 잘 때 가위에 눌리지 않았다고 한다. 그럴 것이다. 명랑한 새의 기운 때문에 기분 좋은 잠을 잘 수 있었을 것이다.

역시 서쪽인 고도산皐塗山에는 생김새는 솔개 같고 사람과 같은 다리를 가진 수사数斯라는 새가 있는데 이것을 잡아먹으면 목에 생긴 혹을 낫게 할 수 있었다.

기여
가위에 눌리지 않게 하는 새. 일본의 『괴기조수도권』에서.

수사
목에 난 혹을 낫게 하는 새. 일본의 『괴기조수도권』에서.

당호
눈을 깜빡거리지 않게 하는 새. 명明 장응호의 『산해경회도』에서.

이 밖에도 여러 기이한 모습을 한 새들이 중풍, 부인병, 눈병, 치질 등을 치료하는 약효를 지니고 있는 것으로 상상되었다. 이러한 이야기들을 통하여 알 수 있는 또 한 가지 사실은 고대인들도 질병에 대해 상당히 세밀한 인식을 지녔다는 점이다.

가령 북쪽 상신산上申山에 사는 당호䆩䳜라는 새는 생김새가 꿩 같고 묘하게도 턱 밑의 수염 털로 날아다니는데 이 새를 잡아먹으면 눈을 자주 깜빡거리는 습관을 고칠 수 있었다고 하니 당시 사람들은 요즘 사람에게서도 많이 볼 수 있는 '틱Tic 장해(눈을 자주 깜박거리는 증세)'와 같은 신경성의 증세에까지도 주목을 한 것이다.

또 조류는 질병 치료 이외에도 인간에게 좋지 않은 일들을 방비하거나 제기해주는 유익한 기능을 지니고 있는 것으로 상상되었다. 가령 남쪽의 청구산靑丘山에는 생김새가 비둘기 같고 마치 누구를 꾸짖는 것 같은 소리를 내는 관관灌灌이라는 새가 사는데 이 새의 깃털을 차고 있으면 이상한 것에 홀리지 않았다. 꾸짖는 것 같은 소리에 금방 정신을 차리게 된다고 생각했던 것일까? 아무튼 그렇다고 한다.

관관
홀리지 않게 하는 새. 청淸 『고금도서집성』 「금충전」에서.

서쪽 소화산小華山의 붉은 털빛을 한 꿩과 부우산符禺山의 물총새 같은데 부리가 붉은 민鴖이라는 새는 잡아다가 집에서 잘 기르고 있으면 화재를 예방할 수 있었다. 사람들은 붉은빛이 오히려 불을 막을 수 있다고 생각했던 모양이다.

민
화재를 예방하게 하는 새. 명明 장응호의 『산해경회도』에서.

역시 서쪽인 유차산㺄次山에 있는 탁비橐蜚라는 새는 올빼미 같은 생김새에 사람의 얼굴과 외다리를 했는데 겨울에는 돌아다니지만 여름에는 숨어 살았다. 아마 이것은 여름잠에 대한 표현일 것이다. 이 새의 깃털을 차고 다니면 천둥이 쳐도 두려움을 느끼지 않았다고 한다. 왜인지 이유는 모른다.

사람을 살리거나 사람을 잡아먹거나

사랑하는 연인들이 꼭 잡아먹어야 할 새도 있었다. 북쪽 헌원산軒轅山에 사는 황조黃鳥라는 새는 올빼미같이 생겼고 머리는 흰빛인데 제 이름 소리를 내며 울고 다녔다. 이 새를 잡아먹으면 불같은 질투심이 돌연 사라졌다. 황조는 오늘날 꾀꼬리라고 부르는 새이다. 그러나 모습에는 차이가 있다. 꾀꼬리는 노란 털빛에 결코 올빼미같이 생기지 않았기 때문이다. 왜 이런 차이가 생겼는지 이유는 알 수 없다.

황조에 얽힌 이야기는 우리나라에도 전해 내려온다. 고구려 유리왕琉璃王이 지었다는 「황조가黃鳥歌」의 배경 설화가 바로 그것이다. 유리왕에게는 귀족 출신의 화희

탁비
천둥을 두려워하지 않게 하는 새. 명明 호문환의 『산해경도』에서.

禾姬와 중국 상인의 딸인 치희 雉姬라는 두 후궁이 있었는데 둘은 임금의 사랑을 놓고 서로 자주 다투었다. 어느 날인 가 화희가 치희의 신분이 미 천하다고 깔보는 말을 하였 다. 화희의 이런 텃세에 치희 는 너무나 화가 나서 그만 친 정으로 돌아가버렸다. 나중에

황조
꾀꼬리라고도 하며 질투심을 없애주는 새이다. 남송南宋 시대 작자 미상의 〈유지황조도榴枝黃鳥圖〉.

이 사실을 안 왕이 급히 그녀를 쫓아가 달랬으나 이미 마음이 싸늘해진 그녀는 왕의 말을 듣지 않았다.

낙심하여 혼자 돌아오는 길에 왕이 두 마리의 황조가 나뭇가지 위에 서 정답게 노니는 것을 보고는 마음이 아파 노래를 지어 불렀다는데 그 노래가 「황조가」이다.

펄펄 나는 저 황조여, 암수 서로 정답구나.
오, 외로운 이 내 몸은, 뉘와 함께 돌아갈꼬.

질투 때문에 달아난 사랑스러운 후궁을 그리워하는 유리 왕의 마음속에는 잡아먹으면 질투하지 않게 된다는 신화 직 새인 황조에 대한 갈망이 담겨 있었는지도 모 른다.

중원의 휘제산輝諸山에 사는 할조鶡鳥라는 새는 색다른 방식으로 인간에게 도움을 주었다. 이 새 는 꿩 같은데 몸집이 더 크고 온몸이 푸른빛을 띠었으며 털이 난 뿔이 있었다. 이 새는 한번 싸우 면 죽어서야 그만둘 정도로 용맹하였다. 그래서

할조
투지를 북돋워주는 새. 청淸『고금도서집성』 「금충전」에서.

싸움터에 나가는 군인들은 이 새의 깃털을 투구에 꽂아 투지를 북돋웠다고 한다.

그러나 조류는 이처럼 인간에게 유익한 존재로만 상상되지는 않았다. 흉하고 불길한 일을 유발하거나 그 징조가 되는 흉조凶鳥도 적지 않았다.

가령 남쪽의 거산柜山에는 주鴸라는 새가 살았는데 이 새는 올빼미처럼 생겼고 사람과 같은 손을 갖고 있었다. 이 새는 마치 암메추리와 같은 울음

주
귀양살이를 예고하는 새. 청淸 오임신의 『증보 회상산해경광주』에서.

소리로 제 이름을 불러댔다. 그런데 이 새가 나타나면 그 고을에는 귀양을 가는 선비들이 많아졌다.

평론가 고 김현[3]은 그의 저서 『분석과 해석』의 부제를 "주鴸와 비蜚의 세계에서"라고 이름 붙였다. 비는 그것이 지나간 곳이 모두 말라버린다는 불길한 짐승이다. 군사 독재 시절에 나온 그의 평론집은 많은 사람들이 죄 없이 끌려가고 인권이 유린됐던 그 암울한 시절을 불길한 동물인 주와 비가 활개를 치는 시대로 표현했던 것이다.

거산 근처인 영구산令丘山에 사는 옹顒이라는 새 역시 올빼미같이 생겼는데 사람의 얼굴을 하고 네 개의 눈에 귀까지 달려 있는 요상한 모습이었다. 이 새가 나타나면 온 세상에 가뭄이 들었다.

서쪽 녹대산鹿臺山에 사는 부혜鳧徯라는 새도 큰일을 낼 새였다. 이 새는 수탉같이 생긴데다 사람의 얼굴을 하고 있는데 한번 모습을 나타냈다 하면 꼭 전쟁이 일어났으니 말이다. 고대인들은 닭싸움, 곧 투계鬪鷄

3. 김현(1942~1990) 본명은 김광남. 불문학자, 문학평론가. 서구의 문학이론을 국내에 소개, 적용하고 한국 현대문학의 비평과 이론을 정립하는 데에 큰 영향을 미쳤다. 저서로는 『분석과 해석』, 『젊은 시인들의 상상세계』, 『말들의 풍경』 등이 있다.

를 무척 즐겼다. 싸움닭으로서의 수탉의 이미지 때문일까? 수탉같이 생긴 새가 전쟁을 암시하거나 예언하는 징조로 생각되었던 것은 투계의 전통과 관련이 있는지도 모를 일이다.

서쪽 장아산章莪山의 필방畢方이라는 새도 경계해야만 했다. 이 새는 학같이 생기고 외다리에 붉은 무늬, 푸른 몸 바탕에 흰 부리를 하였는데 나타났다 하면 그 고을에 원인 모를 불이 일어나기 때문이었다. 사람들은 앞서의 붉은 털빛을 한 꿩 및 부리가 붉은 새인 민이불을 예방했던 것과는 달리 이번에는 필방의 붉은 무늬가 불을 유발한다고 생각했던 모양이다. 왜 똑같은 붉은색이 이렇게 정반대의 결과를 가져오는지에 대해서는 알 수 없다.

옹
가뭄을 예고하는 새. 명明 호문환의 『산해경도』에서.

재앙 중에는 물난리, 곧 홍수가 빠질 수 없다. 역시 서쪽인 숭오산崇吾山에 사는 만만蠻蠻이라고 하는 새는 물오리같이 생겼는데 날개와 눈이 하나뿐이어서 다른 한 놈과 몸을 합쳐야만 날아갈 수 있었다. 그런데 이 새가 나타나면 온 세상이 물바다가 되었다. 두 마리의 물오리 같은 모습이 물의 과잉을 상징했던 것일까?

부혜
전쟁을 예고하는 새. 일본의 『괴기조수도권』에서.

만만은 비익조比翼鳥라고도 부르며 이 새의 이미지는 후세에는 좋게 바뀐다. 즉 이 새는 두 마리가 꼭 붙어 있어야 날아갈 수 있기 때문에

필방
화재를 예고하는 새. 일본의 『괴기조수도권』에서.

만만
물난리를 예고하는 새이자 넘치는 애정의 상징. 일본의 『괴기조수도권』에서.

후세의 문학 작품에서 변치 않는 남녀간의 사랑을 표현할 때에 빈번히 인용되었다.

당나라 때의 시인 백거이[4]는 「장한가」[5]라는 시에서 양귀비[6]와 현종[7] 황제 간의 사랑을 이렇게 노래한다.

칠월칠석날 장생전에서,
한밤중에 둘이 몰래 약속했지.
바라건대 하늘에서는 비익조가 되고,
땅에서는 연리지가 되자고.

장생전長生殿은 둘이 머물러 사랑을 속삭였던 궁전이고 연리지連理枝

4. **백거이**白居易(772~846) 당唐나라의 시인, 정치가. 호는 낙천樂天. 정치를 개혁하려 노력했고 백성들의 고통을 반영하는 시를 쓸 것을 주장했다. 만년에는 불교와 도교 사상에 심취하였다. 작품으로는 『신악부新樂府』, 「장한가長恨歌」 등이 전한다.
5. **「장한가**長恨歌」 백거이의 시. 현종과 양귀비의 연애, 양귀비의 죽음 이후 현종이 그리워하는 심정 등을 읊었다.

혹은 연리수連理樹는 두 개의 서로 다른 나무인데 양쪽에서 나온 가지가 한 몸처럼 얽힌 모습의 나무로 역시 헤어질 수 없는 열렬한 사랑의 상징이다.

양귀비와 현종 두 연인은 견우와 직녀가 1년에 단 한 번 만난다는 칠월칠석날 밤에 이처럼 결코 떨어지지 않는 사이가 되고자 맹세했다는 것이다.

다시 동쪽의 진산碇山에도 결구鴂鉤라는 불길한 새가 살고 있었다. 이 새는 물오리같이 생겼고 쥐의 꼬리가 있으

양귀비
온천에서 목욕을 끝내고 나오는 양귀비. 양귀비는 풍만한 육체 미인의 전형이다. 청淸 강도康濤의 〈화청출욕도華淸出浴圖〉.

며 나무를 잘 탔는데 나타나게 되면 그 나라에는 돌림병이 자주 일어났다.

서쪽의 내산萊山으로 여행하는 나그네는 반드시 몸조심을 해야 했다. 이 산에 사는 라라羅羅라고 하는 새가 사람을 잡아먹기 때문이다. 그러나 이 새가 어떤 모습인지 관련된 정보는 없었다. 아마 이름으로 보아 '라라' 라는 소리를 내는 새일 것으로 짐작될 뿐이다.

전쟁, 가뭄, 물난리, 돌림병, 식인 등 지금까지 열거한 온갖 재앙보다 더 끔찍한 일을 유발하는 악조惡鳥는 어떤 새일까? 서쪽 바다 바깥에는

---

6. 양귀비楊貴妃 당나라 때의 이름난 미인. 현종玄宗의 사랑을 받아 마음껏 권세를 부리고 부귀영화를 누렸으나 안녹산安祿山이 반란을 일으키자 현종의 피란길에 나라를 망친 주범으로 지목되어 처형되었다.
7. 현종玄宗(재위 712~756) 당나라의 황제. 처음에는 정치를 잘하였으나 양귀비와의 향락에 빠져 정치를 돌보지 않았다. 안녹산의 반란이 일어나 촉 땅으로 피신하고 황제의 자리를 아들에게 물려주었다. 반란이 평정된 후 궁궐로 돌아와 쓸쓸한 만년을 보냈다.

연리수
잎이 무성한 두 개의 큰 가지가 하나로 얽혀 있다. 왼쪽의 연리수 아래에서 선인이 봉황새에게 열매를 먹이고 있다. 산동성 임기臨沂의 한나라 화상석에서.

결구
돌림병을 예고하는 새. 일본의 『괴기조수도권』에서.

올빼미 같은 생김새에 사람의 얼굴을 한 차조鴢鳥와 첨조鶹鳥라는 새가 살고 있는데 불행히도 이 새들이 한번 지나간 나라는 그냥 망해버리고 말았다 하니 엄청 무서운 새들이 아닐 수 없다. 서쪽 먼 변방의 현단산玄丹山이라는 곳에도 이와 비슷한 새들이 있었다. 청문靑鴍과 황오黃鷔라고 부르는 이 새들은 오색 빛깔이고 사람의 얼굴에 머리털까지 나 있는데 어느 나라든지 이 새들이 모여들기만 하면 꼭 망하였다.

그런데 지금까지 말한 여러 종류의 흉조들을 보면 대부분 사람의 얼굴을 지녔다는 공통점이 있다. 그리스 로마 신화에서도 사람의 얼굴을 한 새, 곧 인면조人面

鳥가 출현하는데 그들의 이미지도 좋은 편은 아니다. 나그네에게 수수께끼를 내어 풀지 못하면 죽여버리는 스핑크스, 아름다운 노랫소리로 뱃사람을 홀려 물에 빠져 죽게 하는 세이렌 등이 그것이다.

그러나 동양의 경우 인면조의 이러한 흉조의 이미지는 후세에 가서 반대로 사악한 것을 물리치는 길조吉鳥의 그것으로 바뀌기도 한다. 고구려 덕흥리德興里 고분 벽화에는 만세萬歲라는 이름의 인면조가 출현하는데 이 새의 역할은 무덤의 나쁜 기운을 쫓아내고 죽은 자를 영원한 안식의 세계로 인도하는 데에 있었다.

사람의 얼굴에 새의 몸을 한 스핑크스
오이디푸스가 스핑크스가 낸 수수께끼에 대답하고 있다. 귀스타브 모로의 〈오이디푸스와 스핑크스〉.

모든 복을 갖춘 길조, 봉황

다음으로 살펴볼 것은 인간에 대한 이해 관계를 초월한 신성한 새이다. 조류 중에서 가장 신성시 되어 온 것은 봉황鳳凰이다. 엄밀히 말하면 봉황새 무리의 수컷을 봉이라 하고 암

만세
죽은 자를 영원한 안식의 세계로 인도하는 새. 고구려 덕흥리德興里 고분 벽화에서.

컷을 황이라 한다. 봉황의 고향은 어디인가? 그곳은 중국의 남쪽 혹은 동쪽에 있다는 단혈산丹穴山이라는 곳으로 상상되었다. 『산해경』에 의하면 단혈산은 금과 옥이 풍부하게 나는 산으로 단수丹水라는 강이 흘

봉황
새 중의 왕으로 태평성대에 나타난다. 섬서성 서안西安 비림碑
林의 당나라 대지선사비大智禪師碑 측면 그림.

난조
봉황의 일종. 일본의 『괴기조수도권』에서.

러나와 남쪽으로 발해渤海에 흘러든다고 했으니 혹시 우리 민족과 관
련된 땅이었는지도 모르겠다. 발해의 북쪽이면 요녕遼寧 지역으로 고
조선의 영역이었기 때문이다.

　이곳에 사는 봉황은 학 같은 생김새에 오색 빛깔을 한 아름다운 새였
는데 재미있는 것은 머리의 무늬는 '덕德', 날개의 무늬는 '의義', 등의
무늬는 '예禮', 가슴의 무늬는 '인仁', 배의 무늬는 '신信'이라는 글자
와 비슷하였다고 한다. 다시 말해서 봉황은 덕성과 정의로움, 예의바
름, 인자함, 믿음성 등의 바람직한 성품들을 모두 갖춘 새였던 것이다.

　봉황에 대한 이러한 미화된 인식은 아마 후세에 유학자들에 의해 덧
붙여진 것이 아닌가 한다. 그러한 성품들은 주로 유교에서 추구하는 가
치들이기 때문이다. 어쨌든 봉황은 완벽한 새였던 것 같다. 이 새는 흥
이 나면 저 혼자 노래하고 춤추곤 했는데 이 새가 나타나면 천하가 태
평해졌다고 한다. 또는 꼭 태평성대에 출현해서 훌륭한 임금이 다스리
고 있는 시대라는 것을 입증했다고도 한다.

봉황과 비슷한 상서로운 새로 서쪽 여상산女牀山에 사는 난조鸞鳥도 있다. 이 새는 꿩 같으며 오색 무늬가 있는데 이 새 역시 나타나면 천하가 편안해졌다고 한다. 이렇게 보면 이 신성한 새들도 결국 인간에게 유익한 길조인 셈이다.

마지막으로 앞서의 세 가지 부류에 속하지 않는 자기만의 특징을 지닌 새에 대해 알아보자. 북쪽의 발구산發鳩山이라는 곳에는 까마귀같이 생기고 부리가 희며 발이 붉은 정위精衛라는 새가 살았는데, 이 새에게는 슬픈 사연이 있었다.

옛날 어질기로 이름난 농업의 신 염제의 막내딸 여와女娃(이 여와는 창조의 여신 여와와는 한자가 다르다)가 동해 바다로 물놀이를 갔다. 바닷가에서 모래 장난에 싫증이 난 그녀는 고운 물빛에 반해 한 발 한 발 물속에 발을 내디뎠다. 그녀가 싱그러운 물 내음에 취해 있는 순간 갑자기 심술궂은 파도가 그녀를 덮쳐 깊은 물속으로 끌고 갔다. 그녀는 물 밖으로 나오려 애썼지만 소용이 없었다. 허우적대던 그녀가 체념한 듯 축 늘어진 순간 그녀의 가녀린 몸이 홀연 한 마리 작은 새로 변하여 날아올랐다.

이 새는 "정위! 정위!" 하고 울어댔기에 사람들은 정위새라고 불렀다. 그런데 정위새는 다른 새들과 하는 짓이 달랐다. 이 새는 바다 반대편 서쪽의 산으로 날아가서 작은 돌과 나뭇조각 같은 것을 물어다가 동해 바다에 던져 넣는 일을 하루에도 수없이 되풀이하였다. 염제의 어린 딸의 화신인 이 새는 자신을 죽음에 이르게 한 동해 바다를 메워 한을 풀려는 것일까?

상상해보라. 작은 새가 바다를 메우기 위해 끊임없이 돌과 나뭇조각을 물어다 던지는 그 가망 없고 애절한 날갯짓을. 그러나 신화가 이야기하고자 하는 것은 정위새가 불가능하고 쓸데없는 일을 한다는 사실이 아니다. 신화는 오히려 인간 의지의 무한한 가능성에 대해 말하고 있는 것이다. 즉 신화의 세계에서 염제의 막내딸 여와는 결코 죽은 것이 아니다. 그녀의 동해 바다를 건너겠다는 의지는 정위새라는 변형된 몸을 통하여 끊임없이 실천되고 있는 것이다.

오늘의 시인 황지우[8]는 근작 「산경山經」에서 정위새의 오래된 이미지를 이렇게 훌륭하게 되살려낸다.

다시 서쪽으로 5백리 가면 장길산張吉山이라는 곳이 나온다. …… 이곳의 어떤 새는 몸 빛깔이 상복을 입은 듯 희고, 부리와 발이 붉기가 불꽃 같다. 이름은 설희雪羲라 한다. 한 어머니가 있었는데, 어린 아들이 임진수臨津水를 건너다 물에 빠져 돌아오지 못했다. 45년을 기다리다가 어머니도 죽고, 그녀가 설희가 되어 예나 지금이나 장길산의 나무와 돌을 물어다가 임진수를 메우는 것이다.

정위새는 현대 한국의 시에서 분단의 비극의 화신인 설희새가 되어 다시 나타난다. 이 새는 그 옛날 정위새가 동해 바다를 메우려 했듯이 남과 북 사이를 흐르는 임진수(강)를 메우기 위해 나무와 돌을 물어 나른다. 우리는 고대 동양의 한 신화적 새의 슬픈 이미지가 이처럼 시공을 초월하여 오늘의 생생한 비극을 절실히 형상화하고 있음에 놀라게 된다. 동양 신화의 힘은 이렇게 우리에게 다가온다.

8. 황지우黃芝雨(1952~) 시인. 한국예술종합학교 연극원 교수. 1980년 「대답없는 날들을 위하여」로 『문학과 지성』을 통해 등단한 이후 형식면에서는 모더니즘, 해체시, 관념상으로는 비관론, 낭만주의 등의 다양한 유형에 의해 주목받아왔다. 제4시집 『게눈 속의 연꽃』(1990)에서는 다분히 동양적 사유에 의한 길찾기를 시도함으로써 역동적인 시 정신의 궤적을 보여주고 있다. 시 「산경」은 동양 신화의 고전 『산해경』에 대한 패러디로 『게눈 속의 연꽃』에 수록되어 있다. 시집으로는 이외에도 『새들도 세상을 뜨는구나』(1983), 『겨울-나무로부터 봄-나무에로』(1985), 『나는 너다』(1987) 등이 있다.

비익조 120×110cm 캔버스 · 아크릴 물감 2002, 서용선

13

아무리 베어 먹어도
다시 자라는 소의 엉덩이 살

[신기하고 별난 사물들의 세계 2]

고대인들의 고통을 덜어준 동물들

원시 인류에게 당시의 자연은 도저히 자신들의 지식과 이해력만으로는 모두 다 알 수 없는 신비한 대상이었다. 일종의 박물지인 『산해경』은 원시 인류가 파악한 사실적인 지식을 전달하기보다는 그들의 눈에 비친 세계 곳곳의 낯선 사물과 지리에 대한 상상을 반영하고 있다고 할 수 있다. 즉 중국 신화에 등장하는 신비로운 사물들은 불가해한 세계에 대한 원시 인류의 이해를 표현한 것으로서 그들이 바라본 사실에 좀더 많은 상상적인 요소가 첨가되어 만들어진 것이다.

그럼, 이번에는 앞에서 살펴본 날짐승들에 이어 원시 인류를 둘러쌌던 괴상한 길짐승들의 세계에 대해 알아보기로 하자.

암양
피부가 튼 것을 낫게 하는 짐승. 명明 호문환의
『산해경도』에서.

농지
가위에 눌리지 않게 하는 짐승. 일본의 『괴기조수도
권』에서.

우선 인간에게 이로움을 주는 측면에서 살펴보면 이 부류로는 역시
날짐승들의 경우처럼 질병을 치료하거나 흉한 일을 막아주는 주술적인
힘을 지닌 것들이 대부분이다.

가령 서쪽의 전래산錢來山이라는 곳에는 생김새가 양 같고 말의 꼬리
가 있는 암양㮇羊이라는 짐승이 있는데 그 기름으로 피부가 튼 것을 낫
게 할 수 있었다. 이 짐승은 사실상 고대 중국의 서쪽 중앙아시아 지역에
존재했던 대월지국¹의 특산인 큰 양을 가리켰던 듯하다. 이런 종류의 이
야기는 비교적 사실에 가까운 내용을 기록한 것이다.

또 서쪽 중원에는 곤오산昆吾山이라는 곳이 있는데, 이 산은 불꽃 같

---

1. **대월지국大月氏國** 기원전 5세기경 중앙아시아의 일리 강 유역에 터키계 민족이 세웠던 나라. 한무제가 흉노
를 치기 위해 장건張騫을 이 나라에 파견하여 동맹을 맺고자 하였으나 실패하였다. 대신 중앙아시아 지역과의
교통이 이로부터 활발해졌다.

영호
미친 병을 낫게 하는 짐승. 청淸 왕불의 『산해경존』에서.

이 붉은 질 좋은 구리가 나서 그것으로 명검을 제작했던 유명한 곳이다. 이곳에는 생김새가 돼지 같은데 뿔이 난 농지轟蚳라는 짐승이 있었다. 농지는 울음소리가 마치 사람이 통곡하는 소리와 흡사했는데 이 짐승을 잡아먹으면 가위에 눌리지 않았다고 한다.

가위에 눌린다는 것은 곧 악몽을 꾸는 것인데 이런 현상은 대부분 불안감이나 욕망의 결핍으로 인한 심리적 부조화 때문에 나타난다. 장자莊子는 일찍이 최고의 완성된 경지에 도달한 인간, 곧 진인眞人은 잠을 자도 꿈을 꾸지 않는다고 말한 바 있다. 이것은 의식과 무의식이 완전히 통합되어 조금도 심리적 갈등이 없는 상태를 의미한다. 그러나 고대인 역시 진인이 아닌 이상 심리적 갈등이 없을 수 없을 것이다.

그렇다면 그 심리적 갈등의 주된 내용은 무엇일까? 놓쳐버린 사냥감에 대한 안타까움이었을까? 아니면 다른 힘센 부족의 위협에 대한 두려움이었을까? 어쨌든 고대인의 불안감은 대부분 죽느냐 사느냐를 좌우하는 긴박한 생존을 위한 활동에서 생긴 긴장과 스트레스로 인한 것이 대부분이었다고 할 수 있다. 이렇게 보면 고대인도 나름대로의 심리적 갈등이 있었고 이런 현상의 극단에는 '미치는 일'도 있었을 것이다.

북쪽의 양산陽山이라는 곳에는 생김새가 소 같으며 꼬리가 붉고 목에

이서
배가 나오지 않게 하는 짐승. 일본의 『괴기조수도권』에서.

구미호
요사스러운 기운을 막아주는 짐승. 일본의 『괴기조수도 권』에서.

난 혹살의 모양이 술을 푸는 국자같이 생긴 짐승이 있었다. 이름을 영호領胡라고 하는데 그 울음소리가 자신의 이름을 부르는 것처럼 들렸다. 이 짐승을 잡아먹으면 '미친 병', 즉 정신병을 낫게 할 수 있었다고 한다.

또 배가 나와 고민하는 사람은 북쪽 단훈산丹熏山의 이서耳鼠라는 짐승을 잡아먹으면 고민을 해결할 수가 있을 것이다. 이 짐승은 쥐같이 생겼는데 토끼 머리에 고라니 몸을 하고 소리는 개 짖는 것 같으며 꼬리로 날아다녔다. 이것을 잡아먹으면 배가 나오지 않을 뿐만 아니라 온갖 독을 물리칠 수도 있었다. 이 짐승이야말로 오늘날 다이어트를 해야 하는 사람들에게는 정말로 먹고 싶은 짐승이 아닐 수 없을 것이다. 그러나 고대인들에게 비만증은 흔한 현상이 아니었다. 따라서 현대인들과 달리 고대인들에게 배가 나오는 증상은 단순한 비만이 아니라 심각한 질병이었다. 즉 배가 나온다는 것은 배에 복수가 차거나 소화기 계통에 질병이 생겼음을 의미한다. 그러므로 여기서의 배가 나오지 않게 된다는 말은 부종浮腫 등에 의해 병적으로 커진 배를 치료하고 낫게 한다는 의미일 것이다.

풍요와 다산의 상징, 구미호

질병 치료 다음으로 흉한 일을 막아주는 길짐승들이 있다. 남쪽의 청구산靑丘山이라는 곳에는 여우같이 생기고 꼬리가 아홉 개 달린 짐승이 있는데 어린애 같은 울음소리를 내고 사람을 잘 잡아먹었다. 그런데 도리어 이것을 잡아먹으면 요사스러운 기운에 빠지지 않았다. 이 짐승이 바로 구미호九尾狐이다.

여성들 사이에서는 요즘에도 누구에게 "구미호 같다"고 말하면 굉장히 불쾌해할 정도로 구미호를 나쁘게 생각하지만 처음부터 그런 것은 아니었다. 사람을 잡아먹는 것만 빼고 원래 구미호의 이미지는 좋은 편이었다. 요사스러운 기운을 막아줄 뿐만 아니라 무엇보다도 아홉 개나 되는 많은 꼬리는 풍요와 다산多産을 상징했으니 말이다.

예를 들면 홍수를 다스리느라 가정을 꾸리지도 못했던 노총각 우禹는 길에서 구미호를 보자 바로 아름다운 처녀 도산씨塗山氏를 만나 결혼하게 된다. 그러나 나중에 사람들은 구미호가 어린애 소리를 내서 사람을 홀려놓고 잡아먹는다는 나쁜 측면으로만 이미지를 떠올렸던 것 같다. 아마 꼬리가 아홉 개나 달렸으니 영리하기로 유명한 여우 중에서도 그야말로 요물에 가까울 것이라는 느낌이 들었기 때문이었을 것이다. 거기다가 사람을 잘 잡아먹는다고 하니 "여우가 간을 빼먹고 사람이 된다"는 식의 소름끼치는 상상이야 얼마든지 가능한 것이 아니겠는가?

명나라 때의 소설 『봉신연의封神演義』에서 은나라의 폭군 주왕紂王이 나라를 망치는 데에 적극 협조한 애첩 달기妲己는 구미호의 화신으로 등장한다. 그녀는 주왕을 홀려 무고한 사람들을 죽게 하고 밤이면 여우로 돌아가 그 시체를 파먹는다.

우리나라 민담에도 구미호가 아들만 있는 집의 막내딸로 변신해서 일가족을 다 잡아먹었다가 도술을 배워 귀가한 한 오빠에게 퇴치된다

캐릭터 나인테일
애니메이션 〈포켓몬〉에서.

는 이야기가 있다.

조선 시대에는 임금의 사랑을 받지 못한 어떤 왕비가 무당의 말을 듣고 여우 꼬리를 잘라 사람을 홀리는 미약媚藥을 만들어 총애를 구하였다는 항간의 속설도 있었다. 어쨌든 이 모든 이야기는 구미호의 신화 이미지에서 비롯된 것이다. 심지어 요즘 아동들에게 인기 있는 애니메이션 〈포켓몬〉[2]의 캐릭터 '나인테일'의 원형도 이 구미호이다.

한편 서쪽의 중곡산中曲山이라는 곳에는 생김새는 말과 같은데 몸빛이 희고 꼬리가 검으며 외뿔에 호랑이의 이빨과 발톱을 한 박駮이라는 짐승이 살고 있었다. 이 짐승은 울음소리가 마치 북소리 같았고 호랑이와 표범을 잡아먹을 정도로 용맹했다. 이 짐승을 기르고 있으면 칼과 창 등 무기에 의한 피해를 입지 않았다고 한다.

잡아먹어야만 효과가 있는 것이 아니라 이처럼 길러서 이로운 짐승들도 여럿 있었다. 평소 근심이 많은 사람은 굴굴㹊㹊이라는 짐승을 기르면 효과를 볼 수 있었다. 중원의 곽산霍山에 사는 이 짐승은 너구리같이 생겼고 흰 꼬리에 말갈기가 있는데 기르면 어느 순간에 근심이 없어졌다고 한다.

박
무기의 피해를 막아주는 짐승. 일본의 『괴기조수도권』에서.

---

2. 〈포켓몬〉 일본에서 1995년 게임으로 먼저 출시된 뒤 만화, 애니메이션, 캐릭터 상품으로 최고의 인기를 모은 작품. 다양한 특성을 가진 150여 개의 캐릭터들이 어린이들의 기호에 맞아 폭발적인 인기를 끌었다.

굴굴
근심이 사라지게 하는 짐승. 명明 장응호의 『산해경회도』에서.

북쪽의 대산帶山이라는 곳에는 말같이 생기고 갈라진 외뿔이 있는 환소矔疏라는 짐승이 있는데 이것을 기르면 화재를 피할 수 있었다.

질투심이 많은 연인에게는 유類라는 짐승을 잡아먹을 것을 권해도 좋을 듯하다. 남쪽의 단원산亶爰山이라는 곳에 사는 이 짐승은 너구리 같이 생겼고 암수가 한 몸인데 이것을 잡아먹으면 신기하게도 질투심이 사라졌다고 한다. 암수가 한 몸이니 특별히 암컷이나 수컷에 대해 흥미를 느낄 필요가 없어서였을까? 어쨌든 질투심에 대한 특효약은 날짐승인 '황조' 뿐만 아니라 길짐승인 '유' 까지 포함해서 결국 두 가지나 되는 셈이다.

흉한 일을 막아주는 차원이 아니라 적극적으로 인간에게 복을 가져다 주는 길짐승들도 있었다. 가령 남쪽이 유양산杻陽山이라는 곳에는 말같이 생기고 흰 머리와 호랑이 무늬에 붉은 꼬리를 한 녹촉鹿蜀이라는 짐승이 있었다. 이 짐승은 재미있게도 울음소리가 마치 노랫소리 같았다. 이 짐승의 가죽이나 털을 차고 다니면 자식이 많이 생겼다고 한다. 아마 노랫소리가 즐거운 일, 경사 날 일을 불러온다고 생각했기 때문은 아니었을까?

그러나 남쪽 바다 바깥의 적산狄山이라는 곳에 사는 소처럼 신기한

환소
화재를 예방하게 하는 짐승. 일본의 『괴기조수도
권』에서.

유
질투심을 없애주는 짐승. 일본의 『괴기조수도
권』에서.

짐승도 없을 것이다. 시육視肉이라는 이 소는 고기를 베어내도 금방 다시 생겨나서 종전과 마찬가지가 되는 신통한 소였다. 한나라 때에 중국인들이 서쪽 멀리에 있는 대월지국에 갔을 때 그 지역에도 이와 비슷한 소가 있었다는 전설이 있다. 그 소는 이름을 일반日反(날마다 돌아온다는 뜻)이라고 하였는데 오늘 고기 서너 근을 베어내도 내일이면 고기가 다

녹촉
자식이 많이 생기게 하는 짐승. 명明 장응호의 『산해경회도』에서.

시 생기고 상처도 나아 있었다고 한다. 시육은 적산뿐만 아니라 유명한 산이나 훌륭한 임금의 무덤이 있는 곳에는 빠지지 않고 살았다. 『산해

경」에는 시육이 살고 있다는 지역이 열 번도 더 나온다.

뭐니뭐니 해도 고대인들의 가장 큰 소망은 풍요로운 수확일 것이다. 그 징조를 고대인들은 동쪽의 흠산欽山이라는 곳에 사는 당강當康이라는 짐승으로부터 읽었다. 이 짐승은 돼지같이 생겼고 어금니가 있는데 나타났다 하면 그해에는 천하에 큰 풍년이 들었다. 돼지가 풍요로움을 상징하는 것은 예나 지금이나 마찬가지였던 모양이다.

현대의 시육 캐릭터
아무리 베어내도 다시 생겨나는 살을 가진 짐승.
동아시테크의 『한국 신화의 원형』에서.

어린애 울음소리로 홀리는 식인 동물

이제, 우리는 흉한 일을 초래하거나 예고하는 불길한 길짐승들에 대해서도 알아보아야 하겠다. 흉한 일 중에서도 사람을 잡아먹는 식인 행위야말로 가장 끔찍한 일이 아닐 수 없을 것이다. 그런데 길짐승 중에는 특히 식인 동물이 많았다. 그것들은 사방 곳곳에 도사리고 있어서 고대인에게는 언제나 심각한 위험 요인이 되었다.

당강
풍년을 예고하는 짐승. 일본의 『괴기조수도권』에서.

위에서 이야기한 구미호도 사람을 잘 잡아먹었지만 식인 동물 중의 압권은 양의 몸에 사람의 얼굴을 하고 눈은 겨드랑이 아래에 붙어 있으며 호랑이 이빨에 사람의 손톱을 한 포효狍鴞라는 짐승이다. 포효는 북쪽 구오산鉤吳山이라는 곳에 산다고 알려져 있다. 이 녀석 역시 구미호와 마찬가지로 가증스럽게도 어린애 울음소리를 내어 사람을 방심하게

포효
탐욕의 화신. 청淸 필원의 『산해경』에서.

하고 홀려서 잡아먹었다. 그런데 성질이 탐욕스럽고 포악하여 사람을 잡아먹고도 만족치 못하면 제 몸까지 물어뜯었다고 하니 그야말로 괴물 중의 괴물이었다. 그 탐욕스러움은 그리스 로마 신화의 에리직톤에 비교할 만하다. 신에 대한 불경죄로 기아饑餓의 여신에게 들씌운 에리직톤은 식욕의 화신이 되어 모든 것을 먹어치우고도 모자라 나중에는 제 몸까지 뜯어 먹었기 때문이다. 그치지 않는 식욕을 제어하지 못해 결국은 자신의 몸을 삼키는 것, 이것이야말로 지나친 탐욕이 스스로를 망침을 보여주는 가장 적절한 비유가 아니고 무엇일까.

사람을 잡아먹는 짐승으로는 뱀을 빼놓을 수 없다. 남쪽 바다 안쪽에는 알록달록한 빛깔의 파사巴蛇라는 큰 뱀이 살고 있는데 이 뱀은 코끼

장우. 물난리를 예고하는 짐승. 청淸 필원의 『산해경』에서.

리를 집어삼키고 3년이 되어야 그 뼈를 내놓을 정도로 거대했다. 그런데 그 뼈는 가슴앓이나 속병에 특효약이었다고 한다. 파사는 하늘에 태양이 열 개나 떠서 온 세상이 난리가 났을 때 동정호洞庭湖 호숫가에 나타났다. 그리하여 가뜩이나 가뭄에 고통받는 백성들을 놀라게 하고 잡아먹는 등 나쁜 짓을 저질렀다가 영웅 예에 의해 처치된다. 대부분의 신화에서는 인류 초창기에 있었던 뱀과의 투쟁을 이야기한다. 가령 그리스 로마

비유
가뭄을 예고하는 짐승. 청淸 학의행의
『산해경전소』에서.

신화에서도 영웅 카드모스는 사람 잡아먹는 큰 뱀을 죽인 후 그 땅에 테베 시를 건설한다.

이 밖에도 갖가지 재앙을 일으키는 길짐승들이 있다. 남쪽의 장우산長右山이라는 곳에 사는 장우長右라는 짐승은 그 모습을 나타내는 순간 큰 물난리가 일어났다. 장우의 생김새는 긴꼬리원숭이같이 생겼는데 귀가 넷이었다.

서쪽의 태화산太華山이라는 곳에 사는, 여섯 개의 발과 네 개의 날개를 갖고 있는 비유肥蟥라는 뱀은 그 모습이 나타나면 천하가 크게 가물었다. 이 뱀은 실제로 화려한 전력이 있었다. 은나라를 세운 탕왕湯王 때에 이 뱀이 나타난 후 7년 동안 긴 가뭄이 들었기 때문이다. 결국 탕왕이 기우제에서 자신을 제물로 바치려 하자 하늘이 감동하여 큰비를 내려주었다.

재앙 중에는 전쟁과 돌림병을 빼놓을 수 없다. 서쪽의 소차산小次山이라는 곳에 사는, 원숭이같이 생기고 흰 머리에 다리가 붉은 주염朱厭이라는 짐승이 나타나면 언제나 큰 전쟁이 일어났다.

재앙을 불러오는 길짐승 중에도 특히 동쪽의 태산太山이라는 곳에 사

주염
전쟁을 예고하는 짐승. 명明 장응호의 『산해경회도』에서.

추우
하루에 천 리를 가는 짐승. 일본의
『괴기조수도권』에서.

는 비蜚라는 놈은 정말 두려워할 만했다. 이 짐승은 소같이 생겼는데 흰 머리와 외눈에 뱀의 꼬리를 하고 있었다. 이것이 물 위를 지나가면 물이 말라버리고 풀밭 위를 지나가면 풀이 죽어버렸다. 그뿐만 아니라 이 짐승이 나타나면 천하에 큰 돌림병이 생기기까지 했다.

끝으로 길흉과 관계없이 신기한 짐승들이 있다. 북쪽 바다 안쪽의 임씨국林氏國이라는 나라에는 크기가 호랑이만한데 오색 빛깔이고 꼬리가 몸보다도 긴 추우駟虞라는 짐승이 있었다. 이 짐승은 성품이 어질어서 산 것을 먹지 않으며 이것을 타면 하루에 천 리를 갈 수 있었다고 한다. 성군 주문왕周文王이 폭군 주왕에 의해 외로운 성에 감금되었을 때 신하들이 임씨국에 가서 이 짐승을 구해다가 뇌물로 바치니 주왕이 기뻐하여 풀어주었다는 이야기도 있다.

북쪽 바다 바깥에는 말같이 생겼고 몸빛이 흰 공공거허蛩蛩距虛라는 짐승과 앞은 쥐, 뒤는 토끼같이 생긴 궐蟨이라는 짐승이 있는데 이 둘은 사이가 무척 좋았다. 궐은 체형이 앞뒤가 달라서 걸으면 항상 넘어졌지만 공공거허가 좋아하는 감초를 구해다 주므로 공공거허는 그 대가로 궐에게 위험한 일이 생기면 반드시 업고 달아났다고 한다. 둘은 상부상조하는 공생 관계였던 셈이다. 이 두 짐승은 더불어 함께 살아가는 생태주의적 삶의 가장 훌륭한 예로 들 만하다.

박, 추우 91×73cm 캔버스 · 아크릴 물감 2002, 서용선

14

머리 하나에 몸이 열 개거나
개처럼 짖는 물고기

[신기하고 별난 사물들의 세계 3]

먹을거리로서의 기능을 넘어선 물고기

흔히 원시 사회는 주술적 사고가 지배하던 시대라고 인식되어 있다. 그만큼 원시 인류에게 주술은 세계와 사물을 이해하는 중요한 방식이었다.

주술적인 사고의 기본 원리는 '유사성'과 '인접성'이다. 즉 비슷한 것들은 그만큼 서로 동질의 속성을 지닌 것으로 인식되었으며 또 가깝게 붙어 있는 것들끼리는 서로 교환이나 대체가 가능한 것으로 여겨졌던 것이다. 예를 들어 눈병이 났을 경우 다른 짐승의 눈을 먹으면 낫는다든지 눈썹을 뽑아서 돌멩이 밑에 감추어놓고 다른 사람이 지나가다가 그 돌멩이를 걷어차면 눈병이 그 사람에게 옮아간다고 생각하는 방

육
종기를 낫게 하는 물고기. 명明 호문환의
『산해경도』에서.

식 등이 그것이다. 원시 인류는 어류에 대해서도 이런 식으로 그들만이 지닌 독특한 관점에 따라 상상력을 발휘했다. 모든 사물이 서로 연결되어 있다는 생각을 바탕으로 어류도 인간의 신체와 삶에 직접적인 영향을 미치며 길흉을 충실히 반영한다고 상상한 것이다.

그들이 생각하기에 평범하지 않게 생긴 물고기는 단순한 먹을거리의 기능을 넘어 그 모양과 특성에 따라 여러 가지 다른 효능을 지니고 있었다. 다양한 속성과 기능들 중에서도 가장 현실적이고 중요하게 인식된 것은 역시 질병을 치료하는 효능이다.

남쪽의 저산低山 계곡에는 소같이 생기고 뱀 꼬리에 날개가 있으며 소 울음소리를 내는 육鯥이라는 물고기가 있었다. 이것은 높은 언덕에 살았으며 겨울이면 죽었다가 여름에 되살아나는 물고기였는데 잡아먹으면 몸에 생겼던 종기가 없어졌다. 아마 이 물고기가 겨울에 죽는다는 것은 실제로는 동면을 의미할 것이다. 그러나 신화적인 상징의 측면에서 보면 계절의 순환은 좀더 깊은 의미를 함축한다. 겨울에 죽었다가 봄과 여름이 되면 살아나는 것이야말로 '삶과 죽음'을 연속적인 것으로 생각하는 재생 모티프의 가장 전형적인 양상이다.

북쪽의 초명산譙明山에서 흘러나오는 초수譙水라는 강에는 머리가 하나에 몸이 열 개이며 개 짖는 소리를 내는 하라어何羅魚라는 물고기가 있는데 이것을 잡아먹으면 등창이 나았다.

머리가 하나에 몸이 열 개라! 과연 이

하라어
등창을 낫게 하는 물고기. 명明 장응호의
『산해경회도』에서.

물고기가 제대로 헤엄이나 칠 수 있었는지 궁금하다. 더구나 물고기가 개 짖는 소리를 내다니! 물고기가 물속에서 개 소리를 낸다는 건 그야말로 황당한 말이 아닐 수 없다.

등창은 등에 나는 악성 종기로 심하면 목숨을 잃기도 하는, 항생제가 없던 고대에는 다스리기 어려운 병이었다. 주로 영웅 호걸들이 뜻한 바를 이루지 못할 때 그 울분과 원한이 등창을 나게 한다고 생각되기도 했는데 『삼국연의』에서 주유周瑜가 제갈량諸葛亮과의 지혜 겨루기에서 번번히 당한 끝에 등창이 나서 죽었고 우리나라에서는 견훤甄萱이 불초한 아들들 때문에 나라를 잃고 등창이 나서 죽은 것으로 유명하다. 가까이로는 조선의 효종孝宗도 청나라에 인질로 끌려가는 수모를 겪고 북벌北伐의 꿈을 이루지 못한 한을 품은 채 등창으로 세상을 떴다.

남쪽의 도과산禱過山에서 흘러나오는 은수浪水라는 강에는 뱀의 꼬리가 있고 원앙새의 울음소리를 내는 호교虎蛟라는 물고기가 살았는데 이것을 잡아먹으면 종기에 효과가 있을 뿐만 아니라 치질도 나았다고 한

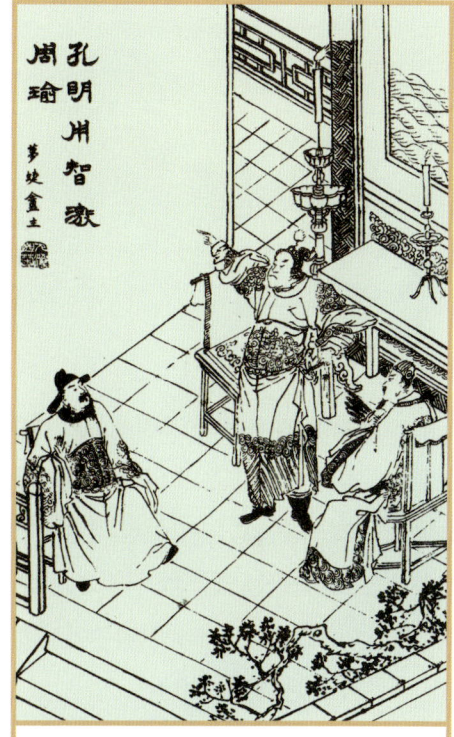

제갈량이 꾀로써 주유를 격분시키는 장면
흥분한 주유가 가운데 서 있고 왼쪽에 노숙魯肅이, 오른쪽에 제갈량이 앉아 있다. 『도상삼국지圖像三國志』에서.

금산사
견훤이 아들 신검에 의해 왕위를 빼앗기고 유폐되었던 곳이다.

호교
치질을 낫게 하는 물고기.
명明 장응호의 『산해경회
도』에서.

다. 이번에는 뱀 꼬리에 새소리를 내는 물고기라니, 고대인의 상상이란 정말 종잡을 수가 없을 지경이다. 마치 유전자 조작을 통해서 돌연변이라도 만들고 있는 듯한 착각이 들 정도가 아닌가.

호교라는 물고기가 치질에 좋다는 말은 고대에도 치질에 대한 인식이 있었다는 점을 알려주어서 무척 흥미롭다. 하기야 치질이라는 병이 꼭 현대에만 있으라는 법은 없지만 '치질' 하면 고대인에게는 병처럼 여겨지지 않았을 듯한 생각이 드는 것은 왜일까. 하지만 이런 선입견과는 달리 치질은 고대인에게도 일상적인 질병이었던 듯싶다. 사실 치질은 직립보행을 하는 인류 특유의 질병이라고 한다. 중력의 힘이 온통 아래로 향하기 때문에 장기에 지속적인 압력이 가해져 생겨난 것이 이 질병이라고 하지 않는가. 결국 치질이라는 질병을 얻은 대신에 인류는 자연 속에 살면서도 동물과는 다른 자신의 길을 걸어갈 수 있었던 것이다.

활어
혹을 낫게 하는 물고기. 청清 『고금도서집
성』 「금충전」에서.

북쪽의 구여산求如山에서 흘러나오는 활수滑水라는 강에는 두렁허리같이 생기고 등이 붉으며 사람이 말다툼하는 것과 같은 소리를 내는 활어

적유
옴에 걸리지 않게 하는 물
고기. 명明 장응호의 『산해
경회도』에서.

滑魚라는 물고기가 있는데 이것을 잡아먹으면 혹을 낫게 할 수 있었다.

또 남쪽의 청구산에서 흘러나오는 영수英水라는 강에는 사람의 얼굴을 하고 원앙새의 울음소리를 내는 적유赤鱬라는 물고기가 있는데 이것을 잡아먹으면 옴에 걸리지 않았다. 도대체 사람의 얼굴을 하고 있는 물고기를 어떻게 잡아먹을 수 있을까. 그리고 원앙새의 울음소리는 왜 물고기들이 그렇게 잘 흉내를 내는 것일까. 앞서의 호교라는 물고기도 그렇고 이 적유라는 물고기도 원앙새의 울음소리를 내는 특별한 까닭이라도 있는 건지, 알 수 없는 일이다.

중원의 탁산橐山에서 흘러나오는 탁수橐水라는 강에 사는 수벽어脩辟魚라는 물고기도 피부병에 효험이 있었다. 이것은 맹꽁이같이 생기고 주둥이가 희며 솔개 같은 소리를 내는데 잡아먹으면 흰 버짐을 낫게 할 수 있었다.

수벽어
흰 버짐을 낫게 하는 물고기. 청淸 『고금도서
집성』 「금충전」에서.

전설의 주인공, 야광주를 품은 거북

고대에는 돌림병만큼 무서운 것도 없었다. 동쪽의 갈산葛山에서 흘러나오는 예수澧

주별어
돌림병에 걸리지 않게 하는 물고기. 명明 장응호의 『산해경회도』에서.

水라는 강에는 마치 허파 모양같이 생겼는데 눈이 넷이고 발이 여섯인 주별어珠鼈魚라는 물고기가 있었다. 이것은 신기하게도 몸속에 구슬을 품고 있었고 고기 맛이 시고 달았는데 잡아먹으면 돌림병에 걸리지 않았다 한다. 고대인들은 어류나 양서류 혹은 파충류에 속하는 동물들이 구슬을 지니고 있다는 생각을 많이 하였다. 자라나 거북, 구렁이 등이 구슬을 몸에 품고 있다는 이야기 모티프는 전설과 민담에서 흔하게 찾아볼 수 있다.

조선 선조宣祖 때의 문인 정지승鄭之升은 도인이기도 하였는데 평시에 큰 거북이를 타고 다녔다고 한다. 그런데 어느 날 거북이가 몹시 울면서 사라지더니 며칠 후 정지승은 세상을 떠났다. 거북이는 강을 타고 내려가다가 어느 고을의 현령에게 붙들렸다. 현령은 이 거북이가 보통 짐승이 아닌 것을 알고 놓아주려 하였으나 거북이가 몸에 품고 있다는 야광주夜光珠를 탐낸 현령의 첩이 반대하였다. 야광주란 밤에도 빛을 내는 신기한 구슬이다. 결국 현령의 첩은 거북이를 죽여 야광주를 얻었는데 그 대가는 엄청났다. 신령스러운 거북이를 죽인 후 현령 일가는 하룻밤 사이에 모두 급사를 하고 만 것이다.

주별어는 바로 이러한 전설이나 민담에서 나오는, 야광주를 품은 거북이의 원형이 아닌가 한다.

또 정신 질환에 치료 효과가 있는 물고기도 있었다. 가령 북쪽의 북악산北嶽山에서 흘러나오는 제회수諸懷水라는 강에는 개의 머리에 어린아이의 울음소리를 내는 지어鮨魚라는 물고기가 있는데 이것을 잡아먹으면 미친 병을 낫게 할 수 있었다.

중원의 소실산少室山에서 흘러나오는 휴수休水라는 강에는 큰 원숭이같이 생기고 긴 닭발톱에 발이 희며 발꿈치가 마주 보고 있는 제어鯑魚라는 물고기가 있는데 이것을 잡아먹으면 쓸데없는 의심증이 사라졌다. 아마 요즘 식으로 말해 의처증이나 의부증이 있는 사람들은 한번 복용해볼 일이다.

지어
미친 병을 낫게 하는 물고기. 청淸 필원의 『산해경』에서.

북쪽의 용후산龍侯山에서 흘러나오는 결결수決決水라는 강에는 앞서의 제어같이 생겼으나 네 개의 발이 있고 어린아이의 울음소리를 내는 인어人魚가 있는데 이것을 잡아먹으면 어리석음증이 없어졌다고 하니 덜떨어진 사람들에게는 복음인 셈이다.

여기서의 인어는 우리가 앞서 살펴본 물고기의 몸을 한 저인국氐人國 사람이나 서양 동화 속의 미녀 인어와는 종류가 다르긴 하지만 어쨌든 고대 중국인들은 인어라도 요리해 먹지 못할 이유가 없다고 생각한 듯하다.

고대인에게는 머리가 모자라고 어리석은 것만이 질병은 아니었다. 똑똑하다고 잘난 척하는 것도 역시 치유해야 할 질병으로 여겨졌다. 북쪽의 현옹산縣雍山에서 흘러나오는 진수晉水라는 강에는 피라미같이 생기고 붉은 비늘이 있으며 꾸짖는 듯한 소리를 내는 제어鮆魚라는 물고기가 있는데 이것을 잡아먹으면 뻐기던 마음이 일시에 사라졌다. 꾸짖는 듯한 소리가 거만한 마음에 일침을 가한 탓일까? 왕자병과 공주병의 질환을 앓고 있는 사람들은 심각히 복용을 고려해보아야 할 물고기인 셈이다.

고대인들도 살아가면서 근심이 많았던 듯하다. 오죽하면 한나라 때의 옛 시에서 "인생은 백 년도 못 되는데 언제나 천 년의 근심을 안고 살아가네生年不滿百, 常懷千歲憂."라고 한탄했을까? 그러나 이 역시 특효약이 있었다. 북쪽의 대산帶山에서 흘러나오는 팽수彭水라는 강에는 닭같이 생기고 털이 붉으며 세 개의 꼬리, 여섯 개의 발, 네 개의 눈이 있고 까치 울음소리를 내는 숙어鯈魚라는 물고기가 있는데 이것을 잡아먹으면 근심을 없앨 수 있었다.

우리의 나라새가 까치인 것은 까치가 좋은 소식을 전하는 길조라는 생각이 우리의 마음속에 깔려 있었기 때문일 것이다. 그런데 윗글을 보면 까치에 대한 이러한 좋은 인식이 상당히 오래 전부터 있었음을 알 수 있다.

근심이 있음에도 고대인들에게는 불면증보다는 잠이 잘 오는 것이 문제였던 것 같다. 중원의 반석산半石山에서 흘러나오는 내수수來需水라는 강에는 붕어처럼 생기고 검은 무늬가 있는 윤어䱻魚라는 물고기가 있는데 이것을 먹으면 졸음이 오지 않았다고 한다. 1분이라도 잠을 덜자야 할 입시생들에게는 몸에 해로운 각성제보다 이 윤어 요리를 권하고 싶다.

인어
어리석지 않게 해주는 물고기. 명明 호문환의 『산해경도』에서.

제어
뻐기는 마음을 없애주는 물고기. 청淸 왕불의 『산해
경존』에서.

고대인들은 오늘날 우리가 생각하기에 우습다 싶을 정도로 사소한 일에 집착했던 것 같다. 동쪽의 동시산東始山에서 흘러나오는 자수茈水라는 강에는 붕어처럼 생기고 머리가 하나에 몸이 열이며 궁궁이풀 같은 향내를 내는 자어茈魚라는 물고기가 사는데 이것을 잡아먹으면 방귀를 뀌지 않게 되었다고 한다. 고약한 방귀 냄새를 제거해준다고 생각했던 것일까?

어류는 질병 치료의 효능뿐만 아니라 나쁜 일을 물리치고 좋은 일의 징조가 되기도 하였다. 북쪽의 탁광산涿光山에서 흘러나오는 효수嚻水라는 강에는 까치같이 생기고 열 개의 날개가 있으며 비늘이 모두 날개 끝에 있고 까치 울음소리를 내는 습습어鰼鰼魚라는 물고기가 있는데 이것을 집에서 기르면 화재가 일어나지 않았다. 그리고 잡아먹으면 황달병에도 특효가 있었다고 하니 여러모로 유익한 물고기인 셈이다. 이 물고기의 유익함 또한 까치 울음소리와 상관 있지 않을까?

또 중원의 괴산槐山에서 흘러나오는 정회수正回水라는 강에는 돼지같이 생기고 붉은 무늬에 날개가 달린 비어飛魚라는 물고기가 있는데 이것을 잡아먹으면 천둥을 무서워하지 않고 창, 칼 등 무기에 의한 피해를 입지 않을 수 있었다.

숙어
근심을 없애주는 물고기.
명明 장응호의 『산해경회
도』에서.

서쪽의 영제산英鞮山에서 흘러나오는 완수浣水라는 강에는 뱀의 머리에 발이 여섯이며 눈이 말의 귀처럼 생긴 염유어冉遺魚라는 물고기가 있는데 이것을 잡아먹으면 잠잘 때 가위에 눌리지 않고 흉한 일을 물리칠 수 있었다.

윤어
졸음을 막아주는 물고기.
청淸『고금도서집성』「금충전」에서.

고구려의 고분 벽화에는 비어 혹은 염유어와 비슷한 물고기가 등장하고 있다. 무덤에 묻힌 사람이 평안히 잠자고 사악한 귀신에게 시달리지 말라는 바람에서 이런 물고기를 그려 넣은 것으로 추측된다. 죽음 역시 영원한 잠이니 죽음의 잠 속에서 가위에 눌린다면 그것처럼 고통스러운 일도 없을 것이다. 왜냐하면 깨어나지 못하니 고스란히 악몽을 현실처럼 겪어야 하기 때문이다.

그러나 고대인들은 무엇보다도 문요어文鰩魚라는 물고기가 나타났을 때 가장 기뻐했으리라고 생각된다. 서쪽의 태기산泰器山에서 흘러나오는 관수觀水라는 강에 사는 문요어는 잉어같이 생기고 새의 날개가 있으며 푸른 무늬와 흰 머리에 붉은 주

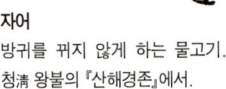

자어
방귀를 뀌지 않게 하는 물고기.
청淸 왕불의 『산해경존』에서.

둥이를 하고 있었다. 이것은 늘 서해로 다니다가 동해에서 놀았는데 밤에만 날아다녔고 봉황새의 울음소리를 내었다. 그런데 이것이 나타나면 천하에 큰 풍년이 들었다. 아마 날치 종류의 물고기가 아니었을까? 문요어는 또한 맛이 시고 단데 이것을 먹으면 미친 병이 나았다고도 한다.

습습어
화재를 예방하는 물고기. 명明 장응호의 『산해경회도』에서.

염유어
가위에 눌리지 않게 하는 물고기. 명明 호문환의 『산해
경도』에서.

비어
천둥을 무서워하지 않게 하는 물고기. 명明 호문환의
『산해경도』에서.

전쟁이 날 것인가, 가뭄이 들 것인가

그러나 모든 물고기가 이처럼 인류에게 이로운 것으로 여겨지지만은
않았다. 북쪽의 소함산少咸山에서 흘러나오는 돈수敦水라는 강에 사는
패패어䣙䣙魚와 북쪽의 요산饒山에서 흘러나오는 역괵수歷䝞水라는 강
에 사는 사어師魚라는 정체불명의 물고기들은 몹시 유독하여 사람이 먹
으면 목숨을 잃었다고 한다. 아마 이것들은 실제의 사실과 경험에 기초

고구려 고분의 비어 혹은 염유어. 황해도의 안악安岳 1호분 벽화에서.

문요어
풍년을 예고하는 물고기. 명明 장응호의 『산해경회도』에서.

소어
전쟁을 예고하는 물고기. 명明 장응호의 『산해경회도』에서.

한 이야기로 추측된다. 복어 종류의 물고기가 아
니었을까?

또한 어떤 물고기는 재앙의 징조가
되기도 하였다. 서쪽의 조서동혈산鳥
鼠同穴山에서 흘러나오는 위수渭水에

조용
가뭄을 예고하는 물고기. 명明 장응호의 『산해경회도』에서.

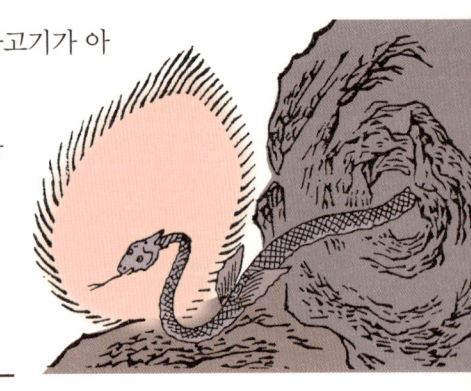

는 두렁허리같이 생긴 소어騷魚라는 물고기가 있는데 이것들이 갑자기 분주하게 움직이기 시작하면 그 고을에는 큰 전쟁이 일어났다.

동쪽의 독산獨山에서 흘러나오는 말도수末塗水라는 강에 사는 조용鯈鯆이라는 물고기도 불길했다. 누런 뱀같이 생기고 지느러미가 있으며 물속을 드나들 때에 빛을 발하는 이것이 나타나면 그 고을에는 큰 가뭄

여비어
구슬을 낳는 물고기. 청淸 필원의 『산해경』에서.

잉어를 탄 금고
신선 금고가 제자들과 작별한 후 잉어를 타고 떠나는 광경. 명明 이재李在의 〈금고승리도琴高乘鯉圖〉.

이 들었기 때문이다.

그리고 동쪽의 여증산女烝山에서 흘러나오는 석고수石膏水라는 강에 사는 박어薄魚, 자동산子桐山에서 흘러나오는 자동수子桐水라는 강에 사는 활어鮭魚라는 물고기도 가뭄의 징조가 되는 불길한 물고기였다.

마지막으로 길흉을 떠나 그 자체로 신비하고 성스러운 물고기가 있다. 서쪽의 조서동혈산에서 흘러나오는 위수에는 전쟁의 징조가 되는 소어가 있었지만 또 다른 쪽으로 흘러나간 함수濫水라는 강에는 신비한 여비어䑏魮魚라는 물고기도 있었다. 그것은 냄비를 엎어놓은 것같이 생기고 새의 머리를 하였는데 울음소리가 경쇠 소리처럼 맑았고 알 대신 구슬을 낳았다. 눈물을 흘리면 구슬이 되어 떨어졌던 교인鮫人처럼 이것도 잡으면 횡재를 할 물고기였다.

서쪽 바다 바깥에 사는 용어龍魚야말로 어류 중에서 가장 신성할 것이다. 그것은 잉어같이 생겼는데 신이나 성인만이 잡아타고 천하를 다닐 수 있었다. 후세에 금고琴高라는 신선이 잉어를 타고 강을 다녔다는데 아마 용어의 후예가 아닌가 싶다. 잉어는 오래 묵으면 용이 된다고도 하기 때문에 거의 용처럼 신성시되었던 것이다.

문요어 91×73cm 캔버스 · 아크릴 물감 2002, 서용선

15

근심을 없애주는 과일과 하늘 사다리 나무, 그리고 영혼을 지켜주는 돌

[신기하고 별난 사물들의 세계 4]

풀 한 포기에도 고대인들의 소망이

새와 물고기 그리고 짐승들 이외에 풀이나 돌에 대한 고대인의 생각도 역시 현대인과는 많이 달랐다. 이것 역시 주술적인 사고와 실질적인 효용이 결합되어 독특한 상상석 세계를 구성하고 있있다. 그림 지금부터 괴상한 식물과 광물의 세계에 대해 알아보기로 하자.

고대인들의 식물에 대한 인식은 실제적인 용도와 신비적인 효능에 치중되어 있다. 실제적인 용도에서 가령 대나무는 화살을 만드는 데에, 옻나무는 옻칠을 하는 데에, 망초芒草의 독은 물고기를 잡는 데에, 궤목机木은 노인용 지팡이를 만드는 데에 쓸모가 있었다.

질병 치료의 효과가 차지하는 비중 역시 컸다. 가령 서쪽의 죽산竹山

망초
풀을 짓이겨서 물에다 넣으면 그 독으로
물고기가 죽어서 떠오른다.

이라는 곳에는 가죽나무같이 생겼고 잎은 삼잎 같으며 흰 꽃에 붉은 열매를 맺는 황관黃瓘이라는 나무가 있었다. 그 열매는 마치 황토 흙 같은데 그것을 탄 물로 목욕을 하면 옴이 낫고 종기도 낫게 할 수 있었다. 요즘 인기가 높은 황토 요법은 이처럼 오랜 연원이 있었던 것이다. 지장수地漿水, 황토 목욕, 황토 찜질뿐만 아니라 바다에 병이 드는 적조赤潮 현상에 대해서도 황토를 뿌려 방지하듯이 황토의 효용은 다양하다. 풀에 대한 기록은 한편으로는 상상적인 측면보다 사실적인 기록의 측면도 많다고 여겨진다. 예를 들면 황관과 같은 약초는 실제의 경험에 근거한 이야기일 가능성이 높다고 하겠다. 『산해경』이 지닌 박물지로서의 사실적인 측면은 아마 이런 점에서 찾을 수 있지 않을까 생각된다.

식물의 치료 효능은 옴이나 종기, 치질 같은 소소한 질병으로부터 아주 큰 병에까지 이른다. 가령 중원의 고등산鼓鐙山이라는 곳에는 잎이 버들과 같고 밑동이 달걀 같은 영초榮草라는 풀이 있는데 이것을 먹으면 중풍을 낫게 할 수 있었다.

그러나 이러한 식물들보다도 우리의 눈길을 끄는 것은 신비적인 효능을 지닌 풀과 나무이다. 가령 남쪽의 소요산招搖山이라는 곳에는 닥나무같이 생기고 나뭇결이 검으며 그 빛이 사방을 비추는 미곡迷穀이라는 나무가 있는데 이것을 몸에 차면 길을 잃지 않는다고 했다.

또 서쪽 끝 해가 지는 곳이라고 알려진 엄자산弇茲山 꼭대기에서 자라는 단목丹木은 아주 용한 효과가 있는 나무이다. 이 나무는 잎이 닥나무

같고 열매는 크기가 오이만하며 붉은 꽃받침에
결이 검은데 이 열매를 먹으면 황달병이 나을
뿐만 아니라 집 안의 화재도 예방할 수 있었다.

근심을 없애주는 과일도 있었는데 서쪽의 부주산不周山
에서 자라는, 열매는 복숭아 같고 잎은 대추 잎 같으며 노
란 꽃에 붉은 꽃받침이 있는 맛 좋은 과일나무가 그것이
다. 부주산은 아득한 옛날 염제의 후손인 공공共工
이라는 신이 큰 신 전욱顓頊과의 싸움에서 패하자
홧김에 머리로 들이받아 무너졌던 산이다. 비
록 상처받은 산이지만 그 신령스러움은 여
전히 남아 있었던 모양이다. 이 산에서 자라
는 과일나무의 열매를 따 먹으면 모든 근심
이 사라져버렸다.

원추리. 근심을 없애주는 풀.

근심을 없애준다는 식물은 굳이 부주산까지 가지 않아도 우리 주변
에서 흔히 볼 수 있다. 다름 아닌 원추리가 그것이다. 노란 꽃을 피우는
원추리, 곧 훤초萱草는 집안의 근심을 없애준다 하여 무우초無憂草 라고
도 불리었고 예로부터 울안의 뜰에 많이 심었다.

고대인들은 기상 현상 중 벼락을 가장 무서워했던 것 같다. 그리스
로마 신화와 동양 신화의 최고 신인 제우스와 황제黃帝가 모두 벼락의
화신인 것도 그러한 공포감과 무관하지 않을 것이다. 다수의 동물에 이
어 식물에서도 벼락에 대한 두려움을 없애준다는 풀이 등장하는 것은
거꾸로 그것에 대한 공포심이 얼마나 큰 것인지를 보여준다.

중원의 반석산半石山이라는 곳에는 키가 1장丈, 곧 3미터 남짓하며
잎과 꽃이 붉고 꽃은 피지만 열매를 맺지 않는 가영嘉榮이라는 풀이 있
는데 이것을 먹으면 벼락을 두려워하지 않게 되었다고 한다.

고대인들은 인간에게 유익하거나 해로운, 보이지 않는 힘의 작용을
믿었고 특정한 사물 속에는 그것을 조절할 수 있는 능력이 있다고 믿었

다. 중원의 부희산浮戱山이라는 곳에는 가죽나무같이 생기고 열매가 붉은 항목亢木이라는 나무가 있는데 그 열매를 먹으면 요사스러운 기운을 피할 수 있다고 하였다.

물질 조건이 열악하고 유아 사망률이 높았던 고대에 삶에 대한 간절한 소망은 신비한 약초의 출현으로 표현되었다. 역시 중원의 대괴산大騩山이라는 곳에는 뺑대쑥같이 생기고 털이 나 있으며 푸른 꽃에 흰 열매를 맺는 낭蒗이라는 풀이 있는데 그 열매를 먹으면 뱃속의 병을 고칠 수 있을 뿐만 아니라 요절하는 일이 없어졌다.

인류에게 도움을 주는 유익한 식물들에 이어 신성한 나무에 대해 알아보기로 하자. 남쪽의 먼 변방에는 운우산雲雨山이라는 신비한 산이 있었다. 이 산은 큰 신 염제의 딸 요희瑤姬가 일찍 죽어 여신이 되어 사는 곳으로 그녀가 아침에는 산봉우리에 걸린 구름이 되었다가 저녁이면 골짜기로 비가 되어 내리기 때문에 운우산이라는 이름이 붙여진 것이다.

이 산은 무산巫山 또는 영산靈山이라고도 불리었는데 이 산의 붉은 돌에서 누런 줄기에 붉은 가지, 푸른 잎을 한 난欒이라는 나무가 자랐다. 그 꽃과 열매가 모두 만병통치의 약효를 지니고 있어서 고대의 여러 임금들이 이 나무에서 약을 얻어 갔다고 한다.

동쪽 먼 변방의 얼요군저산孽搖頵羝山이라는 곳에는 잎이 겨자 잎 같고 높이가 3백 리나 되는 부목扶木이라는 거목이 있는데 이것이 바로 부상扶桑으로 아침해가 떠오르는 곳이다. 고대인들은 열 개의 태양이 이 거목의 가지에서 교대로 떠올라 하루의 운행을 시작한다고 상상했다.

바다 안쪽에도 신성한 거목이 있었다. 푸른 잎에 자줏빛 줄기, 검은 꽃에 누런 열매를 맺는 건목建木이라는 나무가 그것이다. 이 나무는 키가 백 길(약 3천 미터)에 가지가 없으며 위는 아홉 갈래로 꼬불꼬불 구부러져 있고 아래는 아홉 차례 뒤얽혀 서려 있으며 삼씨 같은 열매에 팥배나무 같은 잎 모양새를 하고 있었다. 일찍이 큰 신 복희伏犧가 이 나무를 통해 하늘을 오르내렸고 황제도 이 나무를 소중히 여겨 보호하였다. 즉 이 건목은 '하늘 사다리'이다. 신선 그리고 영적인 능력을 지닌 인간들이 하늘을 오가는 데 사용하는 것이 이 건목이었다.

이러한 언급으로 미루어 우리는 건목이 세계의 중심에 위치하여 천계와 지상을 소통시켜주는 신성한 나무, 곧 세계수世界樹 또는 우주목宇宙木임을 알 수 있다. 샤머니즘에서 무당은 이 나무를 통해 하늘과 땅을 왕래하는 것으로 상상되었다. 지금도 시베리아의 무당들은 자작나무를 기어오르는 의례를 거행하여 천계와의 왕래를 상징적으로 재현한다. 우리의 고구려 덕

이그드라실

다람쥐
라타토스크

우르드의 샘

바다헤임
바니르의 땅

아스가르드
에시르의 세계

알프헤임
밝은 꼬마 요정들의 땅

발할라
죽은 전사들의 궁

비프로스트
불타는 다리

니다벨리르
난쟁이들의 땅

미드가르드
중간 세상

우트가르드
거인들의 성채

미미르샘

스바르탈프헤임
난쟁이들의 땅

요툰헤임
거인들의 땅

요르문간드
중간 세상의 뱀

헬
죽은 자의 영역

호베르겔미르의 샘

니플헤임
죽은 자의 세계

용 니드호그

이그드라실
게르만 신화에서의 세계수인 이그드라실의 상상도. 이그드라실의 뿌리 맨 아래가 죽은 자들의 세계이고 그 위로 미드가르드, 곧 중간 세계가 있으며 다시 그 위로 아스가르드, 곧 상층 세계가 있다. 즉 게르만 신화 세계는 이그드라실의 아래에 3층으로 구성되어 있다.

흥리 고분 벽화에도 세계수의 성격을 띤 나무가 등장하여 건목과의 상관성을 생각해보게 한다.

황제를 급사시킨 불사약

이제 식물 다음으로 고대인들의 돌과 쇠붙이에 대한 인식을 살펴볼 차례이다. 『산해경』을 읽어보면 당시에 알려진 거의 모든 산에서 금과 옥이 나는 것을 알 수 있다. 완전한 금속인 금에 대한 강조는 별로 이상

고구려의 세계수
큰 나무를 중심으로 사냥, 들놀이 등의 활동이 펼쳐지고 있다. 큰 나무는 아마 고구려인들 사이에서 숭배되던 신령스러운 나무일 것이다. 집안의 장천長川 1호분 벽화에서.

할 것이 없지만 보석이 아닌 옥을 더욱 중요시한 점에 대해서 라우퍼[1] 같은 서구의 학자들은 이를 동양 특유의 광물 관념이라고 주목했다.

실제로 고대 동양에서 옥은 종교적이거나 제의적인 측면에서 특히 중요시되었다. 옥은 사악한 기운을 물리치는 데에 효과가 있다고 믿어졌으며 신성한 존재와의 소통을 가능하게 하는 매개물로 여겨졌다. 근래에 발굴된 요녕遼寧 지역의 홍산 문화[2]나 장강長江 유역의 양저良渚 문화 등 신석기 시대의 유물에 정교한 옥 제품이 포함되어 있는 것은 고대인들이 일찍부터 옥의 이러한 기능을 중시했다는 증거이다.

고대에 옥은 단순한 액세서리가 아니라 나쁜 기운으로부터 몸을 보호해주는 호신부護身符 같은 것이었으며 신과 소통하기 위해 바치는 제물이었다. 또한 세계의 기운을 조화롭게 다스려 세상을 평화롭고 안정되게 만들어야 하는 왕권을 상징하는 신물神物이기도 했다. 고대 중국에서 왕이란 단순히 전제적 군주가 아니라 세상에 질서를 부여하고 혼란을 다스리는 성군, 즉 정치적·도덕적 원리의 중심으로 여겨졌기 때문이다.

1. **라우퍼**Berthold Laufer 미국의 독일계 동양학자, 인류학자. 중국, 사할린 등을 현지 조사하였으며 동아시아 문화의 자료 수집에도 힘썼다. 중국어를 비롯해 티베트어, 몽골어, 만주어 등에 능통하였다. 저서로는 『고옥고古玉考』, 『중국토우고中國土偶考』 등이 있다.
2. **홍산紅山 문화** 요하遼河 유역에 성립되었던 신석기 문화. 대략 기원전 4000년경으로 추산된다. 전기에는 세석기細石器가 발달하였고 후기에는 마제석기磨製石器가 증가하였다. 특히 '동방의 비너스'라고 부르는 여신상의 발굴은 여신 숭배와 모계 사회의 존재를 알려주는 증거라고 할 수 있다.

결玦
자신의 꼬리를 물고 있는 뱀과 같은 형태의 옥 조각품. 서양 연금술에서 중시하는 상상 동물인 우로보로스와 비슷하다. 요녕성 홍산 문화의 산물 (기원전 30세기).

종琮
신의 모습이 새겨져 있는 옥 조각품. 장강 하류 양저 문화의 산물 (기원전 31세기~기원전 22세기).

고대의 무덤에서 옥 제품이 많이 출토되는 것은 옥의 강력한 기운으로 죽은 자의 시신이 썩지 않거나 그 영혼이 사악한 기운으로부터 침해받지 않기를 바랐던 고대인의 배려에서였다. 잘 알려져 있듯이 신라의 고분에서도 곡옥曲玉을 비롯한 많은 옥 제품이 출토되고 있다. 죽은 뒤에 가위에 눌리지 말라고 비어 혹은 염유어를 벽에 그려 넣은 것처럼 고대인들은 죽은 자의 편안한 잠이 방해받지 않도록 옥을 비롯한 여러 가지 주술적인 효능을 지닌 물건들을 함께 묻어주었던 것이다.

옥과 아울러 고대 동양에서 주목했던 것은 수은, 유황, 비소 등 오늘날 중금속 오염의 주범으로 위험시되고 있는 맹독성의 광물들이다.

『산해경』에는 단확丹臒, 청확青臒, 단속丹粟 등 수은의 화합물과 웅황雄黃 등 유황과 비소의 화합물이 산출되는 수많은 산들에 대한 언급이 있다. 이들은 일단 실용적으로는 물감의 재료 등으로 쓰이기도 했겠지만 그것을 넘어서 좀더 중요한 효용을 지닌 것으로 여겨졌다. 이 효용은 주술적인 차원과 관련된 심리적 동기에 근거하는 것으로 늙고 병들고 죽을 수밖에 없는 인간의 운명에 대한 두려움으로부터 파생되었다. 즉 불사약의 제조에 이러한 중금속이 중요한 재료로 사용되었던 것이다.

신라의 곡옥
잘 살펴보면 앞서의 홍산 문화의 유물과 비슷하게 생겼음을 알 수 있다.

단사에 대한 기록
단사丹沙는 수은을 함유한 모래로 광물성 약재 중의 으뜸으로 여겨졌다. 『신농본초경神農本草經』에서.

고대인들은 수은의 가변성과 환원성에 주목했는데 그들은 이러한 광물들이 평범한 인간을 완전한 신체로 변화시키는 데에 효과가 있을 것이라고 상상했다.[3] 즉 가변성과 환원성이 강한 수은을 먹으면 유사성과 인접성의 법칙에 따라 인간의 신체 또한 태어날 당시의 완전한 몸으로 되돌아갈 수 있다고 믿었기 때문이었다. 이렇듯 아이러니컬하게도 불사약에 대한 발상은 도리어 이들 맹독성의 광물로부터 비롯된 것이다.

신화에서의 수은계 광물에 대한 이러한 믿음이 현실화된 것이 후세 도교에서의 외단법外丹法이다. 도교에서는 수은을 주재료로 하고 납, 유황, 비소 등이 다량 함유된 여러 광물들을 합성하여 얻어진 액체로 평범한 금속을 금으로 만들 수 있으며 그것을 복용하면 불사의 존재, 곧 신선이 될 수 있다고 생각하였다. 이 외단법은 당나라 때까지 크게 유행하였으나 도사들이 제조한 단약丹藥, 곧 불사약을 먹고 여러 명의 황제가

---

3. **도교의 연단술鍊丹術** 도교에서 불로장생의 신체, 곧 신선의 몸을 만드는 술법으로 다시 외단법外丹法과 내단법內丹法으로 나뉜다. 외단법에서는 수은, 납, 유황 등의 광물을 조합하여 우선 일반 금속을 금으로 변환시킬 수 있는 단약丹藥을 만들어낸다. 이 단약을 먹음으로써 인간의 신체가 불사신으로 바뀐다고 믿었다. 서구의 연금술과 비슷한 점이 많다. 내단법에서는 호흡법과 명상 등 정신 수련을 통해 신체 내부에서 다시 완전한 자아를 만들어내고자 한다. 대체로 당나라 시기까지는 외단법이 우세하였으나 송나라 이후 선종禪宗 불교, 성리학 등의 영향으로 내단법이 주류를 이루게 된다.

급사하는 사태가 벌어지는 등 부작용이 속출하자 송나라 이후 점차 쇠퇴하게 되었다.

자연과 일치된 고대인들의 삶

이제 괴상한 사물들의 세계에 대해 전체적으로 정리를 해보자. 우선 어류의 경우 앞에서 살펴보았던 날짐승이나 들짐승에 비해 해로운 경우보다 유익한 경우가 많은 것이 한 특징이다. 원시 인류의 어류에 대한 양호한 인식을 엿볼 수 있다.

아울러 질병 치료에서는 종기나 혹, 피부병 등에 효험이 집중되어 있는데 이것은 원시 인류가 늘상 시달리던 당시의 흔한 질병의 종류와 무관하지 않을 것이다. 재앙의 징조로서는 가뭄이 현저하게 많았다. 물고기이므로 물의 결핍에 가장 민감할 것이라는 발상에서였을까? 마찬가지로 홍수의 징조와 관련된 예가 거의 없는 것은 물고기 자체가 물에 살고 있기 때문일 것이다. 이렇듯 어떤 사건에 대한 암시와 특정한 징조를 드러내는 방식도 유사성의 주술적 원리를 따르고 있는 것이다.

다시 동물과 비교해볼 때 신화적 식물의 경우 인간에게 유해하거나 흉조를 예시하는 기능이 거의 없는 것이 한 특징이다. 또한 질병 치료와 관련된 식물에 대한 인식은 후세에 본초학[4]으로 발전하여 한의학의 기초가 된다.

이들 다양한 사물들에 대한 원시 인류의 신화적 인식을 살펴보면서 우리는 그들의 상상력이 비교적 일관된 한 가지 관념에 근거하고 있음

---

4. 본초학本草學 한의학에서의 약물학. 모든 약재는 상약, 중약, 하약의 3등급으로 구분이 되어 있으며 약재가 되는 식물, 동물, 광물의 맛, 빛깔, 외형 등의 특성과 효용 등을 규정해놓았다. 특성과 효용 간의 작용 원리는 음양오행설에 근거하고 있다.

을 발견하게 된다. 그것은 이미 앞에서 말한 바 있듯이, 유사과학이라고 부르기도 하는 주술적 사고로서 비슷한 것끼리는 서로 통하기 때문에 비슷한 원인이 비슷한 결과를 낳으리라고 예측하는 관념 체계이다. 가령 노을이 붉게 물드는 서쪽 엄자산에서 자라는 단목이 황달병에 특효가 있거나 화재를 예방할 수 있을 것이라는 생각이 그 한 예이다.

그러나 우리가 기억해야 할 것은 이러한 주술적 사고가 오늘날 논리와 과학의 세계에서는 비합리적인 것으로 배척되고 있지만 상상력과 예술의 세계에서는 여전히 큰 힘을 발휘하고 있다는 사실이다.

지금까지 동물, 식물, 광물 등의 자연에 의해 빚어진다고 상상되었던 온갖 현상들은 사실 원시 인류의 삶의 모습 그 자체가 아닐 수 없다. 왜냐하면 그들은 자연과 분리된 것이 아니라 일체가 된 삶을 살고 있었기 때문이다. 자연은 곧 그들의 모습을 그대로 비추는 거울이었다. 우리는 신화를 통해 자연에 대한 감수성을 회복할 수 있고 그 결과 자연 속 원시 인류의 삶을 쉽게 이해할 수 있을 것이다. 그것은 다름 아닌 우리의 잃었던 원형을 되찾아보는 일이 된다.

거격송, 미곡, 단목 91×73cm 캔버스 · 아크릴 물감 2002, 서용선

제 ⑥ 부

낙원과 지하세계

16

서방의 낙원 곤륜산과
동방의 낙원 삼신산

[신들의 낙원을 찾으러 떠나서 돌아오지 않는 원정대]

인류의 영원한 꿈, 상상 속의 낙원

인류는 옛날부터 지금에 이르기까지 결코 낙관적이지 않은 현실을 살아오면서도 언제나 완전한 세상을 꿈꾸어왔다. 완전한 세상이란 우선 물질적으로 풍요롭고 천재지변, 전쟁, 질병 등 온갖 위협과 갈등이 존재하지 않는 조화로운 세상, 모두가 마냥 행복을 만끽하는 그린 세상일 것이다. 이렇게 보면 인공적인 낙원인 도시의 삶 속에서 현대인이 꿈꾸는 행복 역시 본질직으로는 신화 시대의 원시 인류가 상상했던 낙원과 그다지 멀리 있지 않다.

고대인들은 이러한 낙원이 현실과는 동떨어진 특별한 공간에 존재한다고 상상했다. 그곳을 유토피아Utopia, 파라다이스Paradise, 이상향理想鄕 등으로 부른다.

신화 속에는 낙원에 대한 묘사가 많다. 왜냐하면 신화 시대야말로 인류가 신의 섭리 혹은 자연의 질서에 가장 가깝게 살았던 때이기 때문이다. 자연의 질서에 가깝다는 것은 그만큼 '조화로운 세상'을 상상하기 쉽다는 것을 의미한다.

올림포스 산
구름에 휩싸인 정상이 신비감을 자아낸다. 예나 지금이나 그리스의 명산이다.

가령 그리스 로마 신화에서의 올림포스 산은 신들이 거주하는 낙원이고 『구약』「창세기」에서의 에덴 동산은 인류의 조상인 아담과 이브가 잠시 머물렀던 낙원으로 유명하다. 중국 신화에서의 낙원 이야기는 크게 두 가지 계통이 있다. 하나는 곤륜산崑崙山을 중심으로 한 서방의 낙원 신화 계통이고 또 하나는 삼신산三神山을 중심으로 한 동방의 낙원 신화 계통이다.

황제를 비롯한 신들의 거처, 곤륜산

먼저 서방의 곤륜산 신화에 대해 알아보기로 하자. 곤륜산이 중국 신화에서 차지하는 비중은 그 어떤 지역보다도 크다. 곤륜산은 대지의 기둥이자 머리이며 천지의 중심으로 일컬어진다. 곤륜산은 또한 온갖 신들의 거처라는 점에서 중국의 올림포스 산이라 할 만하다.

그러나 곤륜산은 특히 신 중의 신인 황제黃帝와 여신 중의 큰 신인 서왕모西王母가 지배하는 산이다. 즉 곤륜산은 천상에 있는 황제의 하계 도읍지이기도 하고 서왕모가 상주하고 있는 땅이기도 하다.

곤륜산
정상이 만년설로 뒤덮여 있다. 그러나 현재의 곤륜산은 신화 속의 곤륜산으로 추정되는 지역에 이름을 가져다 붙인 것일 뿐 꼭 일치한다고 볼 수는 없다.

이러한 곤륜산이 아무나 갈 수 있는 평범한 산이 아님은 물론이다. 곤륜산은 사방이 8백 리이고 높이가 만 길(약 30만 미터)이라 하였다. 그리고 그 모습은 아홉 개의 성을 층층이 쌓아놓은 것 같았다고 한다.

이 높디높은 곤륜산의 주위에는 약수弱水라는 강이 흐르고 있는데 이 강은 가벼운 새털조차도 가라앉을 정도여서 그 누구도 쉽게 건널 수 없었다. 그뿐인가? 약수의 바깥은 다시 불꽃이 이글거리는 염화산炎火山이라는 산이 둘러싸고 있었다. 이 염화산의 불길에는 무엇이든 닿기만 하면 완전히 다 타버렸다.

신기한 것은 이 모진 불길 속에서도 무게가 천 근이나 나가는 큰 쥐가 살고 있었다는 점이다. 사람들은 이 쥐로부터 화완포火浣布라는 희한한 옷감을 얻었다. 이 쥐는 온몸이 붉고 명주실같이 가늘고 긴 털이 나 있는데 불 밖으로 나올 때에 물을 뿌리면 곧 죽었다고 한다. 사람들은 그

개명수
곤륜산의 문지기. 명明 장응호의 『산해경회도』에서.

놈의 털로 옷감을 짜서 옷을 해 입었다. 그런데 그 옷은 더러워지면 물
에 빠는 것이 아니라 불에 태워야 깨끗해졌다고 한다. 불에서 사는 짐승
의 털로 만들었으므로 빨래도 불에 태우는 것으로 대신했다니 참으로

재미있는 상상이 아닐 수 없다.

염화산과 약수라는 장애물을 통과하여 곤륜산 안으로 들어가면 마지막 관문이 기다리고 있다. 그것은 개명수開明獸라는 무시무시한 문지기이다. 개명수는 몸체는 호랑이같이 생겼는데 사람의 얼굴을 한 머리가 아홉 개나 달려 있는 괴수이다. 이 괴수가 곤륜산 정상에서 동쪽을 향해 버티고 서서 출입자를 감시했다.

스핑크스
피라미드의 문지기로서 개명수의 역할과 닮았다.

개명수는 머리가 아홉 개나 달려 있어서 누구도 열여덟 개나 되는 눈을 피해 성문을 통과할 수는 없었다. 동쪽을 향해 버티고 선 이런 개명수의 모습은 마치 피라미드를 지키고자 얼굴을 정면으로 향한 스핑크스를 연상시킨다.

하지만 독자 여러분이 일단 개명수의 허락을 받아 성 안으로 들어갔다 가정하고 이제 곤륜산의 내부에 대해 둘러보기로 하자. 곤륜산은 우선 아홉 방향마다 옥 난간을 두른 우물과 문이 있고 그 안쪽에 다섯 개의 성과 열두 개의 누각이 있었다. 이 장엄한 건물들은 바로 최고신 황세의 궁궐이었다.

최고신이 천상에서 내려올 때 묵는 이 궁궐의 관리자는 육오陸吾라는 신이었다. 이 신은 사람의 얼굴을 하였으나 호랑이의 몸에 아홉 개의 꼬리가 있는 괴이한 모습을 지니고 있었다. 그는 본래 천상의 아홉 구역을 다스렸던 신으로 곤륜산에서는 궁궐과 더불어 황제의 정원도 관리하였다. 그리고 붉은 봉황새 한 마리가 그를 도와 궁궐의 온갖 물건과 황제의 의복 일을 맡아보았다.

곤륜산에는 그러나 황제만이 살았던 것은 아니다. 황제처럼 천상과 곤륜산을 왕래하는 신도 있었고 속세와 곤륜산을 왕래하는 신도 있었으며 아주 곤륜산에 자리잡고 사는 신도 있었다. 그러나 그들은 궁궐이 아니라 여덟 방향의 바위굴에 각각 흩어져서 살았다. 곤륜산은 이처럼 신들이 지상을 오고 가거나 거처하는 하계의 거점이었던 것이다.

신성한 공간인 곤륜산에 존재하는 사물들 역시 범상치 않았다. 그 꼭대기에는 목화木禾라고 하는 길이가 다섯 길(약 150미터), 크기가 다섯 아름이나 되는 거대한 벼가 자랐다. 아마 이 벼로 인해 곤륜산에서는 흉년을 몰랐을 것이다.

그리고 그곳에는 주수珠樹, 문옥수文玉樹, 낭간수琅玕樹, 벽수碧樹 등 옥을 열매로 맺는 나무들이 무성하게 자라고 있었다. 특히 황제는 낭간수에서 열리는 옥을 가장 아껴서 그 곁의 복상수服常樹라는 나무에 이주離朱라는 눈 밝은 신하를 상주시켜 누가 훔쳐가지 못하도록 감시하게

아르고스
온몸에 눈이 달린 아르고스가 헤르메스에게 속아 죽음을 당하고 있다. 고대 그리스 항아리의 그림.

하였다. 이주는 머리가 셋이어서 교대로 잠을 자면서 낭간수를 지켰다.

그는 마치 그리스 로마 신화에서의 백 개의 눈을 가진 거인 아르고스를 생각나게 한다. 헤라의 명을 받들어 아르고스는 암소로 변신한 제우스의 연인 이오를 감시하는 임무를 맡았는데 제우스는 이오의 처지를 불쌍히 여겨 아들인 헤르메스를 시켜 아르고스를 처치하고 이오를 구해주도록 했다. 헤르메스는 아름다운 노래와 이야기로 아르고스를 잠재운 뒤 그의 목을 잘라 죽여버렸다.

곤륜산에는 또한 사람을 영원히 죽지 않게 하는 열매를 맺는 불사수不死樹라는 나

반도회
서왕모의 생일을 축하하기 위해 많은 신선들이 요지에 모여들고 있다. 신선들은 장수를 상징하는 사슴과 학 등을 동반하고 있다. 청淸 왕문정王文亭의 〈왕모경수도王母慶壽圖〉.

무도 자라고 있었다. 그리고 사당목沙棠木이라는 나무도 있는데 그 열매를 먹으면 물에 빠져도 몸이 둥둥 떴다고 한다.

곤륜산은 사실 하나의 산봉우리가 아니라 부근의 여러 산을 한데 모아 부르는 이름이다. 곤륜산에 속하는 지역 중에서 옥산玉山은 글자 그대로 옥이 많이 나는 산으로 서왕모의 거처가 있는 곳이었다.

서왕모 역시 황제처럼 훌륭한 궁궐에 살았다. 궁궐 옆에는 요지瑤池

괴강산의 신 영소
청淸 필원의 『산해경』에서.

라는 아름다운 연못이 있었는데 서왕모는 이곳에서 신들을 위한 잔치를 자주 베풀었다. 특히 매년 3월 3일 서왕모의 생신 때 요지에서 여는 잔치, 곧 요지연瑤池宴에는 천상의 지체 높은 신들과 지상의 도력 높은 신선들만이 초대받아 올 수 있었다. 이곳에 초대받지 못한 손님이 된 손오공이 홧김에 천상을 아수라장으로 만든 일은 『서유기』 중의 유명한 에피소드이다. 요지연에 초대받은 유일한 인간으로는 주목왕周穆王이 있다. 그는 서왕모의 연인이었기 때문이다. 이 잔치에는 요지 곁의 복숭아밭인 반도원蟠桃園에서 갓 따낸 불로장생의 선도仙桃 복숭아가 특별 메뉴로 제공되어 손님들을 기쁘게 했다. 이로 인해 요지의 잔치는 반도회蟠桃會로 불리기도 한다. 3천 년 만에 꽃을 피우고 다시 3천 년 만에 열매를 맺는다는 이 복숭아는 말썽꾼 손오공에 의해 몽땅 털려버린 적이 있고 한무제의 익살꾼 동방삭에게 몇 차례 도둑맞은 적도 있다. 어쨌든 서왕모가 벌이는 이 요지의 파티가 얼마나 화려하고 멋진 것이었던지 요지경瑤池鏡이라는 말이 여기서 나왔다. 후세의 화가들은 온갖 신들과 신선들이 유유히 노니는 요지의 잔치를 주제로 그림 그리기를 즐겼다. 이 그림은 요지연도瑤池宴圖라는 하나의 스타일로 양식화되어 있다. 그것은 제왕과 귀족들의 부귀영화로운 생활을 유감없이 표현하는 것이기도 했다.

역시 곤륜산에 속하는 괴강산槐江山이라는 곳에는 황제의 꽃밭이자 옥이 지천으로 굴러다닌다는 현포玄圃가 있었다. 이곳에서는 옥처럼 맑기 그지없는 요수瑤水가 흘러나와 옥산의 요지로 흘러들었다. 이 지역을 관리하는 신은 이름을 영소英招라고 하는데 말의 몸에 사람의 얼굴을 하고 호랑이 무늬에 새의 날개를 한 기괴한 모습으로 사방을 돌아다녔다. 그의 형상은 마치 그리스 로마 신화에서의 마인馬人 켄타우로스와 흡사했다.

남북조南北朝 시대의 대시인 도연명陶淵明은 낙원 곤륜산의 풍경을 이렇게 상상하며 읊었다.

> 아득하도다. 괴강의 고개,
> 이를 일러 현포의 언덕이라 하네.
> 서남쪽으로 곤륜의 터전을 바라보니,
> 광채와 기운이 으뜸일세.
> 번쩍번쩍 낭간수는 빛나고,
> 졸졸 맑은 요수 흘러라.
> 주목왕의 수레를 얻어 타고,
> 한번 놀러 오지 못한 것이 한스럽네.

낙원을 찾으려는 열망이 실크 로드를 개척하다

곤륜산은 특정한 좌표를 지니지 않은 신화적 산임에도 불구하고 고대 중국에서는 이 대표적 낙원인 곤륜산이 서쪽 어딘가에 있다고 믿어졌다.

서방 낙원에 대한 이러한 열망은 후세의 한무제 때에 중앙아시아에 대한 탐색을 자극하였다. 한무제가 북방의 흉노족을 견제하기 위해 사신 장건[1]을 서쪽 먼 나라로 보낸 결과 동서 간의 교역을 가능하게 한 실

---

1. **장건張騫(?~기원전 114)** 한무제 때의 외교 관료. 그는 무제의 명에 의해 흉노를 협공하기 위해 대월지국과 동맹을 맺으러 갔으나 실패하였다. 그러나 돌아오면서 중앙아시아의 실정과 교통로를 상세히 파악하게 되었고 그 후 이를 토대로 중국과 중앙아시아의 무역 및 문화 교류가 활발하게 일어났다.

크 로드가 개척된 것은 유명한 역사적 사건이다.

그런데 이 사건의 배후에는 그러한 현실적 목적 이외에 다른 낭만적 동기도 있었다고 전해진다. 한무제는 장건으로 하여금 황하의 근원을 찾아보라는 또 하나의 지시를 내렸다는데 장건은 한무제의 이런 지시가 무엇을 의미하는지 잘 알고 있었다. 아마 장건은 이렇게 생각했을 것이다.

"황제의 명은 곧 곤륜산을 찾아보라는 것이야. 서왕모와 여러 신들이 산다는 낙원을 찾아서 불사약을 구해 오라는 것이겠지. 참으로 난감한 일이군."

장건이 이처럼 생각한 이유는 곤륜산이 황하의 근원에 있다고 알려져왔기 때문이었다. 그러나 상상 속의 산인 곤륜산이 장건에게 발견될 리는 없었다. 장건은 서방 곳곳을 헤맸지만 결코 황하의 근원, 즉 곤륜산을 찾지는 못하였다. 물론 실크 로드는 정치적 목적을 수행하는 과정에서 우연찮게 개척된 것이지만 당시 중국의 서방에 대한 환상이 한몫을 했을 가능성도 배제할 순 없다.

신화적 상상과 역사는 이처럼 뜻하지 않게 서로 관계를 주고받기도 한다. 예컨대 슐리만은 호머의 『오디세이』 신화 이야기에서 힌트를 얻어 트로이를 발굴하였고 마르코 폴로는 비단의 나라 카세이(중국)와 황금의 나라 지팡구(재팬:일본)에 매료되어 머나먼 동방 여행을 단행하지 않았던가? 상상을 좇는 일이 비록 무지개를 잡는 것처럼 허황된 일일 수도 있지만 그러한 행위는 때로 인간으로 하여금 역사의 주인공이 되도록 이끄는 원동력이 되기도 한다.

불교가 중국에 전래된 이후로는 과거의 곤륜산 신화가 서방 정토淨土에 대한 신앙과 결합하여 중국인들의 서방 낙원에 대한 동경이 더욱 강해졌다. 이러한 동경은 마침내 서방을 향한 모험적 여행담인 『서유기』와 같은 환상문학의 걸작을 낳게 되었다. 곤륜산에 가서 불사약을 얻어 갖고 오는 일이 천축국天竺國에 가서 만고의 진리인 불경을 얻어오는

돌아온 손오공 일행
천축에서 불경을 얻어 중국으로 귀환한 손오공 일행을 당태종과 신하들이 맞이하고 있다. 『서유기』의 삽화.

일로 바뀌었을 뿐 서방 낙원에 대한 동경이라는 근본적인 취지에는 변
화가 없는 것이다.

닿을 수 없는 신비로운 섬, 삼신산

이제 서방의 낙원에 이어 동방의 낙원에 대해 알아보기로 하자. 곤륜
산이 서방의 낙원을 대표한다면 삼신산三神山은 동방의 가장 저명한 낙
원이다. 고대 중국인들은 서쪽으로 고비 사막 너머 멀리에 축복받은 산
이 있다고 생각하는 한편 동쪽으로 바다 멀리 어딘가의 섬에 이상향이

대여
잃어버린 낙원. 명明 오빈吳彬의 〈대여도岱輿圖〉.

봉래
공중에는 학이 날고 호수에는 연꽃이 떠 있는 여름 풍경. 청나라
때의 그림 〈봉래선경蓬萊仙境〉.

존재한다고 상상했다.

대륙의 동쪽, 정확히 말하면 동북쪽에 발해渤海 바다가 있다. 이 발해의 동쪽으로 몇억만 리인지 모를 먼 곳에 거대한 물의 계곡이 있는데 그 이름을 귀허歸墟라고 하였다.

귀허는 바닥이 없는 바다의 심연深淵으로 지상의 온갖 강물과 심지어 천상의 은하수까지 흘러드는 곳이지만 수심에 조금도 변화가 없었다고 하니 이곳이 얼마나 엄청난 물의 저장소인지 알 수 있다. 실로 이곳은 세상의 모든 물이 흘러드는 물의 고향과 같은 곳이었다.

그런데 이 귀허의 바다에는 다섯 개의 아름다운 섬이 떠 있었다. 그 섬들은 각기 대여岱興, 원교員嶠, 방호方壺, 영주瀛洲, 봉래蓬萊로 불리었다. 각 섬은 높이와 주위가 3만 리나 되었고 꼭대기의 평지가 9천 리였으며 섬과 섬 사이는 마치 이웃집처럼 보였지만 그 거리는 자그마치 7만 리나 되었다.

모든 섬에는 금과 옥으로 지은 찬란한 궁궐과 누대가 있었고 그곳에 사는 짐승들은 모두 순백색이었다. 그곳에는 또한 아름다운 옥을 열매로 맺는 나무들이 무더기로 자라고 있었다. 그 열매는 너무나 맛이 있을 뿐만 아니라 먹으면 늙지 않고 오래 살 수 있었다.

이 섬들의 주민은 보통 인간이 아니었다. 그들은 모두 신선의 자질을 지닌 사람들로 낮이든 밤이든 훨훨 날아서 돌아다녔다. 그러나 이 아름다운 섬의 초인적인 능력을 지닌 주민들에게도 한 가지 큰 고민이 있었다. 그것은 섬이 파도에 따라 이리저리 흔들려서 잠시도 안정을 찾을 수 없다는 점이었다.

고민하다 못해 그들은 이 일을 천제께 호소하였다. 천제는 섬들이 서쪽 끝으로 떠내려가 신선들이 거처를 잃을까 염려하였다. 그리하여 바다의 신 우강禺疆에게 명을 내려 열다섯 마리의 거대한 자라들로 하여금 등으로 섬을 떠받치게 하였다. 자라들은 3교대로 이 일을 수행하였는데 한 번 교대하는 기간은 6만 년이었다.

삼신산
망망대해의 구름 속에 떠 있는 삼신산. 위태로운 절벽 위에 지어진 누각에 신선들이 산다. 청淸 원강袁江의 〈해상삼산도海上三山圖〉.

다섯 개의 섬은 이렇게 해서 비로소 안정을 찾을 수 있었다. 아마 이 안정이 지속되었다면 오늘날 우리들은 이 섬들을 삼신산이 아니라 오신산이라고 부르게 되었을 것이다.

안정이 깨진 것은 용백국龍伯國이라는 거인국 사람들 때문이었다. 어느 날 갑자기 덩치가 엄청나게 큰 이 거인들이 나타나 섬들을 떠받치고 있던 자라 여섯 마리를 낚시로 잡아가 버리는 바람에 대여와 원교 두 섬이 북쪽 끝으로 떠내려가 마침내 바다에 침몰하였다는 이야기는 이미 앞에서 하였다. 이 사건으로 오신산은 그만 봉래, 방호, 영주의 삼신산이 되고 말았다. 이 중 방호는 방장산方丈山으로 더욱 잘 알려져 있다.

동쪽의 발해 바다 어딘가에 신선들이 사는 삼신산이 있다는 소문이 퍼진 것은 전국戰國 시대 무렵(기원전 3~4세기)이었다. 그곳에 황금과 은으로 지은 궁궐이 있고 불사약이 있다는 소문이 발해만 지역의 주민들로부터 흘러나온 것이다.

호기심이 많은 사람들은 실제로 배를 타고 삼신산을 찾아 나섰다. 그런데 그들이 멀리 구름 속에 잠겨 있는 삼신산을 보고 황급히 달려가 보면 섬들이 홀연 물밑으로 꺼져버렸고 어찌어찌해서 다 왔다 싶으면 난데없이 바람이 불고 섬이 사라지는 통에 아무도 그곳에 가본 사람은 없었다.

동쪽 바닷가에 있던 나라들인 제齊나라와 연燕나라의 임금들이 특히

서불 원정대의 흔적
서불 일행이 서귀포 정방폭포 암벽에 이 글, "서불과지徐市過之"를 새기고 일본 쪽을 향해 떠났다고 한다. 현재 이 글은 탁본으로만 전할 뿐 폭포 암벽에 남아 있지는 않다.

삼신산에 대해 깊은 관심을 표명하였다. 그들은 무엇보다도 그 낙원에 있는 불사약을 얻고자 하였다. 그리하여 제나라의 위왕威王과 선왕宣王, 연나라의 소왕昭王 등은 탐험대를 조직하여 삼신산을 탐색하게 하였으나 모두 실패로 돌아갔다.

이들의 뒤를 이어 가장 적극적으로 삼신산의 탐색에 열을 올렸던 임금이 그 유명한 진시황秦始皇이다. 당시 제나라와 연나라 지역에는 방사方士라는 마술사들이 활약하고 있었는데 진시황은 여러 차례 이들을 시켜 삼신산을 찾아보게 하였다. 그 중 가장 대규모로 조직되었던 팀은 방사 서불徐市을 대장으로 하고 순결한 소년 소녀 5백 명과 다수의 대원으로 이루어진 탐험대였다. 서불은 또한 서복徐福이라고도 부른다. 서불은 대선단을 이끌고 산동 반도를 출항하여 삼신산을 찾아 나섰는데 이들은 끝내 돌아오지 않아 그 귀착지는 영원히 미스터리로 남았다.

제주도 서귀포西歸浦에는 이들이 지나가면서 새겼다는 "서불과지徐市過之(서불이 이곳을 지나갔다)"라는 글귀가 남아 있었다고 하며 서귀포라는 지명은 서불 일행이 제주도에서 약초를 캐고 서쪽인 중국으로 돌아가고자 했던 포구라는 의미에서 비롯된 것이라고 한다. 이들은 과연 어디로 갔을까?

최근 중국에서는 흥미로운 주장이 제기되고 있다. 서불 일행은 제주도를 거쳐 결국 일본 열도에 도착하였고 그들은 그곳에서 당시 야만 상태에 있던 일본 종족들을 일거에 평정하고 최초의 왕조를 열었으니 서불은 곧 일본인들이 개국의 임금으로 떠받들고 있는 신무천황[2]이라는 것이다. 신무천황 자체가 후세의 일본인에 의해 날조된 인물이니 이러한 주장이 일고의 가치도 없음은 물론이지만 우리는 여기에서 신화가 자민족 중심의 논리로 얼마든지 악용될 위험이 있음을 알 수 있다.

예술작품에 투영된 이상세계에 대한 소망

경주 안압지
안압지에는 모두 세 개의 섬이 있어 삼신산을 표현하고 있다. 그 중의 작은 섬이 보인다.

다시 삼신산 신화로 돌아가서, 동쪽 바다에 신비한 섬이 있다는 상상은 어떻게 해서 가능했던 것일까? 발해만 일대는 가끔 바다에서 신기루 현상이 일어난다고 한다. 바다 저편에 육지의 도시가 비쳐 나타나는 것이다. 아마 이 현상으로 인해 삼신산에

---

2. **신무천황**神武天皇(재위 기원전 660~585) 일본을 처음 건국했다는 임금. 그러나 후세에 조작된 인물로 보는 것이 정설이다.

대한 상상이 일어났을 것으로 생각하는 학자도 있다.

물론 현실적으로 그러한 지리적, 기상적인 요인도 작용했을 것이다. 그러나 근본적으로는 발해만 일대에 거주했던 동이계 종족의 동방에 대한 향수와 동경의 심리에서 비롯된 상상으로 볼 수 있다. 동방 낙원인 삼신산과 서방 낙원인 곤륜산, 그것은 고대에 동과 서로 양분되었던 화하계華夏系 문화와 동이계 문화의 공존을 상징적으로 보여준다.

백제금동대향로
삼신산 등 낙원에 대한 상상이 백제 시대에도 활발했음을 보여준다. 국립부여박물관 소장.

전국 시대의 제후들과 진시황은 동방 낙원인 삼신산에 대한 직접적인 탐색을 시도했으나 실패하고 만다. 이들의 실패 이후 한무제는 서방 낙원인 곤륜산으로 방향을 돌려 여신인 서왕모를 통해 불사약을 얻고자 노력한다. 물론 한무제의 탐색도 실패로 돌아갔지만 어쨌든 삼신산은 곤륜산과 더불어 동양인의 마음속에 두 개의 큰 낙원으로 자리잡게 되었다.

삼신산은 이후 수많은 설화와 소설 속에서 등장하였고 회화, 조각, 건축 등의 미술 자료에서도 자주 표현되었다. 가령 고대인들은 정원을 만들 때 반드시 연못을 파고 한가운데에 섬을 조성하였는데 그것은 곧 낙원인 삼신산을 상징하였다. 그들은 집 안에다 자그마한 낙원을 만들어 이상세계에 대한 소망을 표현했던 것이다.

삼신산 신화는 우리나라에도 많은 영향을 미쳤다. 중국의 경우처럼 문학작품과 미술 자료 등에 흔적을 남기고 있음은 물론이다. 대표적인 예로는 근래에 백제의 왕실 공방工房 터에서 발굴된 백제금동대향로百濟

金銅大香爐, 일명 금동용봉봉래산향로金銅龍鳳峯萊山香爐를 들 수 있다.

삼신산 중의 하나인 봉래산을 소재로 한 이 향로에는 낙원인 봉래산에서 유유히 노니는 신선들과 상서로운 동물들의 모습이 생동적으로 새겨져 있다. 그뿐만 아니라 삼신산이 중국의 바다 동쪽에 있다는 상상은 그것들이 한반도에 있다는 생각으로까지 발전하여 백두산, 금강산, 지리산, 한라산 등의 명산을 삼신산으로 빗대어 말하게끔 되었다. 그리하여 조선 말기의 학자 이능화李能和는 그의 『조선도교사朝鮮道教史』에서 신선들이 사는 삼신산이 고대 한국에 있었고 이곳에서 발생한 신선 사상이 중국에 흘러 들어가 도교로 발전하게 되었다는 가설을 제시하기도 하였다.

곤륜산 91×73cm 캔버스·아크릴 물감 2003, 서용선

17

동양의 대표적 낙원, 무릉도원

[그 외의 낙원들 : 물질의 낙원과 정신의 낙원]

평범한 사람들이 꿈꾼 소박한 이상향

낙원은 서방의 곤륜산이나 동방의 삼신산과 같이 신성한 존재들이
사는 곳만 있는 것이 아니었다. 사실 평범한 인간들에게는 전지전능한
신들의 낙원인 곤륜산이나 삼신산 같은 곳보다 그저 속세의 시름을 잊
고 살아갈 수 있는 인간 세상의 낙원이 더 절실한 이상향이었는지 모른
다. 이처럼 고대인이 상상한 낙원은 신들의 초월적인 영역과는 달리 이
세상 어딘가 경치 좋은 곳에 평범한 사람들이 즐겁게 살아가는 그런 장
소로 더 자주 그려진다. 그런 장소는 세상 어딘가에 존재한다고 알려져
있긴 하지만 보통 때에는 사람들의 눈에 잘 띄지 않는 신비한 곳으로
묘사되곤 한다.

가령 서남쪽에 있는 흑수黑水라는 강 근처에는 도광야都廣野라는 들
이 있는데 이곳은 농업을 일으켰던 후직后稷의 무덤이 있는 곳이었다.
아마 이 영웅의 신비한 위력 때문이었는지 이곳에는 특별히 맛이 좋은
콩, 벼, 기장 등의 품종이 산출되었고 온갖 곡식이 절로 자랐다. 그리고
기후가 온화하여 겨울과 여름을 가리지 않고 농사를 지을 수 있었으며
풀이 사철 내내 시들지 않았다.

그뿐만이 아니었다. 이곳에는 영수靈壽라고 하는 신기한 나무도 자
랐는데 그 꽃과 열매를 먹으면 불로장생할 수 있었다. 모든 것이 풍요
로운 이곳에서는 짐승들도 싸우는 일 없이 평화롭게 어울렸다. 그러자
태평성대를 상징하는 난새와 봉황새가 날아와 제멋에 겨워 노래하고
춤을 추었다. 이것은 농업의 영웅인 후직이 인간을 위해 힘쓰다가 들
에서 객사한 그 공로를 치하하기 위해서 하늘이 내려준 축복이라고 할
만하다.

북쪽 바다 바깥의 평구平丘와 동쪽 바다 바깥의 차구嵯丘라는 곳도 낙
원이라고 불릴 만한 지역이다. 이곳에서는 온갖 종류의 과일이 풍족하
게 생산되며 아무리 베어내도 고기가 줄지 않는다는 시육視肉이라는 소
가 있어 사람들은 먹을 것을 걱정하지 않았다.

남쪽의 먼 변방에 있는 질민국臷民國이라는 나라는 순舜임금의 후손
이 세운 나라인데 그곳 사람들은 길쌈도 않고 베를 짜지 않아도 옷을
해 입을 수 있으며 파종도 하지 않고 추수를 하지 않아도 온갖 곡식이
쌓여 있어 언제나 밥을 배부르게 먹을 수 있었다. 이곳에도 난새와 봉
황새가 날아와 제멋에 겨워 노래하고 춤을 추었다. 질민국 이야기는 항
상 힘든 노동에 시달리지 않으면 음식과 옷을 얻을 수 없었던 고대인들
의 소박한 희망이 반영된 이상향 이야기로 보인다.

서쪽 바다 바깥의 제요야諸夭野라는 들, 서쪽 먼 변방의 옥국沃國이라
는 나라도 난새와 봉황새가 노니는 평화로운 곳인데 이들 지역의 사람
들은 봉황새의 알을 먹고 단 이슬을 마시고 살며 그들이 원하기만 하면

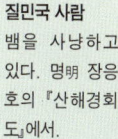

질민국 사람
뱀을 사냥하고 있다. 명明 장응호의 『산해경회도』에서.

모든 일이 절로 이루어졌다고 한다. 봉황새의 알을 먹고 바라는 것이 모두 이루어졌다니 이 나라 사람들은 아마 초인에 가까운 종족이었던 모양이다. 특히 단 이슬, 즉 감로甘露를 마시고 살았다는 구절은 이 지역 사람들이 예사롭지 않은 존재임을 나타낸다.

이번에는 위의 낙원들과 성격이 좀 다른 낙원들에 대해서도 알아보자. 아득한 옛날 중국에서 동쪽으로 수천만 리 떨어진 곳에 화서씨국華胥氏國이라는 나라가 있었다. 이 나라는 하도 멀어서 배나 수레로 갈 수 없고 정신으로나 갈 수 있는 곳이었다.

이 나라는 우두머리가 지배하지 않아도 저절로 다스려졌다. 그 백성들은 순박하여 악착같이 삶을 추구하지도 않고 죽음을 두려워하지도 않으니 오히려 일찍 죽는 일이 없었다. 그뿐만 아니라 그들은 누구를 특별히 사랑하지도 않고 미워하지도 않으니 항상 미음이 평온히였다.

그리하여 그들은 모든 현실의 제약을 받지 않았다. 그들은 물에 들어가도 젖지 않고 불에 들어가도 뜨거운 줄 모르며 공중을 다니기를 땅 위를 걷듯이 하였다. 구름이나 안개도 그들의 시야를 가리지 못하고 천둥소리도 그들의 귀를 어지럽히지 못하였다.

큰 신 복희伏犧는 이 나라의 어떤 소녀가 호숫가에 찍힌 거인의 발자국을 밟고 이상한 기운을 느낀 뒤 임신하여 낳았다고 전해진다. 이 나라는 실로 모든 것이 자연스러움 속에서 이루어지는, 태고의 환상 속에나 존재하는 나라였다.

거인의 발자국만 밟고도 아이를 갖는다는 이야기는 우물만 들여다봐도 아이를 갖는 여자국 이야기, 서로 좋아하는 마음만 품어도 아이를 갖는 사유국司幽國 이야기와 함께 천지의 만물이 기운으로 서로 감응한다는 원시 인류의 세계관을 반영한다.

또 우禹임금이 우연히 찾아들었던 낙원도 있다. 우임금이 홍수를 다스리고자 전국을 돌아다니고 있을 때, 하루는 먼 북방으로 순행을 나섰다가 그만 길을 잃어버리고 말았다. 며칠을 헤매다가 우임금은 우연히 길 하나를 발견했는데 그 길을 따라 한참을 가다보니 마침내 종북국終北國이라는 나라에 들어섰다.

그런데 이 나라는 서리도 비도 내리지 않았고 짐승이 살지도 초목이 자라지도 않아 언뜻 보면 황량한 곳이었지만 기후는 무척 온화했다. 신기하게도 이 나라 사람들은 조금도 굶주리거나 궁핍한 기색이 없었다. 먹거리라고는 아무것도 나지 않는데 사람들에게 풍족한 기운이 넘치는 것이 신기해서 우임금은 그 나라의 사정을 자세히 살펴보았다. 그랬더니 그럴 만한 이유가 있었다. 그 나라 한가운데에는 호령壺嶺이라는, 호리병처럼 생긴 산이 하나 있는데 산꼭대기의 구멍에서 신비한 물이 흘러나왔다. 이 물은 산 아래 사방으로 흘러 내려가 전 지역을 골고루 적시고 있었다. 신분神濆이라고 부르는 이 샘물은 난초 같은 향기가 나고 단술처럼 맛이 좋았다. 백성들은 모두 물가에 모여 살면서 농사도 짓지 않고 베도 짜지 않았다. 그들은 배고프면 신분을 마셨고 그러면 기력이 샘솟아 올랐다. 간혹 취하도록 마시면 열흘이나 되어서야 겨우 취한 기운에서 깨어났다. 일할 필요도 없이 행복하기만 한 그들은 노래를 좋아하여 하루 종일 서로 손잡고 노래를 불렀다. 그들은 이렇게 아무 병 없이 백 년 이상을 살다가 죽었다.

홍수를 다스리느라 지칠 대로 지친 우임금은 이 낙원에서 떠나고 싶은 생각이 들지 않았다. 하루 이틀 세월을 보내던 우임금은 자신도 이 곳에 그냥 살고 싶었지만 고생하는 백성들을 생각해보니 마음이 아파서 도저히 혼자 편하게 그곳에 머물 수가 없었다. 그리하여 우임금은 굳게 결심을 하고 그 나라를 떠나지 않을 수 없었다.

곤륜산, 삼신산 등 신들이 사는 낙원에 비해 도광야, 평구, 질민국 등 평범한 사람들이 거주하는 낙원은 물질적 풍요로움이 넘치는 곳으로 묘사되어 있는 것이 한 특징이다. 이것은 물질적 조건이 충분치 못했던 고대인들의 현실적 소망을 표현한 것이라고도 볼 수 있다. 온갖 곡식과 과일이 사시사철 생산되고 고기가 줄지 않는 소가 있는 곳이야말로 물질의 낙원이 아닐 수 없다.

이에 비해 화서씨국, 종북국 등은 정신의 낙원으로서의 성격이 짙다. 특히 이러한 낙원 신화들은 인간이 문명화되기 이전, 태고의 소박한 정신 생활을 예찬하는 자연 복귀의 사상을 담고 있다. 인간이 자연의 도리를 거스르지 않고 살 때가 가장 행복하다는 이러한 사상은 노자老子가 창시한 도가道家 학파에 의해 적극적으로 주장되었고 그의 계승자인 장자莊子와 열자列子 등에 의해 널리 선전되었다.

동양 이상향의 대명사, 무릉도원

신화 시대의 이러한 낙원 이야기들은 후세에도 전해져 또 다른 낙원 이야기들을 낳았다. 하긴 인간이 현실에 부대끼면서 살아가는 동안 한 번도 살기 좋은 세상, 아름다운 세상을 꿈꾸지 않은 적이 있을까? 후세에 생긴 중국의 낙원 이야기 중에서 가장 유명한 것은 모두의 귀에 익은 무릉도원武陵桃源 이야기이다. 비록 신화 시대의 낙원은 아니지만 무릉도원은 사실상 동양 낙원의 대명사로까지 널리 알려져 있다. 실제로 이 무릉도원에 얽힌 이야기만큼 동양의 낙원 사상을 함축해서 보여

무릉도원
이 그림은 도연명의 「도화원기」의 정경을 그대로 묘사한 것이다. 오른쪽 아래에 어부
가 타고 온 나룻배가 보이고 산속에 복숭아꽃 핀 마을과 어부를 맞이하는 마을 사람
들이 보인다. 명明 주신周臣의 〈도화원도桃花源圖〉.

주는 경우도 드물 것이다.

원래 무릉도원은 동진東晉의 전원시인 도연명陶淵明이 「도화원기桃花源記」라는 산문 작품에서 처음 묘사한 상상 속의 낙원이다. 무릉도원이 어떤 곳인지 느껴보기 위해 직접 작품을 감상해보도록 하자.

진晉나라 태원太元 시기에 무릉武陵 땅의 한 어부가 시냇물을 따라 가다가 어디쯤 왔는지 길을 잃고 말았다. 헤매던 그의 눈앞에 갑자기 복숭아꽃이 만발한 숲이 나타났는데, 시냇물 양쪽으로 수백 보의 평지에 다른 나무는 없이 싱그러운 풀들이 자라고, 떨어지는 꽃잎들이 이리저리 흩날렸다. 어부는 무언가 이상한 느낌이 들어 다시 앞으로 나아가 숲의 끝까지 가보고자 하였다. 숲이 시냇물 끝에서 다하자 문득 산이 하나 나타났다. 산에는 작은 굴이 있는데 흡사 빛이 통하는 듯하였다. 그래서 배를 버리고 굴로 들어가니 처음엔 아주 좁아 겨우 한 사람이 지나갈 만하였다. 다시 수십 보를 나아가자 앞이 탁 트이면서 밝아졌는데 널따란 토지에 집들이 우뚝하고 기름진 밭, 아름다운 못이 있는데다가 뽕나무, 대나무가 자라고 있었다. 그리고 이리저리 길이 뻗어 있고 닭 울고 개 짖는 소리가 들려왔다. 그 가운데를 돌아다니며 농사일하는 남녀들의 의복을 보니 모두 딴 세상 사람들 같은데, 늙은이나 젊은이나 모두 행복하고 즐거운 표정이었다. 그들은 어부를 보자 깜짝 놀랐다. 그들이 어디에서 왔느냐고 물어 어부가 사실대로 이야기하자, 집으로 네려가 술을 마련하고 닭을 잡아 대접하였다. 마을에 이러저러한 사람이 왔다는 소문이 퍼지자 모두들 와서 궁금한 것을 물었다. 그들은 자신들에 대해 말하기를, 옛날 진秦나라 때 난리를 피해 처자를 거느리고 이 외진 곳에 와서 다시는 나가지 않아 마침내 바깥 세상과 두절되었다고 하였다. 그들은 지금이 어느 때인가를 물었는데 한漢나라가 있었던 사실도 모르고 있으니 위魏나라, 진晉나라는 말할 것도 없었다. 어부가 일일이 그들에게 아는 바대로 대답해주자 모두들 놀라워하였다. 나머

지 사람들도 각자 어부를 집으로 데리고 가 술과 음식을 대접하였다.
며칠을 머물다가 떠나가게 되었을 때 그곳 사람들이 당부하기를, 외부
사람들에게 이야기하지 말라고 하였다. 어부는 그곳을 나와 배를 타고
먼젓번에 왔던 길을 따라가면서 곳곳에다 표시를 해두었다. 그가 고을
에 도착하여 태수를 뵙고 이 같은 사실을 이야기하니 태수가 곧 사람을
딸려 보내 그와 함께 가보게 했는데, 지난번에 표시해두었던 곳을 찾았
으나 모두 없어져서 결국 길을 찾지 못하였다. 남양南陽 땅의 유자기劉
子驥란 사람은 고상한 선비이다. 무릉도원에 대한 소문을 듣고 그곳에
몹시 가고 싶어하였으나 이루지 못하고 얼마 후 병으로 죽었다. 그 후
로는 더 이상 그곳으로 가는 길을 묻는 사람이 없었다.

안평대군 꿈속의 무릉도원
꿈속의 정경을 그려내서인지 앞서의 〈도화원도〉에 비해 분위기가 더 몽환적이다. 안견의 〈몽유도원도〉.
그림은 현재 우리나라에 없고 일본 천리대학天理大學 도서관에 소장되어 있다.

　　무릉도원 이야기에서는 중요한 신화적 이미지가 한 가지 발견된다. 그것은 복숭아나무이다. 우리는 낙원인 곤륜산에 살고 있는 서왕모의 과수원이 반도원인 것을 이미 알고 있다. 무릉도원에서는 바로 서왕모의 복숭아 이미지를 빌려 이곳 역시 낙원임을 암시하고 있는 것이다. 낙원은 한번 갔다 오면 다시 가지 못한다. 이러한 모티프는 세계의 낙원 이야기에서 보편적이다. 아담과 이브가 에덴 동산에서 쫓겨난 이래 그들의 후예인 우리 인간은 아직도 과거의 낙원으로 돌아가지 못하고 있지 않은가?

　　무릉도원은 동양적인 낙원의 모델로서 여기에 담긴 유토피아 사상은 후세 사람들의 의식에 많은 영향을 미쳤다. 세상이 어지러울 때 사람들은 도피처로서 무릉도원을 마음속에 그렸으며 실제 현실 속에서 그런 장소를 갈망하기도 하였다. 조선 후기에 함경도 갑산甲山 깊은 산속에 무릉도원이 있다는 풍문이 돌아 수많은 사람들이 그곳을 찾아 나섰던 사건이 있을 정도였다. 무릉도원에 대한 상상은 후세의 문학과 예술에도 큰 영향을 주었다. 허균許筠의 소설 『홍길동전』에서 홍길동은 조선을 떠나 외딴 섬 율도국硉島를 차지하여 이상적인 나라를 건설한다. 이 율도국이야말로 이상향 무릉도원의 또 다른 표현이 아닐 수 없다. 회화에서도 수많은 화가들이 무릉도원에 대한 상상을 그림에 옮겨 양식화한다. 조선 초기 안견[1]의 〈몽유도원도〉도 그 중의 하나이다. 안평대군[2]이 「도화원기」를 즐겨 읽다가 어느 날 꿈속에서 무릉도원을 보고 안견에게 그 꿈 이야기를 들려주어 3일 동안에 걸쳐 그리게 했다는 그림이 바로 〈몽유도원도〉인 것이다.

---

1. 안견安堅(1400?~1470?) 조선 전기의 화가. 호는 현동자玄洞子. 북송 곽희郭熙의 화풍을 바탕으로 여러 화가의 장점을 절충하였는데, 산수화에 특히 뛰어났다. 안평대군을 가까이 섬겼으며 그의 명에 의해 〈몽유도원도夢遊桃源圖〉를 그렸다.

2. 안평대군安平大君(1418~1453) 이름은 이용李瑢. 호는 비해당匪懈堂. 세종의 셋째 아들로 시, 서, 화, 가야금 등에 능하였는데 특히 글씨가 뛰어나 명필로 일컬어진다. 형인 수양대군首陽大君에 의해 반역죄로 몰려 죽었다.

삼신산 91×73cm 캔버스 · 아크릴 물감 2003, 서용선

18
지옥 혹은 죽은 자들의 세계

[중심에서 밀려난 패배자들 :
어둡고 암울한 지하세계의 주인 후토와 과보]

낙원의 이면, 어두운 지하세계

우리의 정신세계는 항상 균형을 추구하게 되어 있다. 밝고 희망에 찬 낙원에 대한 상상이 존재한다면 그 반대편으로 어둡고 음울한 지옥 같은 세계가 그려지게 마련이다. 그리스 로마 신화를 보아도 엘리시온의 들판처럼 사철 온화한 낙원이 있는가 하면 하데스가 지배하는 지하세계와 무간지옥이나 다름없는 타르타로스도 있다.

세계의 모든 신화에는 낙원과 지옥이 공존한다. 아울러 낙원과 마찬가지로 지옥의 이미지도 공통점이 있다. 그곳은 대개 어둡고 추우며, 땅 밑에 있거나 북쪽에 위치한다. 무엇보다도 그곳은 죽은 자의 망령이 가는 곳이라는 점에서 이 세상과 확연히 구분되는 공간이다.

페르세포네의 귀환
저승왕 하데스에게 납치되었던 페르세포네가 헤르메스의 인도를 받아 지하세계에서 빠져나오고 어머니 데메테르가 지상의 입구에서 맞이하고 있다. 프레데릭 레이턴의 그림.

동양 신화에서 지하세계와 원초적으로 관련이 깊은 신은 수신 공공共工이다. 그는 결코 선량한 신이 아니라 흉신凶神이다. 그는 큰 신 전욱顓頊과의 싸움에서 패하자 홧김에 부주산不周山을 들이받아 천지를 혼란에 빠뜨린 바 있고 그 후에도 자주 홍수를 일으켜 백성들을 괴롭혔던 이단아였다. 바로 이러한 흉신 공공의 아들 후토后土가 지하세계의 지배자였다.

후토는 대지의 신으로 원래는 여신이었겠지만 후세에는 수신 공공의 아들로 변모하였다. 그리고 더 후세에는 중앙의 신 황제의 보좌신이 되어 대지의 기운을 다스렸다. 즉 음침한 혈통과 흙의 기운이 어울려 지하세계 지배자로서의 이미지를 갖추게 된 것이다. 우리는 이로부터 중국 지하세계 지배자의 이미지가 상당히 부정적인 느낌으로부터 출발함을 알 수 있다.

검고 어두운 죽음의 세계, 유도

동양 신화에서는 후토가 다스리는 지하세계를 유도幽都라고 부른다. 땅 밑의 어두운 세계라는 뜻이다. 이 유도가 지상으로 연결된 곳이 유도산幽都山인데 이곳에는 흑수黑水라는 검은 강물이 흘러나오고 검은 새,

검은 뱀, 검은 표범, 검은 호랑이, 검은 여우 등 온통 몸빛이 검은 동물들만이 살았다.

그렇다면 정작 지하세계인 유도의 정경은 어떠한가? 대지의 신 후토는 유도를 신하인 토백土伯을 시켜 관리하게 했다. 토백은 특히 남방 지하세계의 신이었는데 그는 흉악한 몰골을 하고 두 손을 피로 물들인 채 죽은 자들을 쫓아다녔다. 죽은 자들은 이 땅 밑의 세계에 와서 토백에게 잡아먹히지 않으려고 비명을 지르며 이리 쫓기고 저리 쫓기고 하며 도망 다녔다. 정녕 유도는 무섭고 끔찍한 세계가 아닐 수 없었다.

후세로 가면서 유도는 모든 땅 밑이 아니라 특정한 산의 지하에 있다고 상상되었다. 고대 중국의 북방에는 사람이 죽으면 그 혼이 산으로 돌아간다는 믿음이 있었는데 이에 따라 산의 땅속 아래에 죽은 자들의 세계가 있으며 그것이 유도라고 생각했다. 일설에 의하면 곤륜산崑崙山의 북쪽에서 지하로 3600리쯤 되는 곳에 여덟 개의 유도가 있는데 주위가 사방 20만 리나 된다고 한다.

산 밑 땅속의 유도로서 가장 유명한 것은 태산泰山의 지하세계이다. 고대 중국에서는 동방의 태산, 남방의 형산衡山, 서방의 화산華山, 북방의 항산恒山, 중앙의 숭산嵩山을 오악五岳으로 숭배하였는데 이 중에서도 태산이 가장 중시되었기 때문이다. 이곳은 토백

후토
남신의 모습을 한 후토. 후토의 성별은 이중적이다. 대지의 신으로서 농부에게 호령하고 있다. 『중국고대민간복우도설』에서.

지옥의 옥졸
일본의 『지옥회권地獄繪卷』에서.

지옥 풍경
칼 숲의 지옥에서 죄지은 자들이 옥졸들에게 쫓겨 다니고 있다. 유도의 광경이 아마 이러했을 것이다. 일본의 『육도회六道繪』에서.

이 아니라 태산의 산신인 태산부군泰山府君이 다스렸다. 죽은 사람의 혼은 모두 태산 밑 땅속으로 끌려가서 태산부군의 심판과 지배를 받게 되어 있었다.

고대인들은 무덤 속의 공간도 생전의 집과 똑같이 여겼으므로 사자의 무덤이 자리 잡은 땅에 대한 권리를 매지권買地卷이라는 계약 문서로 보증하고자 하였다. 매지권은 죽은 자가 자신이 매장된 땅을 지하세계의 주인으로부터 사들였다는 것을 증명하는 문서이다. 요즘 식으로 말하자면 부동산 매매계약서인 셈이다. 그리하여 매지권은 남방 지하세계의 관리자인 토백이나 북방 지하세계의 우두머리인 태산부군의 속관屬官으로부터 무덤이 자리 잡은 땅을 사들인다는 내용으로 쓰여지게 마련이었다.

그런데 백제 무녕왕武寧王의 능묘陵墓에서 발굴된 매지권에도 토백이 등장하고 있어 흥미롭다. 당시 백제는 중국 남방의 왕조인 양梁나라와 교류가 빈번했으므로 남방의 지하세계 관념을 공유했을 가능성이 크다. 그러나 좀더 근원적으로는 초나라 역시 샤머니즘을 뿌리로 한 동이 문화권東夷文化圈에 속해 있었기 때문에 백제에서 별다른 저항 없이 토백을 숭배하게 되었을 것이다. 중국 남방 지하세계의 신인 토백이 백제 무녕왕의 매지권에서 매매거래의 당사자로 나타나게 된 것은 이 때문이다.

땅 밑을 흐르는 죽음의 냇물, 황천

중국 신화에서 죽은 자들의 세계는 지상의 관료 체계를 그대로 모방해서 각각의 기능과 역할이 분리된 관직을 지닌 여러 신들에 의해서 관리되는 것이 중요한 특징이다. 즉 죽은 자들의 세계 역시 법률과 문서에 따라서 운영되는 관료 기구로 상상되었던 것이다.

죽은 자들이 가는 땅 밑의 세계로는 유도 이외에 황천黃泉이 있다. 황천은 지하 깊숙이 흐르는 물로서 역시 죽어서 가게 되는 땅 밑의 세계이다. 그리스 로마 신화에서 지옥에 스틱스 강이 흐르듯이 중국의 지하세계에는 황천이 흐르고 있다. 이 황천에 관한 고대인의 상상과 관련해서 다음과 같은 재미있는 일화가 전해진다.

춘추春秋 시대 정鄭나라의 임금 장공莊公은 모후母后와 사이가 나빴다. 일설에는 어머니가 장공을 낳을 때 심한 난산으로 거의 죽을 뻔해서 그를 미워했다고 한다. 훗날 모후는 정말로 장공을 미워한 나머지 작은 아들을 부추겨 반란을 일으키게 했다. 그러나 이 반란은 실패하여 장공의 어머니는 결국 외딴 성에 유폐되는 신세가 되고 말았다.

태산
산 밑 땅속에 죽은 자들이 가는 지하세계가 있다고 상상되었다. 명明 성무엽盛武燁의 〈태산송도泰山松圖〉.

동악대제
태산부군은 불교가 들어오면서 염라대왕에게 지하세계 주인으로서의 지위를 빼앗기지만 다시 도교에 의해 동악대제東嶽大帝로 승격되어 태산 최고신의 지위를 회복한다.

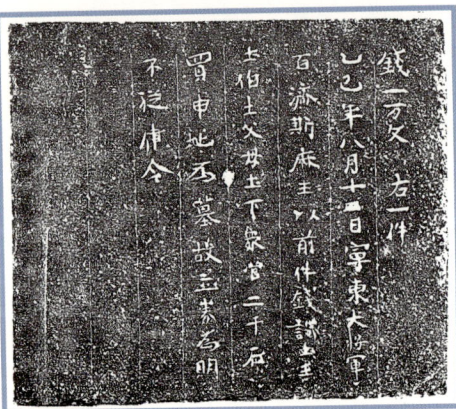

무녕왕의 매지권
백제의 사마왕斯麻王, 곧 무녕왕이 1만 문文의 돈으로 토백으로부터 묘지를 사들인다는 내용이 적혀 있다.

큰아들인 장공은 어머니에 대한 미움과 배신감에 치를 떨면서 이때 너무나 분노한 나머지 해서는 안 될 맹세를 하고 만다.

"어머니가 나에게 어떻게 이럴 수 있단 말인가! 내 앞으로 어머니를 황천에서나 만나볼까 다시는 만나지 않을 것이다."

결국 이 말은 살아생전에는 어머니를 다시는 보지 않겠다는 뜻이다. 흔히 하는 말로 자신의 눈에 흙이 들어가기 전에는 어머니와 만나지 않겠다는 독한 결심을 한 것이다.

그러나 아무리 미워도 어머니에 대한 정은 어쩔 수 없는 법, 얼마 후 장공은 자신이 그러한 맹세를 한 것을 후회하였지만 한 나라의 임금으로서 스스로 다짐한 맹세를 가볍게 뒤집을 수는 없었다.

이때 임금의 이런 안타까운 심정을 헤아리고 한 영리한 신하가 꾀를 내었다. 그는 땅속 깊숙이 물이 흐르는 곳까지 굴을 파고 장공과 모후를 그곳에서 만나게 하였다. 말하자면 땅속의 물이 흐르는 곳을 찾아냄으로써 그것을 황천으로 간주한 것이다. 편법이었지만 어쨌든 이렇게 해서 장공이 스스로 맹세를 깨지 않고서도 모자간의 화해를 달성하도록 했던 것이다.

영원한 천상의 삶을 동경한 고대인의 사후세계관

지하세계와 관련된 상상을 좀더 잘 이해하려면 고대 중국인의 사후세계관을 알아볼 필요가 있다. 최근 한국에서 전시하였던 호남성湖南省 장사長沙 마왕퇴馬王堆에서 발굴된 비단에 그려진 그림은 이와 관련된 아주 중요한 자료이다. 전한前漢 시기 양자강 유역 제후 부인의 관 위에 덮여 있던 이 비단 그림은 죽은 자를 사후세계로 인도하는 안내도와 같은 것이었다.

그림에 의하면 고대인들은 이 세계를 크게 지하와 지상 그리고 천상의 3층으로 구분하고 있었다. 이 그림에서 지상과 지하의 세계는 한 명의 거인이 지상을 떠받치고 있기 때문에 서로 분할되어 있는 것으로 나타난다. 지하로 들어가는 입구를 지키고 있는 수문장이기도 한 이 거인은 아마 태양과 경주를 하다 죽은 과보夸父일 가능성이 크다. 과보는 본래 지하세계의 지배자인 후토의 손자이며 태양과는 적대 관계에 있기 때문이다. 태양과 달리기 시합을 하다가 지쳐서 목이 말라 죽은 것이 바로 과보 아닌가. 집안의 삼실총三室塚 및 경북 영주군 읍내리의 고구려 고분 벽화에서도 과보로 보이는 거인 역사가 수문장으

스틱스 강
원래는 그리스 지옥의 강이었으나 중세에 기독교 지옥의 강이 되었다. 단테와 베르길리우스가 나룻배를 타고 강을 건너고 있다. 단테의 『신곡』 「지옥편」의 삽화(15세기).

로 출현하고 있다. 죽은 자들은 이처럼 모두 거인 역사가 지키고 있는 관문을 통과해야만 지하세계로 들어갈 수 있었다.

그림의 중간 부분은 무덤에 묻힌 사람이 지상세계에서 어떻게 살았는지를 묘사하고 있다. 이 부분에서는 제후 부인이 현세에서 행복하게 살고 있는 모습을 그리고 있다. 그림의 맨 윗부분은 천상세계를 묘사하고 있다. 결국 이 그림은 죽은 부인이 지하세계에 잠시 머물렀다가 마침내 영원한 복락福樂을 누리는 천상세계로 갈 것임을 암시함으로써 죽은 영혼이 천상으로 가는 길을 안내하고 있는 것이다.

이 그림에서 천상세계의 입구는 날개 달린 신선들이 지키고 있다. 이들의 안내를 받으며 천상으로 올라가보면 세 발 달린 까마귀, 즉 삼족오三足烏의 화신인 태양과 두꺼비가 된 항아嫦娥가 살고 있는 달이 떠 있고 신령스러운 용이 날아다니는 영원한 삶의 세계에 도달하게 된다.

마왕퇴의 비단 그림을 통해 우리는 고대인들이 죽어서 일단 지하세계로 가지만 궁극적으로는 그곳을 거쳐 신들과 더불어 영원한 사후의 삶을 누리는 천상세계로 가기를 희망했다는 사실을 알 수 있다. 이러한 관념은 후세에 정신과 육체의 수련을 통해 완전한 개체로 거듭나서 직접 천상세계로 진입할 수 있다는 신선에 관한 상상, 즉 도교적 환상으로 탈바꿈하게 된다.

지하세계를 통해 고대 중국의 사후세계관을 살피면서 한 가지 주목해야 할 사실이 있다. 그것은 다름 아니라 불교가 들어오기 전 중국에는 사람이 죽으면 인과응보의 법칙에 따라 다음 세상에 다시 사람이나 동물로 태어난다는 식의 윤회 사상 같은 것이 없었다는 사실이다. 고대 중국인에게 인간의 삶은 일회적인 것이었다. 죽으면 망령이 되어 유도나 태산으로 갈 뿐 그것으로 끝이었던 것이다.

물론 인과응보적인 관념이 전혀 없었던 것은 아니었다. 가령 『주역』[1]에는 일찍이 "착한 일을 많이 한 집안에는 나중에 경사가 나고, 나쁜 일을 많이 한 집안에는 나중에 재앙이 닥친다."라는 언급이 있

천상으로 가는 길
비단 위의 그림은 죽은 자에게 천상
의 영원한 세계로 가는 길을 가리켜
주고 있다. 호남성湖南省 장사長沙
마왕퇴馬王堆의 한나라 백화帛畵.

다. 그러나 이것은 자신의 업보가 집안이나 후손에게 미친다는 말이지 자신의 내세를 결정한다는 의미는 아니었다.

인도는 물론 고대 그리스와 이집트 등지의 사람들은 많건 적건 간에 모두 윤회 사상에 젖어 있었다. 여기에 비하면 고대 중국의 철저하게 일회적인 생사관은 그야말로 독특하다 하지 않을 수 없다.

아울러 우리는 후토, 과보 등 지하세계의 담당자들이 모두 중국 신화에서의 이단아인 공공의 후예라는 점에 대해서도 주목할 필요가 있다. 특히 과보는 태양의 권위에 도전한 바 있고 끝없는 반항아인 치우蚩尤를 도와 신들의 왕인 황제黃帝와 투쟁했던 화려한 전력을 지니고 있다.

밝고 명랑한 지상세계의 지배자가 되지 못하고 어둡고 음울한 지하세계의 주인이 된 이들, 그들은 어쩌면 중심의 논리에 의해 밀려난 주변부 민족의 신들이었는지 모른다. 과보가 고구려 고분 벽화에서 무덤의 수호신으로 등장하는 것을 우리는 이러한 맥락에서 이해해야 하지 않을까?

---

1. **『주역周易』** 삼경三經 중의 하나. 『역경易經』이라고도 한다. 주나라 때의 점치는 책으로 천지 만물이 끊임없이 변화하는 원리를 음양의 이치로 풀이하였다. 8괘와 64괘 그리고 이에 대한 설명인 괘사卦辭, 효사爻辭, 십익十翼 등으로 구성되어 있다.

■이야기를 마치며

잊혀졌던 우리 문화의 자산, 동양 신화

2권으로 『이야기 동양 신화』를 정리하는 작업을 모두 마치고 나니 마치 심판이라도 받는 자리에 선 것과 같은 느낌이 든다. 과연 동양 신화의 참된 모습을 독자들께 올바르게 보여드렸는가 하는 질문에 부끄럽지 않은지 스스로에게 묻게 된다. 풍부하고 독특한 상상력, 동양 문화의 원천으로서의 가치, 한국 문화와의 깊은 상관성, 그리고 그리스 로마 신화와 공통점을 지니면서도 구분되는 신화의 세계 등이 독자들께 감동으로서 전달되었을까 하는 조바심이 무엇보다도 크다.

학문적인 작업과는 별도로 필자는 좀더 쉽고 흥미로운 대중적인 신화 책에 대한 필요성을 오래 전부터 느껴왔었다. 그것은 1차적으로는 그리스 로마 신화 등 서양 신화의 범람에 대한 우리 상상력의 위기의식 때문이고, 2차적으로는 필자의 학문적 소신에 비추어 볼 때 우리 입장에서 씌어진 읽을 만한 동양 신화 책이 없다는 현실 때문이었다. 이와 같은 문제의식을 극복하고 바람직한 책의 모습을 갖추게 되기까지는 상당한 준비 과정이 필요했다.

2년 전 본격적으로 집필을 시작하기에 앞서 그동안 선을 보였던 여러 중국 신화 관련 책들을 상세히 검토하였다. 중국에서는 원가袁珂의 『중국 신화전설1, 2』(국내 번역본, 원제는 中國神話傳說, 中國民間文藝出版社 1986)이 대표적인 책이다. 이 책은 중국을 대표하는 신화학자의 필생의 작품으로 중국 신화를 그리스 로마 신화와 필적할 정도로 체계화한 역작이라고 말할 수 있다. 이 책이 이룩해낸 중국 신화의 이야기성과 풍부한 방계자료는 충분히 참고할 만한 가치가 있다. 그러나 이 책은 한족漢族 중심의 관점에서 씌어졌을 뿐만 아니라 신화의 범위를 무리하게 확장하여 신화집이라기보다 차라리 설화집으로 보아야 할 측면도 있었다. 다음으로 일본의 저명한 신화학자 이토 세이지(伊藤淸司)가 지은 『중국의 신화와 전설』(국내 번역본, 원제는 中國の 神話傳說, 東方書店, 1996)이 있다. 이 책은 중국의 신화와 전설을 테마별로 상세하게 분류하고 고전 자료를 예로 들어 착실하게 소개하였다. 하지만 이 책 역시 신화, 전설, 민담까지 아우른 설화집의 성격을 띠고 있고 문외한이 보기에는 설명이 쉽지 않은 편이었다. 끝으로 미국의 여성 신화학자 앤 비렐Anne Birrell이 쓴 『Chinese Mythology』 (Baltimore; The Johns Hopkins University Press, 1993)가 있다. 이 책은 인도 유러피안 신화 곧 서양 신화와의 비교학적 관점에서 테마별로 중국 신화를 소개하였다. 그러나 이 책은 다분히 학술적이어서 일반인들이 읽기에는 무리가 있었다. 무엇보다도 이토 세이지나 앤 비렐 모두 원가의 중화주의적 신화관을 무비판적으로 수용하고 있다는 것이 큰 약점이었다.

결국 중국은 물론, 일본이나 서구 등 강대국의 동양학에서 한국 등 주변국의 문화적 입장은 항상 소외되기 마련이었다. 어느 누구도 우리를 대변해주지 않았다. 학문의 세계에서도 강대국의 논리는 여전히 작동되고 있었다. 이러한 문제는 우리 스스로 해결할 수밖에 없는, 실로 엄연하고 냉정한 현실이 아닐 수 없었다. 스스로의 입장에서 중국 신화를 다시 쓰는 일, 이 일은 단순한 일이 아니었다. 그것은 사실 중국 고대문화를 다시 쓰는 일이고 한국 문화를 새롭게 인식하는 일에 다름 아니기 때문이다. 그리하여 마침내 아무도 손대지 않았던 일을 처음 시작하게 되었다.

집필은 필자가 그동안 중국 신화를 연구했던 내용들을 중심으로 앞서의 여러 책들에 대한 참고의 토대 위에서 이루어졌다. 무엇보다도 중요한 것은 관점인데 그리스 로마 신화와의 공통점과 차이점, 주변 문화 및 다원주의적 입장에서의 중국 신화, 한국 문화와의 상관성이라는 관점이 시종일관 지켜졌다. 그리하여 1년 전쯤 이 책의 골격과 기본적인 내용 모두가 완성되었다. 이 책이 출간되기까지 이후 1년은 보다 많은 이들이 쉽게 접근할 수 있도록 문장을 손질하고, 이미지 자료를 보완하는 데에 소요되었다. 특히 이미지 자료는 후일 외국에서의 번역, 출판을 고려하여 신중을 기하였다.

이 책의 내용은 2년 전부터 일간지에 1년간 연재를 한 바 있었다. 연재를 시작한 이후 오늘에 이르기까지 독자들의 반응은 놀라웠다. 무엇보다도 우리 것이면서도 멀리 두었던 동양 신화의 가치를 새로이 깨달았다는 고백이 많았다. 아울러 한국 문화의 뿌리를 새삼 확인하고 즐거웠다는 반응도 이어졌다. 이처럼 연재를 통하여 그동안 잊혀졌던 동양 신화라는 우리 문화의 자산에 대한 국민적 관심을 일깨운 것이 큰 소득이었다. 이에 따라 많은 출판사가 동양 신화를 다룬 책을 기획하고, 여러 연구자들도 대중적인 신화 책의 출판에 관심을 갖게 된 것도 부수적인 좋은 현상이었다. 대형 서점의 신화 코너에 가 보면 거의 전부가 그리스 로마 신화와 관련된 책으로 채워져 있는 것을 보면서 씁쓸한 심정을 금할 수 없었는데 앞으로는 동양 신화도 한 자리를 차지하리라 생각하니 말할 수 없이 기쁘다.

지금까지 길게 필자의 학문적 소신과 『이야기 동양 신화』 1, 2권이 만들어지기까지의 과정을 털어놓았지만 앞서 말한 것처럼 여전히 심판대에 올라선 것처럼 가슴이 두근거린다. 필자의 학문이 완성된 것이 아니라 지금도 진행 중에 있는 만큼 이 책도 나름대로 부족한 점과 오류가 적지 않을 것이다. 앞으로 그러한 점들에 대해서는 독자 여러분들과 학계 동료들의 지적을 받아 더욱 완성된 책으로 보완하고자 한다.

끝으로 2권을 만드는 데 있어 1권에서 이름을 들었던 분들 이외에 다시 감사를 드려야 할 분들이 있다. 황금부엉이 편집부의 허남희, 이홍림 팀장, 디자이너 강경미 팀장, 영업 본부의 김유재 이사, 변재업, 최옥현 차장 여러분, 그리고 이미지컴의 디자이너 윤주열씨의 수고에 심심한 감사를 표한다. 아울러 정성껏 마지막까지 자료를 찾아주었던 이화여대 신화팀의 장현주 동학, 멀리 삼척에서 허목 선생의 퇴조비 사진을 찍어서 보내준 졸업생 김은초 동학에게도 고마운 마음을 전하고자 한다.

　작열하던 태양도 잠깐, 기세등등하던 여름 매미 울음소리도 잦아지고 절기는 어김없이 가을로 접어들었다. 더없이 맑고 공활(空豁)한 가을 하늘을 바라보며 이 계절에 독자 여러분이 그처럼 가없는 동양 신화의 세계를 만끽하시길 바라는 마음 간절하다.

2004년 8월

가을이 익어가는 이화 교정에서

정재서

○ 화하계

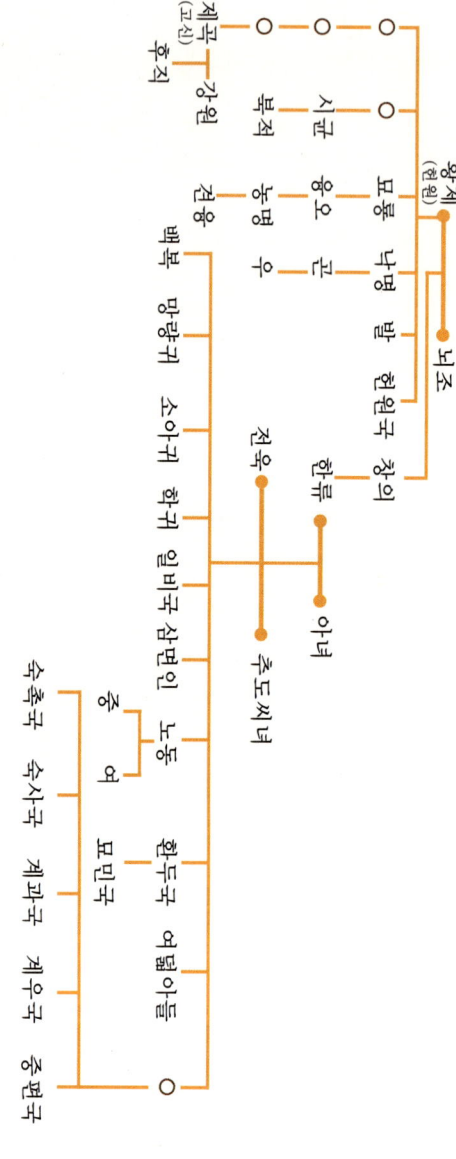

지금 전해지고 있는 신들의 계보는 한나라 이후 황제를 중심으로 재편된 것이기 때문에 신화의 내용에 따라 다시 구성하는 것이 필요하다. 가령 음의 시조인 설은 명백히 동이계에 속해야 하는데 황제의 증손인 제곡의 아들로 설정되어 있어서 동이계의 큰 신 제준의 후손으로 고쳤다. 그외 반고, 여와, 서왕모 등의 신들은 두 계열 중 어느 쪽으로도 귀속시키기 어려워 계보에 넣지 않았다. 이 계보도는 대략적인 견지에서 주요 신들을 중심으로 작성된 것임을 밝혀둔다.

신들의 계보

○ 동이계

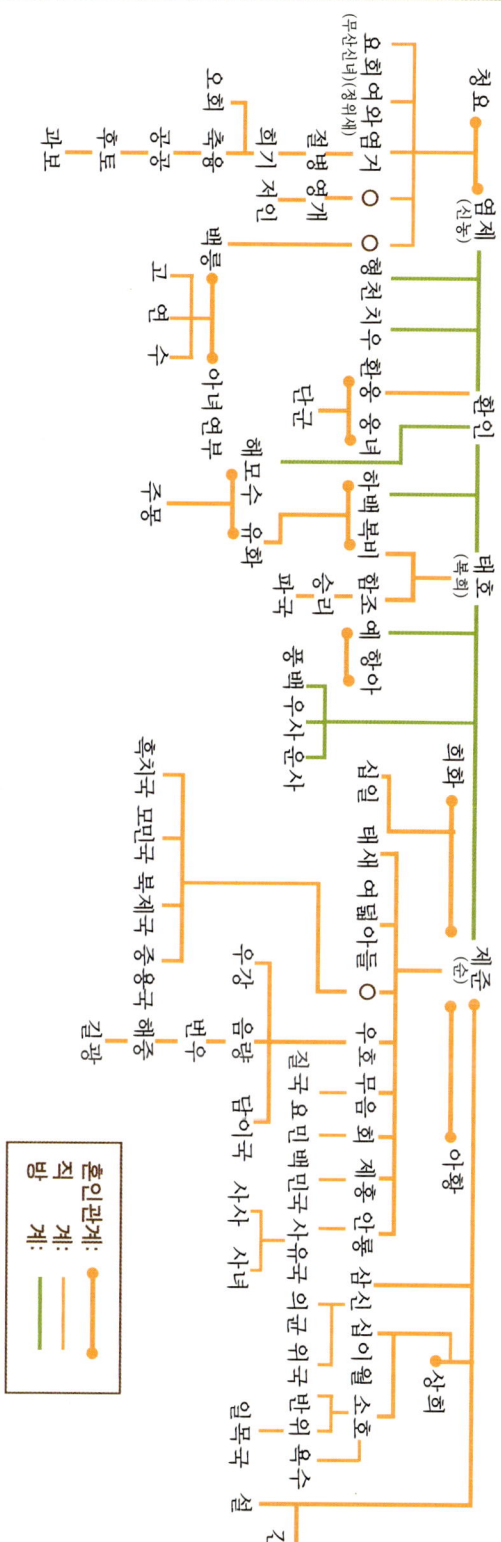

혼인관계:
직계:
방계:

중국 지도

현대 중국의 영토는 고대에 비해 엄청나게 확대되었다고 볼 수 있다.
은殷 · 주周 시대 사람들의 영역은 황하 이북이 중심이었다. 그러나
은 · 주 시대보다도 더 오래 전인 신화 시대에는 실제적인 활동무대는
좁았어도 상상의 공간은 오늘날 중국의 영토보다 훨씬 더 넓었다.

흑룡강성

길림성 송화강

요하

요녕성

북경시

천진시

자치구

하북성

산서성

황하

산동성

성

하남성

강소성

안휘성

창강

호북성

상해시

절강성

동정호

파양호

호남성

강서성

복건성

자치구

광동성

홍콩특구

마카오특구

대만성

해남성

[찾아보기] 편집자 주 : 인명, 지명, 신 이름 등은 우리 한자 발음대로 표기했습니다.

| 가 |

가영嘉榮 243, 195

간적簡狄 23, 24, 25, 26, 27

갈로산葛盧山 63

강원姜嫄 29, 30

개명수開明獸 25

거산柜山 200

건목建木 244, 245

견봉국犬封國 173

견융犬戎(견융국犬戎國) 46, 173, 174

결결수決決水 231

결구契鉤 203

계몽計蒙 108, 109

경보耕父 109, 110

고鼓 74

고도산皐塗山 196

고등산鼓鐙山 242

고신高辛(고신씨高辛氏) 39, 174

고원高元 70

곤오昆吾(곤오산昆吾山) 67, 70, 212

공고共鼓 69

공공거허蛩蛩距虛 222

과보夸父 140, 141, 142, 143, 293, 296

과수敗首 74

곽산霍山 216

관수觀水 234

관흉국貫胸國(천흉국穿胸國) 161

광산光山 108, 109

괴강산槐江山 262

교경국交脛國 156

교인鮫人 169, 170, 238

구여산求如山 228

구오산鉤吳山 219

군자국君子國 184, 185

굴굴朏朏 216

궁귀窮鬼 132

궐蹶 222

궤목机木 241

귀문鬼門 133, 134

귀허歸墟 267

금고琴高 238

금동용봉봉래산향로金銅龍鳳蓬萊山香爐 272

금와왕金蛙王 27, 114

금충琴蟲 186

기夔 116

기굉국奇肱國 154, 155, 174

기여鶺鴒 196

기종국跂踵國 157

길광吉光 69

길량吉量 154, 174

|나|～|다|

낙빈洛嬪 115

난조鸞鳥 206

남두성南斗星 123, 124, 125

부정호여不廷胡餘 111

낭莨 244

내산萊山 203

내수수來需水 232

녹대산鹿臺山 200

녹촉鹿蜀 217

농명弄明 173

농지蠪蚳 213

뇌조雷祖 58

늠군廩君 44, 45, 46

단수丹水 205

단원산亶爰山 217

단주丹朱 166

단혈산丹穴山 205

단호短狐 181

단훈산丹熏山 214

담이국儋耳國 160

당강當康 219

당호當扈 197

대산帶山 217, 232

대여岱輿 144, 267, 268

대월지국大月氏國 212, 218

대인大人(대인국大人國) 143, 149, 184

대진국大秦國 150, 151

대택大澤 141

대황산大荒山 159

도과산禱過山 227

도광都廣(도광야都廣野) 276, 279

도문陶文 76

도삭산度朔山(도도산桃都山) 133, 134

독산獨山 237

돈수敦水 235

돌궐突厥 33, 34, 42

동시산東始山 233

동이계東夷系 22, 26, 27, 28, 30, 33, 46, 68, 69, 72, 74, 77, 99, 112, 116, 143, 167, 183, 271

우호禺琥 111

등길사騰吉斯 36

등보산登葆山 181

등비씨登比氏 115

|라|～|마|

라라羅羅 202

마왕퇴馬王堆 292, 294

만만蠻蠻 201

만세萬歲 205

말도수末塗水 237

망초芒草 241

모민국毛民國 180

모이牟夷 72

목화木禾 260

몰우沒羽 150

몽골蒙古 33, 36, 37

몽곡蒙谷 85

〈몽유도원도夢遊桃源圖〉 284

무라武羅 105, 106

무락종리산武落鍾離山 43

무상務相 44

무우초無憂草 243

무팽巫彭 66

무함국巫咸國 181, 182

문신門神 134

문옥수文玉樹 260

문요어文鰩魚 234

미곡迷穀 242

부상扶桑 84, 244

부우산符禺山 198

부혜鳧徯 200

부희산浮戱山 244

북두성北斗星 123, 124, 125

북효산北囂山 195

불고륜佛庫倫 28

불사수不死樹 260

불아한不兒罕 36, 37

비蜚 200, 221

비거飛車 155, 156

비렴飛廉 96, 100

비어飛魚 233, 234

비유肥遺 221

비질蜚蛭 186

| 바 |

박敷 216

반般 72

반모般冒 195

반석산半石山 232, 243

반호盤瓠 39, 40, 41, 42, 174

방풍씨防風氏 144, 145, 161

백여伯餘 71

백익伯益 57

번우番禺 69

벽수碧樹 260

병예屛翳 97

복상수服常樹 260

부목扶木 244

| 사 |

사녀思女 174

사당목沙棠木 261

사사思士 174

사어師魚 235

사유국司幽國 174, 278

사일沙壹 42

산귀山鬼 105

삼면인三面人 159

삼수국三首國 158

삼시충三尸蟲 127, 128

삼신국三身國 158

삼신산三神山 144, 256, 266, 268,
269, 270, 271, 272, 275, 279

상수湘水 115

상신산上申山 197

상토相土 69

상희常羲 86, 91

서국徐國 26

서언왕徐偃王 26, 27, 30,

석고수石膏水 237

설契 24, 26, 27, 30, 69

섭이국聶耳國 160

소명宵明 115

소실산少室山 231

소어鱔魚 236, 238

소요산招搖山 242

소차산小次山 221

소함산少咸山 235

소화산小華山 198

수마국壽麻國 182, 183

수명국燧明國 53

수목燧木 53

수벽어脩辟魚 229

수사數斯 196

수인燧人 52, 53, 54

수조신화獸祖神話 38, 42, 46

숙균叔均 57, 58

숙신국肅愼國 37, 185, 186

숙어儵魚 232

숭오산崇吾山 201

습습어鰼鰼魚 233

시육視肉 218, 219, 276

신도神荼 133, 134

신분神濆 278

심목국深目國 159

| 아 |

아사나 부 34

안룡晏龍 74

알난斡難 36

암양羬羊 212

애신각라愛新覺羅 포고리옹순布庫里雍順
　28

야중野仲 132

양거산梁渠山 196

언偃 26

얼요군저산孼搖頵羝山 244

엄자弇茲 111

엄자산弇茲山 242, 249

에리직톤 220

엘리시온 287

여비어絮魮魚 238

여상산女牀山 206

여자국女子國 175, 176, 278

여족畲族 39, 41

역蜮(단호短狐) 181

역괵수歷虢水 235

역민국蜮民國 180

연延 74

열명噎鳴 122

열자列子 139, 143, 279

염양鹽陽 44

염유어冉遺魚 234, 247

염화국厭火國 174

영구산令丘山 200

영소英招 262

영수英水 229

영제산英鞮山 234

영초榮草 242

영호領胡 214

예수澧水 229

옥저국沃沮國 154

옹顒 200

옹호산雍狐山 68

옹화雍和 109, 110

완수浣水 234

왕기王頎 154, 159

왕맹王孟 174

왕해王亥 58

외단법外丹法 248

요족瑤族 39

요지瑤池 261, 262

용백국龍佰國 143, 144, 268

용어龍魚 238

용왕龍王 111

용후산龍侯山 230

우강禹彊(우경禺京) 111

우구虞姤 69

우민국羽民國 165

운우산雲雨山 244

운중군雲中君(운사雲師, 운장雲將)96, 97, 98

울루鬱壘 133, 134

웅상雄常 185

원교員嶠 144, 267, 268

유類 217

유광遊光 132

유도幽都 288, 291

유리국柔利國 157

유양산柚陽山 217

유융씨有戎氏 22

유태씨有邰氏 29

유화柳花 27, 112,113

육鯥 226

육오陸吾 107, 259

윤어鯩魚 232

응룡應龍 143, 145

의적儀狄 72

이매魍魅 132

이서耳鼠 214

이성夷城 45

이수夷水 44

이족彝族 42

이주離朱 260

익망산翼望山 196

인어人魚 167, 168, 169, 170, 231

인인호因因乎 95

인호因乎 95

일비국一臂國 154

임씨국林氏國 222

자

자동산子桐山 236

자동수子桐水 236

자수沝水 233

자어茈魚 233

잠총蠶叢 58

장건張騫 263

장고국長股國 153, 156

장부국丈夫國 175

장비국長臂國 153, 154

장아산章莪山 201

장우산長右山 221

저산柢山 226

저인국氐人國 167, 231

적산狄山 217

적유赤鱬 229

전래산錢來山 212

전모電母 98

절折 95

절단折丹 95

정령국釘靈國 157, 158

정인靖人 150, 151

정인보鄭寅普 186

정위精衛 207, 208

정회수正回水 233

제어紫魚 231

제어鯑魚 231

제요야諸夭野 276

제순帝俊 26, 68, 84, 174

제회수諸懷水 231

조서동혈산鳥鼠同穴山 235

조양곡朝陽谷 115

조용鯈鱅 237

종북국終北國 278, 279

종산鍾山 107

주鴸 200

주별어珠鱉魚 230

주수珠樹 260

주염朱厭 221

주요국周饒國 150, 151, 155

죽산竹山 241

준俊 95

중곡산中曲山 216

지어鮨魚 231

질민국齧民國 276, 279

| 차 | ~ | 하 |

차구縒丘 276

차조鷘鳥 204

창힐蒼頡 75

척곽尺郭 132

천오天吳 115

첨조鶼鳥 204

청구산靑丘山 197, 215

청문靑鳶 204

청요산靑要山 104

초명산譙明山 226

초수譙水 226

촉광燭光 115

촉룡燭龍 107

탁광산涿光山 233

탁비橐蜚 198

탐사귀呑邪鬼 132

태무太戊 175

태산부군泰山府君 129

태자장금太子長琴 74

태화산太華山 221

토백土伯 128, 288

파곡산波谷山 143

파사巴蛇 220

파탑적한巴塔赤罕 36

패패어師師魚 235

팽수彭水 232

평구平丘 276, 279

포효狍鴞 219

풍륭豊隆 98

풍산豊山 109, 110

필방畢方 201

하라어何羅魚 226

하백何佰(빙이氷夷, 풍이馮夷) 27, 87,
    112, 113, 114, 115, 116

할조鶡鳥 199

함수濫水 238

항산恒山 109, 289

해중奚仲 68, 69

항아嫦娥 87, 88, 90, 91, 93, 294

헌원산軒轅山 198

혁철족赫哲族 185

현단산玄丹山 204

현옹산縣雍山 231

현포玄圃 262

호교虎蛟 227

호민乎民 95

호불여국胡不與國 186

호조胡曹 71

화산和山 108

화서씨국華胥氏國 277, 279

화완포火浣布 257

화하계華夏系 22, 28, 33, 43, 46, 69

화호化狐 69

환두국讙頭國 166, 167

환소朧疏 217

활수滑水 228

활어滑魚 228

황관黃灌 242

황오黃鶯 204

황조黃鳥 198, 217

황지黃池 175

황천黃泉 291

회계산會稽山 145

효踽 196

효수踽水 233

효양국梟陽國 171

휘揮 72

휘제산輝諸山 199

휴수休水 231

흑수黑水 276, 288

흠산欽山 219

희화羲和 84, 188